21 世纪教学活动设计案例精选丛书

小学数学教学活动设计案例精选

丛书主编　禹　明

本册主编　陈清容

图书在版编目(CIP)数据

小学数学教学活动设计案例精选/禹明丛书主编. —北京:北京大学出版社,2012.3
(21世纪教学活动设计案例精选丛书)
ISBN 978-7-301-20254-8

Ⅰ.①小… Ⅱ.①禹… Ⅲ.①小学数学课－教学设计 Ⅳ.①G623.502

中国版本图书馆CIP数据核字(2012)第022002号

书　　　名：	小学数学教学活动设计案例精选
著作责任者：	禹　明　丛书主编　陈清容　本册主编
策　　　划：	周雁翎
责 任 编 辑：	李淑方
标 准 书 号：	ISBN 978-7-301-20254-8/G·3327
出 版 发 行：	北京大学出版社
地　　　址：	北京市海淀区成府路205号　100871
网　　　址：	http://www.jycb.org　http://www.pup.cn
电 子 信 箱：	zyl@pup.pku.edu.cn
电　　　话：	邮购部 62752015　发行部 62750672　编辑部 62767346　出版部 62754962
印 刷 者：	三河市博文印刷有限公司
	787毫米×1092毫米　16开本　18.75印张　400千字
	2012年3月第1版　2019年6月第3次印刷
定　　　价：	38.00元

未经许可,不得以任何方式复制或抄袭本书之部分或全部内容。
版权所有,侵权必究
举报电话:(010)62752024　电子信箱: fd@pup.pku.edu.cn

序

朱慕菊

当今世界正在发生着深刻的变化。社会的发展决定了教育必须跟上时代的步伐,因此,教育必须朝着适应未来的方向进行深刻的变革。自2001年9月启动我国新一轮基础教育课程改革以来,中小学的课堂里正在发生着质的变化,课程改革的理念已在基础教育改革的实践中得到广泛认同。

课堂教学设计是教学中的一个重要环节,是教学的目的性、过程性、科学性与艺术性的统一,不但需要深厚的教育理论作支撑,而且需要适切运用丰富多样的教学方法和教学技术。本丛书编写者长期以来坚持以新课程的理念为指导,对课堂教学进行了深入的探索,获得了有益的经验。

第一,在教育理论与实践的结合上进行了有益的探索。长期以来,教师们普遍认为系统而复杂的教学理论不易被有效地运用于课堂教学中。而在新课程推进过程中,教师们努力学习新课程所倡导的教学理论,并积极探索与实践的结合,特别注重把教学理论和研究成果运用于实际教学,指导教学工作,同时也注重将教师的教学经验总结上升到理论层面。事实证明,理论必须与实践不断结合才能为教师所掌握和运用;同样,也只有经常性地反观课堂教学实践,对其进行深度思考与梳理,才能使教学认识上升到理性的高度。这套《21世纪教学活动设计案例精选丛书》正是积极探索教育理论与实践相结合的产物。

第二,在教师的专业发展上进行了有益的探索。新课程的推进既向教师提出了巨大的挑战,同时也应看到,它更是教师专业发展的极好机遇。教师工作的性质决定了它不是机械的重复。教师既要坚定不移地贯彻落实党的教育方针,同时作为专业人员还必须遵循少年儿童心理发展的规律,谙熟他们的需求,掌握学科教学的内容与方式。在当今社会快速发展的背景下,教师的专业修养也需要与时俱进。因此,新课程所倡导的学生学习方式的变革、教师教学方式的变革,都需要教师在工作岗位上不断思索,不断进步,实现其专业发展。而本丛书编写者正是深刻理解了教师专业发展对于推进新课程的重要性,他们想方设法促使教师对自己的课堂教学进行自觉的反思与总结,引导教师们在理论与实践之间进行反复的"对话",并将"对话"的结果以课堂教学设计的形式表达出来,帮助教师整理了教学思想,提升了教育理念,促进了教师专业的发展。

第三,在改变课堂教与学的方式上进行了有益的探索。查尔斯·赫梅尔在《今日的教育为了明天的世界》中指出,在百科全书式的知识已经过时、百科全书比老人老得还快的大变革时代里,教师再也不能仅限于传授知识,而需要"唤醒不被知晓或沉睡中的能力,使得每个人都能分享到人们完全能够发挥自己才能的幸福"。因此,改变教与学的方式成为本次课程改革追求的重要目标之一。这套丛书正是以改变教与学的方式为突破口,对课堂教学如何体现学生的主体地位,如何突出知识的建构过程,如何增强学生的情感体验,如何使学生形成正确的价值观等方面的问题作了大量深入的探索。这套丛书中的教学设计虽然侧重活动性,但每一个教学活动的设计都力图向人们反映一种理念:只有将学习任务转化为学生的自我需求,才能真正唤起学生的求知欲望,才能真正激活学生学习的内在动力,才能真正使学生成为学习的主人。

衷心希望这套丛书能够为全国的中小学教育工作者提供借鉴。

2012年2月

(朱慕菊:国家基础教育课程教材专家工作委员会秘书长)

前　言

禹　明

　　最近，国家九年义务教育课程标准正式公布了。在总结我国十多年来基础教育课程改革经验的基础上，教育部正式公布的国家九年义务教育课程标准在强调德育领先、坚持渗透社会主义核心价值观的同时，特别强调了对学生创新精神和实践能力的培养。而要实现这一点，我们就要继续转变中小学课堂教学方式，在课堂上尊重学生，充分调动学生的积极性和主动精神，培养学生的批判性思维和学生的实践能力。为了学习，落实国家九年义务教育课程标准的精神，帮助中小学教师转变课堂教学方式，北京大学出版社出版了《21世纪教学活动设计案例精选丛书》，以帮助中小学各学科教师更好地在国家九年义务教育课程标准的指导下，研究课堂教学，改进课堂教学，提高基础教育的教育质量。

　　我们一直强调教学过程的重要性。因为学生知识的获取，能力的提升，情感的变化都是在教学过程中逐步实现的。教学过程要由一个一个教学活动构成。要想实现有效的教学过程，一定要设计好每一个教学活动，使教学活动符合学生的认知发展水平，符合学生的实际生活经历。在设计教学活动时，要考虑在活动中学生学什么？怎样学？学得怎样？要考虑如何让学生主动学习，合作学习，探究学习。一堂课是否有效与课堂教学活动的好坏正相关，学生是否能成为课堂学习的主人也与课堂教学设计的好坏正相关。因此，研究课堂教学活动的设计是课程改革的需要，是落实国家九年义务教育课程标准的需要，也是中小学教师专业发展的需要。

　　《21世纪教学活动设计案例精选丛书》的编写不以某一版本的教材为依据。它是根据基础教育课程改革的基本理念，依据国家九年义务教育课程标准编写的。这就使本丛书具有普适性，可供使用任何版本教材教学的中小学教师参考使用。本丛书收集的活动设计，有别于教育教学案例，它是课堂教学中的某个教学环节，或是精心设计的导入，或是针对具体学习任务而设计的小游戏。每一个教学活动设计体现了以学生为主体的理念，而且经过了多年教学实践的检验，行之有效。由于丛书提供的活动类型多样，宛如一个课堂教学活动设计的"超市"，各个学科的教师完全可以根据自己教学的实际需要，任意选用或组合，也可以在现有基础上改造与创新。在编写本丛书时，我们并没有强求体例一致，这样，我们可以保存每个教学活动设计的个性与特点，体现教学活动设计的多元化。对于广大的一线中小学教师而言，本丛书是实用的教学参考书，因为本丛书的作者都是来自教学第一线，他们的教学活动设计就是在教学第一线产生的。

《21世纪教学活动设计案例精选丛书》是一套"草根"作品，散发着浓浓的芳草气息，而课程改革的春天不正是弥漫着这股清香味么？愿同行们喜欢它，也期待着你们的指教。

2012年2月
于深圳市教育科学研究院

（禹明：特级教师，教育部教师教育课程资源专家委员会专家，教育部"国培计划"首批教师培训专家，教育部九年义务教育课程标准综合审议专家，教育部外国人子女学校认证专家组专家，深圳大学师范学院兼职教授，教育硕士导师）

编 者 说 明

师范院校的教师职业技能培养的严重缺失，课程改革培训中重理论轻教法的倾向，教师职业技能方面专业引领的不足，这些是导致课程改革中出现诸多问题的重要原因。改变教师的教育理念非常重要，但新的理念不是自然而然地就能转化为新的教学设计和行为的。在这个过程中需要专业技能的支撑，比如如何上好讨论课，如何通过游戏使学生掌握英语的时态，如何使学生通过有趣的活动认识数学的抽象概念，如何让学生通过讨论春游的安排了解人民代表大会的议事程序，等等。新的课程理念只有在这些细节的落实之处才能真正体现出来——这就是我们编写这套《21世纪教学活动设计案例精选丛书》的初衷。

谁是教师职业技能培养的引领者？是那些将自己的热情和智慧奉献给课程改革事业的富有创造性的教师们。南山区的教师们在这方面作出了有益的探索。本套丛书所收集的活动，不同于以往的案例，它是课堂上的一个教学环节，或是一种精心设计的导入，或是一个针对具体的学习任务而设计的小游戏……每一个活动设计都体现了以学生为主体的理念，都已经被教学实践证明是行之有效的好方法。

这套丛书没有依据某一个版本的教材，而是按照课程改革的理念，依据课程标准编写的，这就使得这套丛书具有了普适性，使用任何版本教材教学的教师都可以使用。其中所设计的活动的类型多种多样，宛如一个课堂活动的"超市"，教师可以根据自己教学的需要，任意选用和组合。即便是每本书或每个设计，我们也没有强求体例一致，我们想让每个教师鲜明的个性跃然纸上。这套丛书是教师的实用参考书。

当教师们的职业技能逐渐提高的时候，课程改革的事业就会展现出更加绚丽的前景！我们编写本套丛书的目的，是希望为提高教师的职业技能贡献一份力量。我们也期待热心的读者提出宝贵的意见。

目 录

序 ··· 朱慕菊(1)
前言 ··· 禹 明(3)
编者说明 ··· (5)

数与代数

在情境活动中巩固知识 ·· (2)
在情境游戏中自主探索新知 ·· (6)
创设情境　自主参与 ··· (9)
在"估计"中培养数感 ··· (12)
在自主中发展，在互动中提高 ······································· (15)
在活动中探索新知 ··· (18)
引导学生学习生活中的数学 ·· (21)
寓数学教学于情境中 ··· (24)
提供探索机会　激活"主角"意识 ··································· (27)
自己体验学习　真切感受快乐 ····································· (30)
在活动中体验计量单位 ··· (34)
在合作探究中学习知识 ··· (38)
生动的情境　愉悦的体验 ··· (42)
突破教学常规　开展计算教学 ····································· (47)
自主探索　发展个性 ··· (49)
让学生在活动中体验数学 ··· (52)
数学源于生活、用于生活 ··· (56)
让学生成为学习的主人 ··· (60)
在问题情境中学习数学 ··· (62)
设计有趣的活动　吸引学生主动参与 ······························· (65)
创设有趣活动　促进新知探索 ····································· (69)
多给学生自主学习的时间与空间 ··································· (73)
给学生自主的时间与空间 ··· (76)
做中学　学中悟 ··· (80)

在合作中学习　在成功中激趣 ……………………………………… (83)
在操作活动中感知学习 ……………………………………………… (87)

空间与图形

亲身实践　体验学习 ………………………………………………… (93)
做中得　动中悟 ……………………………………………………… (96)
在动手操作中建立空间观念 ………………………………………… (98)
在描画中巩固知识 …………………………………………………… (101)
让数学学习更贴近生活 ……………………………………………… (106)
在动手操作中体验 …………………………………………………… (110)
在活动中认识图形 …………………………………………………… (115)
让学生在电脑上"动手做" …………………………………………… (119)
在活动中感悟数学 …………………………………………………… (123)
在实践活动中发展学生的空间观念 ………………………………… (127)
活动　互动　发展 …………………………………………………… (130)
做游戏　悟数学 ……………………………………………………… (135)
在操作活动中感悟、构建知识 ……………………………………… (138)
操作　体验　发现 …………………………………………………… (142)
疑中求思　动中求学 ………………………………………………… (145)
在活动中探索　在活动中发展 ……………………………………… (149)
放手实践　自主探究 ………………………………………………… (152)
在互动中体验,在活动中学习 ……………………………………… (155)
实践出真知,放手任翱翔 …………………………………………… (158)
开放的课堂充满活力 ………………………………………………… (161)
在活动中建构概念 …………………………………………………… (164)
操作中发现,运用中深化 …………………………………………… (167)
动手操作　经历过程 ………………………………………………… (172)
让学生经历、体验数学学习过程 …………………………………… (177)
源于生活　用于生活 ………………………………………………… (181)

统计与概率

发挥网络优势,提高教学效果 ……………………………………… (185)
创设情境,体验分类 ………………………………………………… (189)
自主整理　合作交流　共同发展 …………………………………… (193)
在活动中领悟统计 …………………………………………………… (197)
识数学与生活同在 …………………………………………………… (201)
快快乐乐学统计 ……………………………………………………… (204)

在生活中感受统计 …………………………………… (208)
亲历过程　直观体验 …………………………………… (211)
自主探究　感知数学 …………………………………… (215)
在活动中探究学习 ……………………………………… (219)
贴近现实生活，提供探索空间 ………………………… (222)
引发矛盾　激活思维 …………………………………… (226)
真实情境引入　激起探索愿望 ………………………… (229)
玩中学　做中悟 ………………………………………… (233)
自主探究　感知数学 …………………………………… (237)
大胆猜想　实践验证 …………………………………… (240)
让猜想插上理性思维的翅膀 …………………………… (243)

实践与综合应用

返璞归真　精彩无限 …………………………………… (248)
在实践活动中培养学生的综合能力 …………………… (253)
体验购物生活　感受数学实质 ………………………… (256)
让学生当家做主人 ……………………………………… (259)
关注现实数学　渗透环保意识 ………………………… (262)
引学生进入多彩的数学世界 …………………………… (265)
让生活走进数学课堂 …………………………………… (268)
开心乐园　自选自配 …………………………………… (271)
在活动中学习　在活动中发展 ………………………… (274)
体验生活中的数学 ……………………………………… (278)
激活思维　引导探究 …………………………………… (281)
源于生活，回归生活 …………………………………… (284)

数 与 代 数

"数与代数"是小学数学课程中的经典内容,也是义务教育阶段数学课程的重要组成部分。与小学数学相关传统内容相比,新《标准》对"数与代数"的目标内容结构和教学活动方式等方面都做了比较大的调整。在"数与代数"领域,最为重要的转变是将"把数学看作是大量概念与技能的掌握"转变到"认为数学是一种数感形成和问题解决的过程",也就是说学生学习的最终目标是数学素养的提高,不是学习一些孤立的概念和技能,这就是新的数学价值观。由此,新课程理念指导下的"数与代数"教学实施,突出过程性、现实性、探索性和整合性便显得尤为重要。教学时,应以学生已有的经验为出发点,呈现给学生丰富的问题情境,重视现实问题数学化的过程,突出规律、公式、法则等的形成过程,促进学生在知识技能、数学思考、问题解决和情感态度等方面得到全面的发展。以此为导向,我们区实验教师做了许多有益的尝试,下面提供的这些案例就是他们实践课改新理念的一个缩影。如果你在阅读的同时也能结合自己的数学教学进行比较、反思,相信会受益更多。

在情境活动中巩固知识
——《大小、多少的比较(练习)》活动设计

【设计内容】

这是小学《数学》实验教材(北师大版)一年级上册第二单元《比较》第14～15页的内容。它是关于大小、多少比较的练习。本设计通过学生参加动物乐园联欢会的活动来贯穿全课。

【设计理念】

练习课的活动,教师往往感觉头痛。平淡的练习,孩子们的学习兴趣也不浓。为了让学生以饱满的热情,积极投入到练习课中来,有效地巩固和掌握所学知识,我将本课设计成"动物乐园联欢会"的情境,与前一课时的"动物乐园"相互照应,形成一个完整和谐的故事链,使平淡的练习焕发了异样的光彩。

【活动目标】

1. 学生通过大、小、多、少的比较,体验和掌握一些具体的比较方法。
2. 培养学生的观察能力、比较能力、推理能力和与人合作交流的能力。
3. 联系生活实际,通过动手操作,让学生自主寻求知识,感受数学与生活的密切联系。

【活动准备】

教师:CAI课件、白鹅等动物头饰7个。

学生:透明小杯、方糖、矿泉水。

【活动过程】

上课伊始,我对同学们说:"前一节课,大家参观了动物乐园,认识了许多小动物,今天动物乐园准备举行大型联欢会,你们想不想去参加?"一席话激起了学生的参与热情。

活动一 "我愿意参加!"

良好开端给教学的成功奠定了坚实的基础,我巧妙地将课本"练一练"第1题的四幅图作了精心的设计:

"为了办好联欢会,动物们准备了一些桌椅、玩具船、积木、矿泉水,同时设计了4个

问题。同学们如果回答正确,就能如期参加它们的联欢会,你们愿意吗?"

话音刚落,学生一个个激动地举起小手:"我愿意参加!"

于是我让学生通过手势、语言、书写等形式的学习,结合教科书第一次出现的画"√"和画"○"的方法,引导学生正确理解了题目的要求,进一步感知了大小、多少、最大与最小、最多与最少的区别,灵活掌握了一些具体的比较方法。

(学与玩有机地结合能将孩子们的学习兴趣从一个高潮引向另一个高潮,灵活把握学生学习兴趣的制高点,能高效率地提高学生学习的兴趣和质量。)

活动二 "太好看了!"

教材的第 2 题是让学生在 8、4、7、1、2、3、6 中把大于 3 的数写下来;第 3 题是让学生在 5、9、4、2、1、6、8 中,把小于 6 的数写下来。如何将这两题转变成生动有趣的练习呢?我陷入了思考。忽然我意识到:既然是联欢会,肯定就离不开节目表演,我灵机一动,将这些数字设计为动物演员的编号,由静到动,将抽象、枯燥的数字演变成了生动可爱的小动物,就这样,两个有趣的节目诞生了。

"第一个节目——大合唱,由白鹅合唱团演出。"我让七个小朋友装扮成白鹅,通过站队、排位,让他们感受了从左数自己排在第几个,从右数自己又排在第几个,进一步理解了数的顺序。

结合教材练习的目的,我指出:"由于演出场地太小,临时决定只能编号大于 3 的演员参加表演。"

听到老师的提示,学生从一个学习情境跳入另一个学习情境,他们通过短暂的分辨后,很快便将大于 3 的数找了出来。伴着优美的歌曲,孩子们一边欣赏一边感受,整个课堂轻松和谐,其乐融融。

"第二个节目——健美操,由小猪艺术团演出。"

只见屏幕跳出了七只有编号的小猪,小猪的出场也立刻引来了孩子们热烈的喝彩声,他们七嘴八舌评论着每一头小猪可爱的模样。

看到孩子们的兴奋劲儿,我马上意识到得抓住这种课堂生成的资源,放手让学生去说一说:自己最喜欢哪只小猪?它的号码是几号?它排在什么位置?

通过一段时间的交流,同学们的声音慢慢停下来了。我见时机已到,便说到:"同样由于演出场地太小,只能是号码小于 6 的小猪参加演出,请小朋友们将能参加演出小猪的号码写下来,看谁写得又对又快。"孩子们非常乐意接受这样的学习要求,迅速将小于 6 的数记录了下来。

(虽然是练习"大小、多少"的比较,本环节却将一些枯燥的数字转化为动物演员的代码,同时让学生充当动物演员,通过站队、排队,从左数、从右数自己所站的位置等活动,对数的认识和序数有了更深层次的理解。在此基础上,化静为动,让学生说、写大于几和小于几的数,学习难度降低,学习效果增加。这样的练习,不仅让孩子们感受到了学习的乐趣,同时也在现实操作中灵活地掌握了知识。)

活动三 "奖品真有趣!"

精彩的节目一个接着一个,小兔、小鸡、小鸭、米老鼠等都参加了表演,表演团获得了优秀,它们的奖品是一块方糖。我把练习的第4题设计成了颁奖活动,结合课件的演示,小动物们都为自己准备了一杯水。"从它们准备的水中,你发现了什么?"学生们很快就区分出了哪一杯水最多,哪一杯水最少。

这时我又提出:"动物们将自己的奖品——一块方糖溶入水中,你们猜猜会出现什么情况?能提一个问题考考大家吗?"

学生听到能提问题考考大家,精神十足,情绪也十分高涨,提出的问题更是直奔主题:"哪杯水最甜?"

问题一出来,课堂气氛又活跃开了,同学们各抒己见,大声描述自己的猜测。

"谁的猜测对呢?"

为了进一步让学生感受知识,我不是急于告诉学生结果,而是动员他们以小组为单位动手做一做,亲口尝一尝,再来说说自己的感受。

能让自己亲自动手做一做,教室里立刻像炸了锅,孩子们又一次掀起了学习和探究问题的高潮。

就这样,在老师的指导下,通过动手操作,猜测得以验证,孩子们体会到了成功的快乐,一个个表现出异常的兴奋,心情久久不能平静。

(充分利用学习情境,给学生搭建一个平台,开拓学生思维,让学生在情境中感受知识,感受问题,让学生在亲自动手中去探究和发现知识,有利于培养学生发现知识和学习知识的能力。)

活动四 "你们辛苦了!"

"练一练"最后是一个数学故事,通过比较"剩下的水"来推断谁喝得多,在思维上具有一定的难度。我将本题设计为联欢会节目主持人聪明鼠和机灵猴与大家的见面会。

"小朋友们看,节目主持人聪明鼠和机灵猴也各自准备了一大杯水,从它们准备的水中你又有什么发现?"

话音刚落,学生们便大声叫起来:"两杯水同样多。"

我接着说:"它们俩今天太辛苦了,看!都喝了一大口,根据它们喝水的情况,你还发现了什么?"

运用模拟活动的演示,学生的思维一下子打开了,轻而易举地明白了"剩得少喝得多,剩得多反而喝得少"的道理。

(运用现代教育技术的优势,将问题简化,通过学生发现问题,猜测结果,然后再用具体情境来验证,将抽象的事物直观、现实地展示出来,这也是教学中常用的一种较好方式。)

【活动评述】

本案例最大的特点是将一节平平淡淡的练习课设计成为一堂极富情趣的情境课。

结合第一节讲课的特点,将新授内容与练习内容融为一体,组成了一个完整的情境体系,使情境有始有终。创设情境是课改后的数学教学中日益受重视的一个热门话题,教材中的情境设置大都是只给学生一个大的题材,给学生展示一个问题的情境,解决问题和探究问题就只局限于这一个场景,以后的故事需要学生自己去描述。如何将原有的故事延续下去组成一个既生动又有趣的情境,让学生完全进入故事情境中自主学习?这一堂课的设计就给出了一个很好的案例。

1. 情境设计构思精巧。能巧妙地根据课本所提供的素材进一步创造,进一步延伸,使情境更加完整,更加生动。

2. 活动设计合情合理。课题是动物乐园联欢,教师结合这一情境设置了"准备联欢会"(比较谁大谁小、谁最大谁最小,谁多谁少,谁最多谁最少)、"节目表演"(找出大于3 的数,小于 6 的数)、"颁奖"(把方糖放入杯子后,哪杯水最甜?)、"节目主持人出场谢幕"(谁喝得多?)四个情节,整个情境环环相扣,合情合理,既让学生学习知识,又让孩子们参加了一场别开生面的动物乐园联欢会。

3. 动静结合编排得当。课堂上既有独立思考又有小组探究,既有口头描述又有动笔书写,既有合理猜测又有动手实践,学生既当观众又当演员。将课堂完全还给学生,从多角度让学生充分展示自我,整堂课学生都在欢愉、激动、成功中学习探究。

(深圳市南山实验学校　杨儒军)

在情境游戏中自主探索新知

——《6、7的加减法》教学活动设计

【设计内容】

这是小学《数学》实验教材(北师大版)一年级上册第三单元《加减法(一)》第32～33页的内容——《猜数游戏》。它主要讲的是6、7的加减法。本设计主要通过"猜数"游戏贯穿全课。

【设计理念】

新课标指出要改变学生的学习方式,让学生在教师的指导下积极主动地参与数学活动,在活动中学习新知识。本设计遵循这一理念,主要通过引导学生操作学具,借助摆一摆、写一写、猜一猜、算一算、说一说、议一议等一系列的活动,在生动活泼的情境和游戏中,调动学生的学习兴趣,培养学生的合作意识与主动探索精神。

【活动目标】

1. 通过观察和动手操作等学习活动,使学生进一步理解加减法的意义,能解决简单的数学问题,并能正确计算6、7的加减法。

2. 培养学生观察、语言表达、动手操作和初步运用数学知识解决简单实际问题的能力。

【活动准备】

教具准备:实物投影仪、多媒体软件、6颗星星模型、一幅白雪公主和七个小矮人在森林里的挂图。

学具准备:7个小圆片,6颗豆子。

【活动过程】

活动一 猜数字

在游戏中猜数字"6"、"7",使学生口、手、脑并用,把学生的注意力吸引到课堂上来,为这一课的猜数游戏做好铺垫。

在上课前做个调查:同学们喜欢听歌吗?边说边请小朋友听儿歌《数鸭子》。问小朋友在这首歌里听到什么有关数学的知识么?小朋友就会说有:2、4、6、7、8。我们还学过哪些数字呢?学生会说还有1、3、5、9、10。你们会数吗?请你们按从小到大的顺

序数一数好吗?

(非常生活化的引入,学生很快就能投入到学习中来。)

活动二 猜豆豆

游戏能激发学生的探究欲望,体会信息呈现形式的多样性,下面我设计了这样的游戏活动:

我用双手捂住6颗星星,打开一只手,露出2颗,然后提问:这边捂住几颗,谁来猜一猜?学生纷纷猜是4颗,我再让学生说一说是怎么猜的。有的学生说,总共6颗,露出2颗,6−2=4;有的说,2颗露出来,藏着4颗,因为2+4=6。

接着我让同桌小朋友一起玩,左边小朋友捂豆子,让右边小朋友猜,并且记录算式。教师指导操作,巡视辅导,参与学生活动。在组织学生汇报时,板书出相应的算式:

6−4=2　2+4=6　6−2=4　4+2=6　6−5=1　1+5=6　6−6=0　6+0=6
6−0=6　0+6=6　6−1=5　5+1=6　6−3=3　3+3=6　……

(学生在动手操作、实践的过程中,不仅掌握了知识,而且体验了知识的形成过程,有利于培养学生的动手能力及独立探索的精神。)

活动三 猜土豆

为了给学生更多的想象空间,在解决问题的过程中掌握新知,我又设计下面的活动:

屏幕显示出一个小老鼠偷土豆的场景,画外音:嘿,收获真不小,我背回7个土豆。再显示一个土豆从袋子漏出来。

师:小朋友,袋子里还有几个土豆?你是怎么知道的?还可能会有什么情况发生?能把你的想法用算式表示出来吗?

生1:7−1=6,它的袋子还有6个土豆。
生2:7−3=4,它走着走着,就漏了3个,只有4个。
生3:7−7=0,它这样走回去一定一个都没有了。

老师板书学生根据猜测的不同结果写出的算式,体现答案的多样化。

(多层次、多形式的活动形式,运用多媒体计算机创设小老鼠背土豆的故事情境,有助于调动学生学习的积极性,让学生发现并体验数学的规律美。)

活动四 猜故事

故事引入情境,电脑出示动画图面。

1. 放音乐,7个小矮人与白雪公主快乐地起舞。画外音:在遥远的大森林里,住着勤劳的小矮人和美丽的白雪公主,每天晚上他们唱歌起舞。当第一天太阳升起的时候,老大扛着斧子出门伐木去了。白雪公主问:"小朋友,你知道小木屋里还有几个小矮人吗?"

2. 老二很爱劳动,第二天,他非要和老大一起去伐木,这时屋里还剩几个小矮人?

3. 第三天、第四天会怎样?谁会往下编故事?

学生根据不同的问题列出相应的算式,编故事时,有的学生说:第三天,老三也去伐木了,屋里还剩4个小矮人,7-3=4,也可以是5-1=4;还有的说:第四天,所有的小矮人都去伐木了,屋里一个小矮人也没有了,7-7=0,4-4=0……

(编故事的过程中获得数学知识,而不是单纯地依赖老师的讲解去获得,充分培养了学生的想象能力和语言表达能力。)

活动五　猜数字

通过学生喜欢的游戏进一步加强、巩固所学知识。

用卡纸剪出若干个小动物,每只小动物的背面写有一个数字,让学生猜是多少,当学生说一个数字时,老师评价说是大了或小了,请小朋友们第二次猜数,再提示加几或减几就对了,提示到小朋友猜对为止,最后就把小动物奖给猜对的小朋友。

(让学生将知识的学习与实际应用联系起来,前后呼应。)

【活动评述】

"6、7的加法"这堂课较好地体现了新课程标准的基本理念,教师以组织者、引导者和参与者的身份,引导学生较充分地在动手实践中自主探索,在合作交流中得出结论。课堂以讲故事的形式,创设了一系列竞猜的问题情境,既符合低年级学生的年龄特点,又激发起学生探究的兴趣。其中,渗透了函数思想,培养了学生有条理地思考问题的习惯。同时,教师还对部分题目进行拓展延伸,联系生活实际进行发散性练习等,激发学生在活跃的学习氛围中,积极思维,大胆创造。

(深圳市南山区珠光小学　周丽梅)

创设情境 自主参与
——《8和9的加减法》教学活动设计

【设计内容】

这是小学《数学》实验教材(北师大版)一年级上册第三单元《加与减(一)》的第34~35页的内容——《跳绳》,它是关于8和9的加减法。本设计主要以"快乐的上午"这一活动贯穿课堂始终,让学生积极主动地投入学习,获得成功体验。

【设计理念】

数学教学过程是数学活动的教学过程,是师生之间、学生之间交往互动与共同发展的过程。基于学生的个体差异,为了让每个孩子都获得成功的体验,在教学环节的设计上,从学生的实际生活出发,以学生再熟悉不过的学习生活为主线,引导学生开展观察、操作、猜想、思考交流等活动,使学生通过数学活动,掌握基本的数学知识和技能,初步学会从数学的角度去观察事物、思考问题,激发对数学的兴趣,以及学好数学的愿望。

【活动目标】

1. 学生在具体有趣的情境中,学会有关8和9的加减法。
2. 培养学生的观察能力和提出问题的能力,合作意识及学习数学的兴趣。

【活动准备】

8的加法算式卡片、水彩笔。

【活动过程】

活动一 快乐的上午

本课主要学习8和9的加减法。为了让学生体会数学就在我们身边,感受学数学的乐趣,我设计了"快乐的上午"这一情境,将本节课的知识(8和9的加减法)融入到了这一完整的教学情境中,努力营造生动活泼、主动求知的学习氛围,吸引学生积极投入到探索学习中。

1. 在我们上课前,小朋友听到了什么声音?这种古筝声告诉我们什么呢?淘气也上课了。今天上午宁老师带小朋友到淘气的班上去,和他们一起度过这个快乐的上午,好不好?(出示课题:快乐的上午)

2. 这节课我们进行男女生比赛,哪个小组赢了,就奖励这个小组每人一朵红花。

3. 今天星期几?你知道吗?他们上午要上什么课呢?我们去看看。(利用多媒体出示课程表,学生回答)

(以"快乐的上午"导入,创设贴近学生生活的情境,通过课程表揭示下面要进行的活动,激发学生主动参与学习的兴趣,使学生感悟到数学源于生活。)

活动二 我的眼睛最亮

学生经常在体育课上跳绳,于是我把跳绳的这一主题设计成一节体育课,策划了"谁的眼睛最亮"的小比赛,并且采取了个体评价,让学生通过全面认真地观察主题图,学习8的加减法。

体育课要干什么呢?我们去看看。(多媒体出示"跳绳图")

他们在玩什么?

观察图中的小朋友,你能提出什么数学问题?学生汇报并列算式。

(学生列算式并说出算式中蕴含的意思。可能列出的算式:1+7=8,5+3=8,4+4=8,2+6=8)

你能按一定的规律整理这些算式吗?

观察算式,你发现了什么规律?

生1:它们的结果都是8。

生2:第一个加数小,第二个加数就大,渐渐地会一样了。

(通过观察体育课中的跳绳活动,学生学习了8的加减法,并且通过整理算式,培养了学生的全面观察能力和数学思考能力。)

活动三 我是画画小能手

对于"大象涂格子"这一情境图,为了呼应前一情境,我把它设计成一节美术课,策划了"我是画画小能手"比赛,从而学习9的加减法,培养学生的动手实践能力。

美术课要干什么呢?(多媒体出示大象涂色图)

大象老师是位绘画大师,它在干什么?

数一数,有几个格子?

猜一猜,大象老师可能涂几个格?(师生合作示范涂格子并列算式)

你想涂吗?同桌两人一组,先商量涂几个格,然后一人涂一人列式。比一比,哪个组完成得又快又好。(涂完的可贴在黑板展示,然后实物投影展示)

(学生可能列出算式:2+7=9,3+6=9,9+0=9,5+4=9,1+8=9。)

(本活动考虑了个体存在的差异,让每个孩子都能体会到成功,从而保持了学习数学的兴趣,通过涂色活动,培养了孩子们的动手能力和合作交流能力,从而学会9的加减法。)

活动四 我是小小故事家

为了巩固8的加减法,发展学生的创新思维,对于"猪八戒吃瓜"这一情境图,我考虑了儿童的天性,把它设计成一节语文课,并且制作了猪八戒吃瓜的 Flash 动画。首先让他们欣赏动画,然后,根据动画编一个数学小故事,要求小组合作完成。

大家喜欢看动画片吗?接下来的语文课让大家看一个动画片。但是宁老师要求大家看动画的同时编数学小故事,比比谁的故事最动听。(多媒体出示八戒吃瓜动画)

学生编故事并列式。(列出算式:1+7=8 等。)

(这一环节,不仅肯定了那些平时爱读书的学生,让他们的特长得到了发挥,体现了他们的想象力和表达能力,让他们体验了成功的快乐,同时巩固了 8 的加减法。)

活动五 做游戏真有趣

为了巩固 7、8、9 的加减法,我将课本里的"数字和数字凑成 9"这一习题设计成一节数学课,通过找朋友的游戏,激发学生的学习兴趣。

数学课我们玩数学游戏吧!(发算式卡片)

1. 7、8、9 交朋友 (算式得数是 7、8、9 的分别交朋友)

2. 2+( ),( )+6 (分别和 7、8、9 交朋友可以填什么数。体现层次性)

3. 发散性思维:( )+( ) (分别和 7、8、9 交朋友可以怎样填。体现层次性和发散性思维)

(游戏是儿童的乐园。低年级的小学生都喜欢玩游戏,他们通常是在玩中学会了知识。本活动通过不同层次的游戏,不仅巩固了 7、8、9 的加减法,也培养了学生的发散性思维。)

活动六 我是学习的小主人

为了让学生清楚本节课所学内容,自己作学习的主人,我设计了下面的自我总结内容。

你学会了什么?

这节课你表现如何?

(活动让学生通过回忆课堂内容,巩固所学知识,也保持了学习的兴趣。)

【活动评述】

1. 以学生熟悉的日常课堂的情境来进行设计,学生参与的积极性很高,亲身体会到了我们身边处处有数学。体育课培养了学生的观察能力和有序思维能力;美术课体现了学生的动手能力和颜色搭配能力;语文课展示了学生的人文素养,发散了学生的思维;数学课反映了知识的层次性,激发了学生的参与欲望。

2. 在"看动画编故事"这一环节,学生兴致高,教师要能给足时间,尽可能让学生充分展示自我。

3. 设计体现了一定的层次性,有利于培养学生的数学思考能力和创新思维能力。

(深圳市南山区育才三小 宁晓玲)

在"估计"中培养数感

——《数豆子》教学活动设计

【设计内容】

这是小学《数学》实验教材(北师大版)一年级下册第一单元《生活中的数》第 4~5 页的教学内容——《数豆子》。这节课是学生在初步感知了 100 以内数的基础上进行教学的。教材给出的是两位小朋友估计豆子的粒数,然后通过数数、拨数,从而理解什么是"数"的一个素材。这里设计的是培养学生数感及提高学生估计能力的活动过程。

【设计理念】

怎样培养小学生的数感,是我们经常探讨的一个问题。数起源于数(shǔ),对物体实际数量的感知,是发展学生数感的有效方法。这节课之前学生对数有了一定的认识,但仅仅局限于简单的数数、拨数。让数字插上感官的翅膀,在孩子们的脑海中翱翔,是我们在教学中所希望的。在此基础上让学生进行多次地估数、数数、拨数,这一系列的活动设计,旨在让学生体验数的概念,增强他们的数感。

【活动目标】

学生通过估一估、数一数、拨一拨,初步体验数、认识数,积累和探索估数的方法;在活动中培养学生的数感,培养学生初步的估计意识。

【活动准备】

豆子、杯子、计数器、表格和小方巾。

【活动过程】

活动一 激励引入——想数豆子

淘气、笑笑和智慧爷爷是小朋友十分喜欢的卡通人物,用他们鼓励的话语引出活动内容,可以激发学生想数数的欲望,具有很强的趣味性。于是,我这样导入:

昨天,同学们用不同的方法数出了铅笔的支数,智慧爷爷很高兴,派笑笑和淘气给每组小朋友送来了一杯"智慧豆",你们想知道自己的小组得到了多少粒"智慧豆"吗?

(这样的引入激起了学生数豆子的热情。)

活动二　引发兴致——估豆子、数豆子

培养学生的数感是一个循序渐进的过程,体现在设计中就是要让学生在学习中有一种拾阶而上、跳一跳摘桃子的兴致和欲望。因此先让学生数 10 粒豆子,建立 10 粒豆子与一杯豆子的多少关系,为以下的估计打基础。然后通过小组数豆子,使学生在活动中逐渐建立数感。

"小朋友,请你们从自己的杯子里拿出 10 粒'智慧豆',放在小方巾上,看一看有多少?"

学生在小组长的带领下拿出 10 粒智慧豆,仔细地观察、交流。

"接下来请小朋友自己仔细地看一看,想一想,估计一下你们小组得到了多少粒智慧豆,填在卡片上。"

姓名	第一次估数	第一次准确数	第二次估数	第二次准确数	第三次估数	第三次准确数	第四次估数	第四次准确数
学生 1								
学生 2								
学生 3								
学生 4								

1. 你是怎样想的?怎样估计你们小组智慧豆的数量?在小组内交流估计数的方法,并数一数"智慧豆"的准确数,填在卡片的对应位置。

2. 全班交流,讲方法,交流经验。比一比谁估计的最准确。给予奖励。

(利用孩子们争强好胜的心理,激发其学习兴趣)

3. 对表现比较好的小组,用智慧豆作为奖励给学生。

教师再给每组的杯子放入数量不等的豆子,让学生在上次估数经验的基础上再次进行估数练习,培养他们的数感及估计意识,并做记录。

4. 由小组长变化杯子里的豆子数,在小组内做估数练习。

(智慧豆由 10 粒到一杯,学生从观察到估计,再到数出准确数量的智慧豆,是对自己的挑战。在教学活动中,学生的心中充满了不安与期待,同时也是一个积累经验的过程,有利于学生体验数的含义,积累估数经验,探索估数方法。)

活动三　收获果实——拨数、写数

这节课的另一目的就是让学生进一步体会数位,理解数的意义,让学生拨 28、33,并让学生说一说每个数位上的数分别表示的意义,这应作为本节课的一个重点。再让学生在小组内进行其他数的拨数、写数练习。

1. 小朋友,你能在自己的计数器上拨出智慧爷爷给的"智慧豆"数目吗?请你拨拨看,再想一想你为什么要这样拨?

2. 你是怎样拨的？在小组内说一说、拨一拨。

3. 全班交流，请几位同学上讲台拨一拨、说一说。

右边个位上拨 8，表示 8 个一；左边十位上拨 2，表示 2 个十。

十位上的 3 表示 3 个十；个位上的 3 表示 3 个一。

4. 组长读卡片上的数，小组成员拨数，比一比，谁拨得又对又快。

5. 看谁写得既快又对。

教师出示题目，让学生写出计数器上表示的数。

（估豆子到数豆子、写数，顺理成章，符合小孩子的认知特点，小组成员通过活动，可以相互帮助，有利于陪养学生的合作精神以及乐于助人的良好品质。）

活动四　巩固新知——数小棒、估年龄

这一活动的设计具有很强的自主性，可以充分调动学生的积极性，在学习的间隙又可以让学生做适当的放松。

1. 估一估、拨一拨、说一说、写一写。

2. 抓一把小棒，先估计有多少根，再数一数。

3. 估计爸爸、妈妈的年龄，拨一拨，记下来，回家问一问，看自己估计得怎么样。

（有张有弛、轻松、有生活气息的学习，让学生感觉数学就在身边，学的是与自己有关的数学。）

【活动评述】

这是一节体现新课程标准的课，以学生为主体，让学生主动参与活动、积累经验，逐步增强数感。让学生结合现实素材感受数的意义，并能进行估计，这是新课标提出的具体目标。现在的小孩很聪明，如果认为他们的估数能力也不错，直接让他们估计豆子的多少，结果会五花八门，与我们的想象大相径庭。孩子在传统的教学模式下，计算能力、理解能力很好，但我们的老师、家长却忽视了孩子体验数学、应用数学的能力。我想这就是新课标重视学生估计能力的原因之所在。这节课，有以下三个特点：

1. 先让学生观察少量豆子的多少，以此为基础进行首次估数。再在小组内进行多次的估数练习，用记录卡记下他们估计能力提高的过程。

2. 人人都想得到老师的表扬和肯定，用"智慧豆"代替豆子，多了感性色彩，有了激励性，学生也充满了学习的积极性。

3. 用计数器拨记录卡上的数，让学生体验成功的快乐。

（深圳市南山区向南小学　高春侠）

在自主中发展，在互动中提高
——《认识人民币》教学活动设计

【设计内容】

这是小学《数学》实验教材（北师大版）一年级下册第六单元《购物》第一课时的内容——《买文具》。本课主要使学生认识各种小面额的人民币及其换算关系，初步体会人民币的作用。本课的设计通过学生熟悉的买文具活动来进行。

【设计理念】

数学学习过程是一个建立在学生自己原有的知识背景、活动经验和理解基础上的主动建构过程。本课力图让学生感受到数学与日常生活的密切联系，体会到数学的内在价值，能运用所学的数学知识解决问题，体验学习的快乐。

【活动目标】

1. 在具体的活动中认识元、角、分，了解它们之间的关系。
2. 培养学生的应用意识和解决问题的能力。

【活动准备】

课前学生准备各种钱币，自带常用的各种文具，剪好模拟人民币。

印有各种标价的文具图。

【活动过程】

活动一　关注学生生活经验，生生互动学习新知

学生对钱都有一定的认识，让他们回家自己准备钱币的过程本身就是一个学习认识的过程，再回到课堂上进行介绍展示，给了学生一个发挥主体性的舞台和互动提高的机会。学生在课堂上的活动是这样进行的：

我让学生把自己最感兴趣的人民币介绍给小组内的同学听，各是多少面值的，并说一说是怎么知道的？

学生在小组内介绍。有人把各种面值的人民币都带来了，还有学生拿来了港币，还有学生说见过美元是什么样的等等。

我接着让学生说一说是用什么方法来记住这些人民币的。

学生介绍，互相补充。有的说从数字来记，有的说从图案来记，有的说从大小和颜

色来记,有的说认识汉字等。

师:你们真不简单!能认识这么多的人民币,还有外币!现在你们能拿手中的模拟人民币表示出纸上的这些商品的价格吗?(纸上有一角钱的橡皮,五角钱的铅笔,二角钱的练习本,一元钱的圆珠笔等)

学生在小组内分工,拿模拟人民币表示文具价格。老师深入小组帮忙指导。投影展示。

(让学生在课堂上当小老师介绍给其他同学听,充分调动了学生认人民币的积极性,每个同学都能有机会展示个性思维方法和经验,共同分享数学学习的快乐!)

活动二 独立思考,合作探索人民币的单位及进率

学生知道元、角、分,也了解简单的换算。我设计了"分一分"和"换零钱"活动,充分利用学生自身的课程资源,引导学生开阔思维,去比较、去分析,在活动中主动探究知识,发现规律,培养能力。活动是这样进行的:

师:把手中的人民币分分类。然后说一说你是怎样分的?

学生每人动手分,老师巡视、观察参与,学生汇报分类方法,同时请大家评判。(学生有按数字来分类的,有按圆的和长方形形状来分的,有按制造材料来分的,有按元、角、分人民币的单位来分的)

我肯定了他们的分类方法都有一定的道理,并指出最常用的方法是按元、角、分来分类,并揭示人民币的单位有元、角、分。

接着我又引导学生进行换钱活动,比如1角钱换1元钱,怎么换?拿一角钱换一分钱又怎样换等等,让学生在交换的过程中体会元、角、分之间的关系。

(这一环节给学生留出了足够的时间和空间,让学生充分地思考、讨论、操作,并从多角度、多侧面提出不同的解决问题的方法,为培养学生的创新意识和解决问题的能力提供了机会和条件。)

活动三 买文具,深刻体会钱的功能

钱最大的功能是货币流通功能。在学生认识了人民币,基本能换算的基础上,可以创设买文具的具体活动来加深对钱的认识和理解。活动是这样进行的:

师:下面我们来做买文具游戏活动。想一想,买文具时,怎样购买才是文明礼貌的顾客和售货员呢?哪两位同学来示范一下。

两名学生示范,全班学生评价哪里做得好,说得好,哪里不好。然后我让学生小组内做买文具活动,组长做售货员,组员扮顾客。

学生模仿表演非常投入,付钱、找钱都很认真。

(数学源于生活并应用于生活。学生在活动中能体会数学的应用价值,培养合作意识,使学生学会做人和学会生活。)

活动四　回归生活，落实实践操作

请学生回家真正地买些东西,并记录下来自己买东西的过程,以及其中发现的问题和想法,写成数学小日记。

(从课内再到课外,学生自然把数学和生活联系起来,并对所学的内容进行总结,培养了学生的反省能力。)

【活动评述】

新课标明确指出:"要重视从学生的生活实践经验和已有的知识中学习数学和理解数学。"这节课较为典型的特点是:

1. 密切地联系学生的生活经验,设计了一系列的活动完成知识的学习,学生真正做了学习的主人,知识的漏洞也由同学之间互动学习来弥补。

2. 教学中激发了学生的参与意识和学习兴趣,自主探究,发挥个性,学生能生动活泼地学习。

3. 关注了学生的学习过程,让学生体会获得成功的机会,体验学习的快乐,获得心智的发展。

(深圳市南山区海湾小学　郭翠玲)

在活动中探索新知

——《人民币的认识》教学活动设计

【设计内容】

这是小学《数学》实验教材(北师大版)一年级下册第六单元《购物》第一节的内容——《买文具》。它主要讲的是对小面额人民币的初步认识,了解元、角、分之间的关系及其简单应用。本设计通过人人参与探索、个个动手操作等一系列活动来感悟新知。

【设计理念】

调动学生主动参与探索新知的热情,再通过设计分钱、拿钱、换钱、买文具等一系列活动让学生探索、体验来感知人民币,注重学生的实践与思考,让学生在实际活动中学习知识。

【活动目标】

1. 认识人民币。
2. 了解人民币之间的关系以及人民币在生活中的应用,体验数学与生活的联系。
3. 渗透合理使用人民币和爱护人民币的思想教育。

【活动准备】

教具:电脑课件。

学具:学生准备人民币学具卡片,"小小百货店"(用塑料袋装好各种各样的文具,文具上标有价钱)

【活动过程】

活动一 情境激趣,引发问题——要用人民币

上课伊始,我创设了一个买文具的情境,引出生活中购物要用人民币的问题,让学生体验到人民币的有趣和有用,激发学生探索、认识人民币的欲望。

电脑媒体展示文具店的一角,把学生带进"文具店"。

师:这些文具都是同学们所喜欢的,要买文具必须用到什么?钱!这节课我们就来认识咱们中国人用的钱——人民币。

(这一情境创设,学生很自然体验到购物需要用钱,从而唤起了学生迫切想认知人民币的热情,为下面认识人民币做好铺垫,自然进入探索新知的状态。)

活动二 动手操作,探索体验——认识人民币

为了充分调动学生动手操作、探索新知的积极性,我从学生已有的知识经验出发,设计了下面的"把钱分类"和"取钱"活动,让学生在活动中体验、认识人民币。

1. 把钱分类活动。

老师要求学生把带来的人民币学具卡片拿出来,分成三堆:(1)以元为单位的;(2)以角为单位的;(3)以分为单位的。不认识的钱可以请教小组其他同学。

(这个活动无疑是促进学生探索、体验人民币特点的过程,让没有经验基础的学生从不知到初步感知,让有经验基础的学生强化感知。)

2. 认钱活动。

为了进一步调动学生探索新知的积极性,让学生加深认识人民币的单位以及各种小面额的人民币,特设计了取钱活动。

老师首先试探学生是否知道人民币的单位,然后放手让学生进行取钱交流活动:(1)以元为单位的人民币你认识哪些?请你拿起来展示给小组同学看,告诉小组的同学这些人民币都有些什么特点。(2)以角为单位、以分为单位的呢?(3)指名汇报,并借助电脑课件演示各种人民币突出的特点,以便让学生加深对人民币的认识、体验。

(这一活动促使学生在已有感知的基础上深入细致地寻求各种人民币的特点,把自己的发现尽情表达出来,互相促进,共同提高,再通过电脑媒体直观形象的演示加深学生的认识。)

活动三 游戏活动,乐中领悟——了解人民币关系

针对儿童喜欢表现自我,爱好游戏活动的心理特点,我设计了下面的比赛活动,让学生在玩中学、乐中悟,培养学生的思维能力与创新能力。

1. 拿钱比赛。

下面开展拿钱比赛,老师说人民币的面额,学生拿出相应的人民币,看谁拿得又对又快,例如老师要求拿出1元币举起来,有几种拿法?你是怎样拿的?学生有的拿1张1元的纸币;有的拿1枚1元的硬币;有的拿10张1角的纸币;有的拿10枚1角的硬币;有的甚至说可以拿100枚1分的硬币或者拿50枚2分的硬币等等。在此基础上引导学生了解:1元里面有几个1角?元和角有什么关系?1角里面有几个1分?角和分又有什么关系?

2. 换钱比赛。

设计换钱比赛活动,让学生认识人民币的简单换算。老师首先引导学生开展活动,如:1张5元能换几张1元?1张5角能换几张2角和几张1角?……然后让学生在小组内活动:同学间自由交换人民币。

(这些活动让学生进一步体会人民币的关系,不断扩展学生的思维空间,培养学生举一反三的能力,为人民币的应用做铺垫。)

活动四 实践操作，购买文具——应用人民币

在学生认识人民币的基础上进行实践操作，强化新知，应用新知，体会数学在生活中的应用，激发学生对数学的兴趣与求知欲望，我设计了下面的模拟购物活动。

创设"小小百货店"摆在各小组桌子中央，（"小小百货店"里面装有各种各样的文具，文具上标有价钱，这是课前布置学生拿出自己的文具组成的"小小百货店"）然后宣布活动要求："以小组为单位进行购买文具活动，轮流当售货员，活动结束后，在小组内评出优秀售货员。"接着让学生开展自由购买文具活动。最后请一些同学做顾客，各小组推荐一名优秀售货员出来示范。

（这一实践活动让学生亲身感受作售货员的滋味，快乐无穷，应用知识解决问题的能力都会得到不同程度的提高。）

活动五 引导启发，从我做起——爱护人民币

最后渗透对学生进行合理使用和爱护人民币的教育，使学生学会从小勤俭节约，合理用钱，爱护人民币。

老师用试探的方式了解学生春节收多少压岁钱，都用在什么地方；然后让学生小组讨论：如何合理使用人民币，最后结合同学们平时爱买零食等不良现象加以教育引导。

【活动评述】

这节课的教学设计体验了四个突出的特点：

1. 活动性。本节课的教学设计摆脱了传统教学以讲为主，学生被动接受的束缚，着重以学生的活动为主，使学生在玩中学，在乐中悟。

2. 探索性。每一个活动结构紧凑，层次分明地展示了学生探索新知的过程：让学生在探索中生疑，在生疑中思考，在思考中体验，在体验中掌握，设计思路清晰。

3. 生活性。过去把人民币的认识作为单纯的知识进行传授，而本节课的教学着重从生活出发：从买文具的生活情境中引发新知——要用钱；从学生已有的生活经验出发探索新知——认识钱；最后从生活实践中领悟新知——应用钱。处处体验了数学与生活的密切联系，激发了学生对数学的兴趣和学好数学的欲望。

4. 人文性。渗透对学生进行合理使用和爱护人民币的思想教育。

（深圳市南山区向南小学 陈玉兰）

引导学生学习生活中的数学
——《付款　找钱》教学活动设计

【设计内容】

　　这是小学《数学》实验教材(北师大版)一年级下册第六单元《购物》第75页数学游戏的内容——《小小百货店》。它主要是有关认识人民币知识的作用，本设计通过购物活动贯穿全过程。

【设计理念】

　　新课标指出：人人都学有价值的数学。数学教学应该使学生充分地感受学有所用，学以致用，培养学生的动手能力、合作精神及"用数学"的能力。本次活动是学生在认识了人民币之后设计的，旨在让学生把所学的数学知识及能力运用到生活实践中。本活动将让学生感受到数学与生活是密切相连的，让学生走出数学课堂的框架，走进生活，运用数学知识服务于生活，解决生活中的实际问题。

【活动目标】

　　1. 在实际购物活动中，正确计算应付款和应找回的钱。
　　2. 感受数学与生活的联系。
　　3. 培养学生的合作意识和能力，学会用数学知识解决实际问题。

【活动过程】

活动一　购物前

　　活动伊始，创设情境，让学生感受市场的氛围，明确活动的目的。

　　师：明天我们就要去野炊了，在野炊的过程中我们需要一些食物和物品，今天我们利用这节课的时间去模拟采购一些好吗？明天我们要分小组进行野炊，今天我们就先分小组来买一些东西吧！每个小组先预支100元钱，大家以小组为单位，每个小组六人，小组长组织分工合作，每个小组要有1个"出纳"(拿钱的)、1个"会计"(记账的)，现在我们就到我们班今天新开张的"大家乐"市场去采购吧！

　　教室事先摆成了市场的样子，一个个货架上面摆了一些食品、模型及卡片，并且都标明了价格，把整个市场分为熟食区、生食区、用品区三个区域，服务员也由学生自己扮演。

（这一情境、场景的布置，让学生犹如真正进入了市场购物，为学生的活动创设了很好的氛围，使整个活动能够迅速开展起来。）

活动二　购物时

让学生自主地在情境中购物，自觉用数学，体会数学的生活化。

学生都以六人小组为单位进入了超市。他们手上都拿"钱"（学具），有的小组就为出去春游要买些什么而讨论起来：有的说要买果冻，有的要买饼干……

在生食区，学生讨论的可热闹了，一边计划要买的东西，一边计算出要付的钱数。比如：玉米1元1个，我们买6个要花6元钱，火腿肠5角钱1根，我们买6根要花30角，也就是3元钱，合起来要付9元钱。小出纳也思考着怎样付钱，服务员要考虑找回多少钱。

学生边讨论边购物，超市里出现了一派繁忙购物的景象。

（让学生在市场里自己拿"钱"进行购物，这一活动环节充分让学生体会到数学与生活的密切关系，使学生运用数学解决实际问题的能力也得到了很大程度的锻炼。）

活动三　购物后

让学生充分地说说自己购物的想法，讨论合理性，使学生的生活经验得到提升。

各小组都买好了自己这一小组野炊活动要买的物品，全班同学聚集在学校操场上，以小组为单位坐好了，展示自己所买的物品。

我让学生分小组汇报所买商品和用的钱数，别的小组成员有些什么想法及意见都可以提出来。学生的汇报活动非常生动，比如，第一小组说，我们小组计划出去烧烤，我们买了玉米、鸡腿每人一个，买了烧烤汁，买了苹果每人一个，买了巧克力，买了QQ糖每人一包，还有面包，还有饼干等，总共花了51元5角，还剩48元5角。

其他学生针对他们的购物情况发表自己的意见。有的说，他们这一组买的都是吃的，出去玩的时候还应该买一些纸巾；有的认为，这一组买的吃的都是一些很贵的，虽然它们好吃一些，但是吃不饱，还应该买一些馒头，等等。

各小组纷纷交流、展示，学生们都在沉浸在热烈的讨论氛围中。

（学生通过讨论、交流这一活动，感受到自己在购物过程中还存在哪些问题，提醒大家以后更合理地用钱。）

活动四　活动后

活动完了，我引导学生进行总结，把最想说的话说出来。然后是课后拓展，请每位同学星期天当一回家中的小主人——"今天我当家"。

（在活动完之后说出自己的收获及感想，对自己的活动成果进行总结，这对学生的思想进行了教育，使学生的心灵也得到了净化。）

【活动评述】

整个活动全过程完全是让学生自主、开放地进行的，能让学生感受到数学问题的生活化，数学与生活的密切联系，充分体现了活动课的"活"和"动"，让全体同学参与进来了，全体同学都动起来了，学生"用数学"的能力得到了很好的培养，学生掌握了知识也学会了如何生存。

（深圳市南山区大冲小学　刘亚平）

寓数学教学于情境中

——《乘法口诀(复习)》教学活动设计

【设计内容】

这是小学《数学》实验教材(北师大版)二年级上册第22～23页的内容——《回家路上》。本活动设计是通过再现"回家路上"的情境,让学生在感性认识的基础上进行理性的思考,从而对刚学的"2—5的乘法口诀"进行系统的复习。

【设计理念】

新课标明确指出,我们的教学要强调让学生参与数学活动,发展学生的数感,所以本课根据教材提供的情境和学生生活的情境做了加工处理,以动画的形式呈现学习内容,真实地、生动有趣地再现放学回家的情境,引导学生主动地进行观察,使学生在轻松愉快的环境中发现问题,解决问题,感受数学与生活的密切联系,培养数感。

【活动目标】

1. 练习巩固乘法口诀。

2. 结合具体情境,让学生学会观察,看懂图意。根据图中提取的信息自己提出问题,并能用乘法口诀解决问题,感受数学在实际生活中的运用。

3. 培养学生的观察能力、思维能力、口头表达能力和独立思考的能力,增强学生初步发现问题和提出问题的意识。

【活动准备】

课件(分层次进行的课件)。

【活动过程】

活动一 创设情景,沟通感情

播放音乐,给学生营造一个轻松活泼的学习氛围。在轻松愉悦的环境中,学生精神状态最为放松,此时课堂已不再是课堂,任务已不再是任务,而是一次适合二年级学生特点的、学生喜闻乐见的有趣的活动,学习效果一定很好。

1. 播放儿歌:《数鸭子》。

2. 师生谈话,拉近距离。

(通过听、唱儿歌,唤起学生强烈的参与热情,积极投入教学活动。)

活动二　再现情境,引导观察,发现问题

将教材中的情境图改编为声形并茂的动画,把学生带入到具体情境中,拉近数学与现实生活的距离。

1. 故事引入,播放"回家路上"动画,引导学生观察。

师:放学了,同学们快乐得像小鸟一样,成群结队,离开了学校。笑笑走在回家的路上,看到美丽的景色和许多可爱的小动物,特意邀请我们一起来观赏。

师:多么美丽的景色! 从动画中,你看到些什么?

学生思考汇报。

(学生不一定能直接提取有价值的数学信息,对于学生的汇报,教师适当给予肯定的同时,要着重引导学生从数学角度去观察。如何引导学生从数学的角度观察情境、提取信息,是本环节的关键。由于学生近期学习的都是有关乘法的知识,教师可以从运用乘法的角度引导学生观察情境、提取信息:一向喜欢数学的笑笑,她看得很仔细,她看到了鱼,还发现河里有4群鱼,每群都有3条,于是,她在想:河里一共有多少条鱼? 这样,引导学生用数学的眼光去观察全图,并提出数学问题。)

2. 师生合作,完成范例并板书。
3. 小组合作,共同提出数学问题,写出相应算式。

(本环节着重突出用乘法来解决问题这一目标。利用"回家路上"这一情境引导孩子进行乘法口诀的复习。备课时,教师考虑到学生从静态图中获取信息存在难度,特将静态图制作成动画,让各个观察对象由远及近有层次地呈现:动画中先出现学校和树木、花草、小河等静止的景象,接着从学校走出3群小朋友,每群有3位小朋友;在他们经过的草地和树上飞来3群小鸟,每群小鸟各有5只;他们走到河边时看到游来4群小鱼,每群有3条鱼;接着又看到从远处划来4条小船,每条船上有4个小朋友等等。这样逐个呈现图中信息,为学生提供了形象的"几个几"的资源。学生根据画面轻松地提出用乘法来解决问题,解决这些问题的过程,实际上也就是乘法口诀在生活中的应用,这样便利用了生活经验有效地理解抽象的数学理论。)

4. 全班交流,互相补充。

投影出其中一个小组的算式,让组员介绍算式对应的数学问题,鼓励其他小组作补充。

(本环节设计给学生提供充分自主探究的空间,把探索、发现知识的权利交给学生,发挥学生学习的主体作用,挖掘学生的学习潜能。在本过程中,教师充分发挥"引导者"的作用,抓住契机,适时点拨,使学生明确思维指向。)

活动三　联系生活情境,提出、解决数学问题

生活即数学,生活离不开数学,数学也离不开生活。通过引入学生身边的数学例子,让学生从中学习数学,避免了数学学习的枯燥性、抽象性,同时让学生感觉到学习数学的亲切感和实用性。

1. 课间休息,听音乐。

师:从笑笑回家的路上,我们发现这么多数学问题,为了奖励我们,笑笑又给我们

带来一首轻松、欢快的歌,一起听听吧!(创设轻松活泼的课堂氛围,陶冶学生的情操。)

2. 放儿歌:《数青蛙》(随着青蛙只数的变化,相应的嘴、眼睛和腿的个数也成倍变化,这为学生复习乘法口诀提供了很好的生活素材)

师:一只青蛙有几张嘴?几只眼睛?几条腿?两只呢?(让学生伴随音乐节奏对唱)

这时如果让学生根据青蛙只数的变化说出相应的嘴、眼、腿个数的变化显然难度较大,教师把每一句分成两部分,以字幕显示,让学生边看边想,在有趣的对唱中复习应用乘法口诀,加强记忆。

3. 联系实际生活,提出数学问题。

师:你也有和笑笑一样的经历吗?也能像她一样发现生活中的数学问题吗?你愿意把它说一说给大家听听吗?

(让学生畅所欲言,培养学生发现并解决生活中的实际问题的能力,又发展了学生的语言表达能力。)

活动四 创设活动情境,运用、巩固数学知识

单一的数学计算和练习不仅使学生感觉枯燥,而且不利于长期记忆。创设丰富有趣的活动情境,能化枯燥为生动,有利于激发学生参与的兴趣,让学生在比赛、游戏、模拟生活情境等活动中,自觉主动地运用、巩固数学知识,提高学习效率。

活动:找新家。

课件演示:小象、小兔子等小动物背着书包,拿着小牌号的动画图,他们是一年级的小朋友,今天是第一天上学,放学后他们找不到自己的家了,幸好他们的妈妈都把门牌号写在它们胸前的小牌上,你能根据他们的牌子把他们送回家吗?(这个活动准备了一些精美的小房子图片和小牌号,小房子和小牌号上面写有不同的乘法算式、乘法口诀和答案。活动时将小房子贴在黑板上,让学生根据小牌号上的内容找到相应的"家"。)

(本环节给学生提供了展示自我的空间,通过活动,学生运用所学知识解决生活中的问题,体验成功的喜悦。)

小结:今天,大家表现非常出色,都是数学小能手。在回家路上,你学到了什么?以后,希望大家都能像今天这样,细心观察,用数学的眼光看问题,做个数学有心人。

(让学生通过畅谈自己的收获,感觉到数学学习的乐趣,同时学会进行自我评价,从中获得积极的情感体验。)

【活动评述】

这一课的教学设计,最大的特色就在于善用"情境",把情境作为学生获取信息的平台,从学生的生活经验和已有的知识背景出发,向他们提供充分的从事数学活动和交流的机会,使学生在自主观察和探索中运用所学知识解决生活中的实际问题。在教学中,教师更为关注的不是教材本身蕴含的知识目标,而是探求、获取知识的过程。整个课堂教学过程轻松愉快,学生兴趣浓厚,课堂朴实无华,环节过渡自然,有效地培养了学生发现问题、思考问题和解决问题的能力。

(深圳市南山区珠光小学 林桂芳)

提供探索机会 激活"主角"意识
——《除法初步认识》教学活动设计

【设计内容】

这是小学《数学》实验教材(北师大版)二年级上册第四单元《分一分与除法》第32页的内容——《分糖果》。它是本单元的第三个"分一分"的活动。这次分的数量比较多,要求一次分得一样多,对学生来说是有困难的,需要分步完成。本设计主要通过"分食物"等活动来贯穿全课。

【设计理念】

学生是学习的"主人"。新课标要求遵循学生学习数学的心理规律,强调从学生已有的生活经验出发,让学生亲身经历将实际问题抽象成数学模型并进行解释与应用的过程。本课力图让学生主动地参与数学活动,并通过亲手实践,经历和体会应用数学知识解决生活中的问题。

【活动目标】

1. 通过"分一分"的活动,培养学生的动手操作能力、初步的抽象概括能力,并结合具体情境让学生进一步体会除法的意义。

2. 使学生能用除法解决一些简单的实际问题,初步体验除法运算与生活实际的密切关系,而且让学生在合作与交流的学习中,学会肯定自己和倾听他人的意见。

【活动过程】

活动一 参加生日聚会,唤起"主角"意识

激趣:小朋友们,你们知道今天是什么日子吗?今天呀,是老师的生日。我买了许多好吃的东西,想请我们班的小朋友参加我的生日Party,好不好?可是老师今天太忙了,你们能不能帮帮老师?老师想摆六桌,你们能不能帮我把这些好吃的东西(同时在电视上出现这些小吃的数量:柑橘42个、果冻34个、花生95颗、糖果100颗、板栗49个、饼干72块)平均分成6份?

出示课题"分食品"。

小组自由选择想帮老师分的东西,小组长到讲台前领取要分的物品。

(这一层次选择了学生身边的、熟悉的、感兴趣的"生日Party"这一事件,唤起学生

的"主角"意识。同时,让学生自由选择本组喜欢的物品,又是对"主角"意识的强化,为后面的教学开了好头。)

活动二　提供探索机会,激活"主角"意识

1. 动手实践、自主探索。

要求学生在小组内讨论该如何将手中的物品平均分成 6 份,然后请一个小朋友来分,小组长做好记录,看哪一组分得又好、又快。

学生开始小组讨论,然后动手分一分。分完后,进行全班交流。

2. 全班交流。

让各个小组长汇报小组分的情况,并说一说为什么要这样分。要鼓励学生分法的多样化,并评价哪个小组做的较好。如:我们组有 34 个果冻,平均分成 6 份,每份 5 个果冻,还剩下 4 个。

我们组有 100 颗糖,先 10 颗 10 颗份,6 份就是 60 颗,40 颗再平均分成 6 份,每份 6 颗,还多 4 颗。合起来每桌给 16 颗,还多 4 颗。

(这一层次的设计让学生自己来思考、探索,寻求解决问题的方法,通过学生的操作活动去认识、体会"分一分"的过程,从而获得表象的认识,激活了"主角"的表现力和创造力。通过全班交流,既提高了学生的语言表达能力,又有利于表象概括能力的形成,同时激活了"主角"的评价能力。)

活动三　通过游戏,积淀"主角"意识

大家都留意到了每张桌子上都摆了黄豆,是不是有点奇怪?我们老家有个习俗是:要在生日那天吃黄豆。所以今天我为大家准备了黄豆。在吃黄豆之前,我拿黄豆来跟大家玩个游戏。

玩游戏之前,跟学生讲清楚游戏规则:小组内派一个小朋友抓一把黄豆,然后拿这一把黄豆来分,如果能平均分成 2 份,得 2 分;如果还能分成 3 份,再得 3 分;如果还能平均分成 4 份,再得 4 分;一直分下去,能分成几份,就再得几分,看哪一组得分最高。

学生开始活动。完成后将他们组的分数打在准备好的表格里,并在电视机里呈现出来。组内的 5 个小朋友轮流做,都做完后,让学生根据打出来的分,判断哪一组获胜,然后给获胜组奖励。

(这一层次,为学生创设了轻松和快乐的情境,进一步调动学生兴趣,培养学生实际操作的能力。)

活动四　赋予评价权力,丰富"主角"意识

在老师的生日 Party 上,大家玩得开心吗?

然后引导学生自己总结：今天学到了什么？是怎样学到的？

（让学生自己总结，不但使学生懂得了操作实践、合作交流是一种重要的学习方法，而且提高了学生学习的积极性，培养了学生对表象的概括能力，丰富了"主角"意识。）

【活动评述】

1. 选择了学生身边的、熟悉的、感兴趣的"生日 Party"这一事件，唤起学生"主角"意识。同时，让学生自由选择本组喜欢的物品，又是对"主角"意识的强化，为后面的教学开了好头。

2. 让学生自己来思考、探索解决问题的方法，通过学生的操作活动去认识、体会"分一分"的过程，从而获得表象的认识，激活了"主角"的表现力和创造力。通过全班交流，既提高了学生的语言表达能力，又有利于表象概括能力的形成，同时激活了"主角"的评价能力。

3. "分黄豆"这一情境，为学生创设了轻松和快乐的情境，进一步调动了学生的兴趣，培养学生实际操作的能力，这是积淀"主角"意识的有效方式。

4. 让学生自己总结，不但使学生懂得了操作实践、合作交流是一种重要的学习方法，而且提高了学生学习的积极性，培养了学生对表象的概括能力，丰富了"主角"意识。

（深圳市南山区大磡小学　曾翠勤）

自己体验学习 真切感受快乐

——《时、分、秒》教学活动设计

【设计内容】

这是小学《数学》实验教材(北师大版)二年级上册第六单元的第66～67页的内容——《一分钟能干什么》,它是有关"时、分、秒认识"的知识。本设计充分挖掘教材素材,主要通过"数脉搏"等一系列具体活动,串连成一个完整的教学情境,让学生充分感受一分钟的长短,愉悦地体验学习。

【设计理念】

引导学生从身边熟悉的生活中学习生动、直观的数学,在活动中去体验数学价值,这是新课标所倡导。我在这一课的教学设计中进行了这样的尝试,使得学生在活动中有自动、互动的结合,多方面地获取知识,充分地交流,将体验的结果内化成自己的知识经验,同时在思想上形成新的认识。

【活动目标】

1. 通过学生观察、体验活动进一步认识钟表,掌握分针、秒针之间的关系,感受体验一分钟或几分钟的长短。

2. 培养学生的观察能力、动手操作能力和估计的意识。

3. 在活动中体会数学就在我们身边,感受珍惜时间的重要性,自觉养成守时的习惯。

【活动准备】

1. 学生每人一个可以拨动的小闹钟,以及课后收集的有关一分钟能干什么的资料。

2. 教师制作动画课件一个,钟面模型一个。

【活动过程】

活动一 随秒针一起数数 感受一分钟与60秒

由于一分钟与60秒的概念太抽象,通过让学生直接观察钟面找一分钟,再随着秒针的跳动数数,可以让学生清晰地感觉到秒针走一圈是60下,表示60秒,从而真切理解一分钟与60秒之间相等的关系。为达到目标,我是这样设计的:

开课伊始让学生观看一段精彩的足球赛,热烈、紧张的场面引人入胜。学生看完后激动地发表自己的想法:"最后一分钟进了1个球,得到冠军,这一分钟太重要了。"

老师简单地小结,肯定一分钟很重要,它决定了一场球赛的胜负。导入课题:"一分钟"。让学生看钟面,一起找一找钟面上的一分钟,并说给小组同学听一听。

(将学生分为几个学习小组,每人拿出自己的小闹钟找钟面上的一分钟。)

生1:我们找到了,分针走1小格表示一分钟。

生2:我知道,秒针走一圈也表示一分钟。

老师及时给予肯定,并引导学生继续观察、猜想。"真棒!猜一猜秒针走一圈,会'嘀嗒、嘀嗒'多少下?"

学生根据生活经验会猜测:60下吧!

老师提示,请大家一起跟着秒针,数一数,看看是不是60下。

(课件展示:秒针走动一圈,音效"嘀嗒、嘀嗒"。全班同学轻轻地一起数1、2、3、…、58、59、60,验证刚才的猜想。)

有学生会发表这样的意见:60下就是60秒,一分钟就等于60秒。

(教师板书:一分钟=60秒)

(通过数秒针跳动的次数,抽象的问题就具体化了,学生的"口、眼、心"都用到,清晰地将一分钟与60秒印在脑海中了。由经验猜想到实际观察操作验证,在让学生体验到成功的同时,也初步地体验了一分钟的长短,为下面的活动做了很好的铺垫。)

活动二 系列活动 体验一分钟

在认识一分钟的基础上,体验一分钟究竟有多长,就让学生在一系列有趣的活动中自己去体验,感受一分钟所能发生的事,体会到一分钟的不寻常,从而自我意识到时间的重要性。我就做了以下的尝试:

1. 数脉搏。

老师语言承上启下:"小朋友们已经知道一分钟秒针跳动60下,那我们测测我们心脏在一分钟大约跳多少下。"

(跟着秒针的跳动完成活动。老师示范,学生模仿体验,将左手平放在桌上,用右手的两指轻按自己的手腕,默数脉搏的次数,并记录下来。)

学生汇报结果,并体会各种不同结果,如每人的心跳不一定完全一样,运动前后不一样等等。

2. 写字、读书、做口算题。

为了更充分地体验"一分钟能干什么",可以设计以下几个学生熟悉的活动。

(各组同学拿出活动卡,学生按照卡上的要求,读书、写字、计算。先让学生估计一下,再进行操作。最后全班汇报,谈谈体会。)

如： 有感情地朗读一篇文章,记录一分钟大约读多少个字。
（每一行大约10个字）
估计（　　）字　　　　　实际（　　　）字

照样子写字,记录一分钟大约能写多少个字？
估计（　　　）字　实际（　　　）字

3. 听音乐。

　　学生在紧张的活动后,静静地闭眼听一分钟轻松的音乐。估计大约一分钟到了时,就睁开眼睛。

　　（学生在小组合作中去体验一分钟在学习中的作用,这一系列熟悉的活动,使学生体验"时间的珍贵",与此同时学生的协作意识也得到了培养。）

活动三　估一估 需要几分钟

　　有了前面的活动体验作为基础,学生对一分钟的含义把握得比较清楚。可以发挥学生的感觉,估一估,在短时间内做事情大约花几分钟。

　　如,估计一下,记完2—9的乘法口诀要用多长时间；估计唱某一首歌,大约要几分钟等。让学生先估计,再验证。

　　（在体验一分钟的基础上,学会估计长一点的时间段,帮助学生形成时间的概念,同时也让学生巩固了乘法口诀。让学生估计唱歌的时间,并通过验证让他们体会到估测的愉悦与兴奋。）

活动四　生活中的一分钟

　　课堂上的一分钟很重要,而且可以拓展到课外,延伸到生活中去。让学生从生活中收集大量"一分钟能干什么"的资料,充分地拓展学生的体验空间。集体智慧的展示就在这个活动中碰撞出交流的火花。有的学生说,我一分钟大约可以拍94下球,昨天在家里拍过；有的说,在网上我查到,运动员一分钟可以跑200米,等等。

　　学生有备而来,一定是会举不胜举、滔滔不绝了。然后我让他们把收集到的资料,与小组的其他同学共同分享,相互交换读一读。

　　为了让他们的资料得到更广泛的共享,可以做一个展示栏,把他们收集起来的资料都贴起来。可以这样设计：把同学们所收集到的资料贴在一棵"智慧树"（树型的大卡纸）上,大家课后都来阅读,要求有秩序、动作迅速、学会谦让,时间是3分钟。

　　学生们有了充分的时间体验,一定会在3分钟内有序地将自己收集的资料卡片贴在这棵"智慧树"上。

　　（发挥学生的主观能动性,从生活中去找寻关于"一分钟能干什么"的知识。在这一收集资料过程中,培养了学生动手操作能力和与人融洽交流的能力,扩大了知识视野。同时还把一分钟的含义进行了概括总结,真正体验到时间的重要性,无形中也让学生受到了教育,弥补课堂时间的不足。)

活动五 畅谈怎样珍惜时间

学生在以上的活动中充分地体验了一分钟,知道了一分钟的重要,在此就可以在思想上进行引导,升华他们珍惜时间的意识。

老师趁势引导:"我们大家一起体验了'一分钟能干什么',明白了一分钟非常重要,同学们现在一定懂得了要更加珍惜时间。谁能说一说,你打算今后怎么样珍惜时间?"

有几个平时动作比较慢的学生激动地站起来说:"老师,我以后做什么事情都应该快一些,不能拖拉。""老师,我要改掉边做作业边玩的坏习惯,抓紧每一分钟。"还有学生诚挚向周围平时动作比较迟缓的学生提建议:"你以后做什么事情都应该快一些,要珍惜每一分钟。"

老师给予肯定与鼓励:"对,'一寸光阴一寸金,寸金难买寸光阴',小朋友们,一定要抓紧每一分钟,不让时间匆匆溜走,要做时间的小主人。"

(让学生畅谈怎样珍惜时间,增强时间观念。由体验到内化,无需说教,珍惜时间的教育自然融会其中。)

【活动评述】

本节课教师能根据学生的年龄特征、思维特点,紧密联系生活实际创设情境,设计教学环节。主要体现在以下几个方面:

1. 充分利用现代化的教学手段,激活学生的思维。

2. 通过学生亲身体验,感受一分钟。利用各种与学习生活有关的活动,体会一分钟能干什么,并通过本节课的学习,使学生深深感受到要珍惜每一分钟,要从小养成珍惜时间的好习惯。

3. 课前注意让学生收集资料,课上组织学生交流,然后进行全班性的大型交流活动,引导学生主动参与,肯定他们的学习成果,让学生体验到成功的快乐,从而让学生了解本节课所学知识的实用性,体验到一分钟所具有的社会价值,从小培养学生学身边的数学的意识。

(深圳市南山区学府小学 杨丽平)

在活动中体验计量单位

——《时、分的认识》教学活动设计

【设计内容】

这是小学《数学》实验教材(北师大版)二年级上册的第六单元《时、分、秒》第66页的内容——《一分钟能干什么》。它是关于体验一分钟长短的知识。本设计主要通过一系列的体验活动贯穿全课。

【设计理念】

旧的人教版教材里学习这一课时,主要让学生认识一分钟有多长,知道一分钟等于60秒。然而新教材不仅让学生掌握以上知识,关键要让学生认识到一分钟能干很多事情,从观念上认识一分钟的重要性,培养学生珍惜时间的良好习惯。本篇教学活动设计转变了以往的教学方式,一系列课堂活动正是遵循了课程改革的新理念。

【活动目标】

1. 通过各种好玩新颖的活动,让学生体验一分钟和几分钟的长短,进一步建立时、分、秒的概念。

2. 培养学生的估计意识和珍惜时间的良好习惯。

【活动过程】

活动一 谜语引入

从生活中引入学生知道的一分钟,通过一系列科技应用中的一分钟,激起孩子们的好奇心。我是这样设计的:

谜语:"看不见,摸不着,跑得快,又没脚。一去永远不回头,千金万金买不到。"谜底:时间。

"时间就是由一分一秒组成的,你们知道一分钟能做些什么呢?"(让学生自由发挥)

教师利用多媒体显示:印刷厂每分钟印报纸 1500 份;日本磁悬浮列车的行驶速度是每分钟 9300 米;美国新型战斗机飞行速度是每分钟 38917 米;我国的"神舟五号"飞船飞行速度是每分钟 480 000 米;光的速度是每分钟 18 000 000 千米。

(良好的开端是成功的一半,猜谜语是学生喜爱的活动,用谜语引入能充分吸引学生的注意力,使学生立刻进入学习的状态。接下来,教师给学生展示的一组数据让学生在惊叹之余,深切地感受到一分钟还能发生这么多的事情。)

活动二 感知一分钟的长短

经历了生活中一分钟所能做如此之多事情的强烈震撼,转而来让学生体验我们最近的生活中一分钟的长短。

1. 看迪斯尼短片。

猜一猜,刚才放的动画片有多长时间?(生:一分钟)

"咦,怎么这么快一分钟就完了?!"

(学生叹惜,遗憾"还没看够呢"。)

2. 两臂侧平举。

要求:全体同学立正站好,两臂侧平举,两眼看前方,一动不动地站立,看谁坚持得最久。让学生站立一分钟。

猜一猜,刚才站着的时间有多长?(生:一分钟,两分钟……)

教师揭示其实刚才站着的时间就是一分钟,为什么有的同学觉得这两个一分钟的长短不一样呢?

3. 组织学生归纳小结。

老师引导学生总结:当我们做自己不喜欢的事情的时候,就会感觉到时间过得非常慢;而当我们做自己感兴趣的事情的时候,就会觉得时间过得很快。

(让学生通过两个活动的鲜明对比,切身体会到感觉到的时间的长短有时也与心情和喜好有关。)

活动三 一分钟我能行

有了前面两个活动的对比体验,学生感受到了一分钟的长短,在心理上也有了在我们生活中一分钟自己能做什么的活动需求了。为充分展示学生自己的生活,我设计了以下的活动:

1. 分小组感受,一分钟能干什么。(课件出示计时钟面)

默写英语单词、算口算、剪五角星、描简笔画(描小鸟)。

板书:(汇报最高数)

一分钟大约默( )个单词　　　　一分钟大约做( )道口算题

一分钟大约剪( )个五角星　　　一分钟大约描( )个张简笔画

2. 让学生将外套、红领巾和鞋子脱在课桌上,当教师按下计时按钮后开始,听到结束声时停止,看看谁能在一分钟之内将以上衣物穿戴好。

3. 做一件你喜欢的事情,估计一分钟后停止,看谁估计的时间最接近一分钟。

(相对于活动二,这是一个让人耳目一新的活动,学生们觉得十分新颖有趣,一边脱衣物一边嬉笑,在老师一声令下,都使出浑身解数迅速地把衣物穿好。这一趣味活动将知识融入游戏中,让数学课堂充满生机和活力。学生在活动中学习,在游戏中获得愉快

的数学体验。）

活动四　抓紧时间，合理安排

通过一系列活动，学生初步感知到一分钟是很伟大的。趁热打铁，以一个小故事，对学生进行思想教育。

多媒体课件展示小故事：《一分钟》。

著名教育家班杰明曾经接到一个青年人的求助电话，并与那个向往成功、渴望指点的青年人约好了见面的时间和地点。

等那个青年人如约而至时，班杰明的房门大敞着，眼前的景象令青年人颇感意外——班杰明的房间里乱七八糟、狼藉一片。没等青年人开口，班杰明就招呼："你看我这房间太不整洁了，请你在门外等候一分钟，我收拾一下，你再进来吧。"他一边说着，一边轻轻地关上了房门。

不到一分钟的时间，班杰明就打开了房门，热情地把青年人让进客厅。这时，青年人的眼前展现出另一番景象——房间内的一切已变得井然有序，而且有两杯刚刚倒好的红酒，在淡淡的香水气息里还漾着微波。

可是，还没等青年人把满腹的有关人生和事业的疑难问题向班杰明提出来，班杰明就非常客气地说道："干杯。你可以走了。"青年人愣住了，既尴尬又非常遗憾地说："可是，我……我还没向您请教呢……""这些……难道还不够吗？"班杰明一边微笑着，一边扫视着自己的房间，轻言细语地说："你进来又有一分钟了。"

"一分钟……一分钟……"青年人若有所思地说，"我懂了，您让我明白了一分钟时间可以做许多事情，可以改变许多的深刻道理。"班杰明笑了。青年人把杯里的红酒一饮而尽，向班杰明道谢后，开心地走了。

一个人只要把握住生命的每一分钟，就一定会有美好的一生。

（单纯地让学生认识到一分钟能干很多事是不够的，要从观念上认识一分钟的重要及宝贵。本环节通过班杰明的小故事，培养了学生珍惜时间的习惯，引导学生意识到把握时间的重要性。）

活动五　总结归纳

时间在一分一秒不停地走动，过去的时间永远不会再回来。那么这节 40 分钟的课，你学会了哪些新知识？（同学自由发言）老师总结：同学们说得都很好，通过这节课，我们不仅学会了许多认识钟表的知识，还进一步知道了时间的宝贵。我们要用实际行动来珍惜每一分钟，回家后，每人制作一张作息时间表，科学地安排好自己的时间，充分利用时间，珍惜每一分每一秒。

【活动评述】

本节课努力遵照新课程标准所提出的新理念，一改过去的教学模式，力求充分体现教材编写的意图。教师制作的多媒体课件使整个教学过程锦上添花。纵观本节课，有以下几个特点：

1. 谜语引入，激发兴趣。

本节课的教学以儿童喜爱的谜语导入，迎合儿童的年龄特点和心理特征，唤起了学生的学习兴趣。多媒体展示的一组数据先声夺人，既帮助学生根据已有的生活经验为新课的学习搭建了认知平台，也吸引了学生和听课教师的注意。

2. 主体参与，探索新知。

新教材强调"以人为本"。发展人的主体性。通过让学生参与两个活动，感受其鲜明的对比，从而得出结论：感觉时间的长短有时也与心情和喜好有关。整个活动的设计始终围绕着"主体参与，深刻体验"的理念。

3. 联系生活，实践运用。

生活是现实的，丰富的，然而数学又是抽象的，如果不把两者联系起来，学生必然感到枯燥乏味。本节课大量地创造条件，让学生把对知识与生活相结合，加深了对一分钟的感受及理解。如在"一分钟我能行"的环节里，三个活动都让学生铭记一分钟能做很多事。以及最后"班杰明"的故事，让每个孩子领会到：一个人只要把握住生命的每一分钟，就一定会有美好的一生。

（深圳市南山区实验学校　刘　畅）

在合作探究中学习知识

——《6的乘法口诀》教学活动设计

【设计内容】

这是小学《数学》实验教材（北师大版）二年级上册第七单元《乘法口诀（二）》第72～73页的内容——《方格有多少》。它是利用方格发现规律、进行推理，编制6的乘法口诀的知识。本设计主要通过小组合作数方格的活动，让学生自主编制6的乘法口诀，运用口诀解决实际问题。

【设计理念】

随着新课程的实施，教学从不同的角度打破了围墙，从以往"准备、传授、巩固"这种单一的被动模式，转化为"创设问题情境、小组合作探究、汇报交流总结、练习与应用"的教学模式，使课型由封闭走向开放，极大地激发了学生的探索精神。本教学设计就是学生在自主探究的基础上编制出6的乘法口诀的活动过程。

【活动目标】

1. 通过创设情境，培养学生在具体情境中的估算意识。

2. 在探索规律的基础上编制并熟记6的乘法口诀，能灵活运用6的乘法口诀解决问题。

【活动准备】

课前制作课件，并准备若干张卡片以及每个小组所需的表格。

【活动过程】

活动一　激趣引入，学生估算

通过估算这一环节，起到承上启下的作用。

谈话引入：学校开办兴趣班，我们的好朋友机灵狗参加了美术班的学习。一天，它画了许多方格，可是却数不清方格数，它想请同学们帮忙数一数，你们愿意帮助它吗？

电脑出示：9排方格，每排6个。"请同学们先估计一下一共有多少个方格，再说说你是怎么估算的。"

学生稍作思索后说出自己的想法："一行是6个，我估计这些方格比45个多。""每排9个,有6排,我估计不到60个。""我估计比45个多,又比60个少。""每排比10个少一个,6排比60少6个,我估计是54个。"

(创设估计情境,激发了学生的估算兴趣,培养了他们的估算意识。)

活动二 合作探究,编制口诀

通过合作探究,体验知识的获得过程,培养学生从旧知得出新知的学习能力。

刚才同学们估得不错,现在我们分小组算出方格数并填在表中,看哪组算得又对又快。

有几排	1				5				9
有几个	6								

学生交流,教师参与其中,让各组派代表汇报填表方法,再试着让学生独立编写6的乘法算式和乘法口诀,然后全班交流。教师根据学生回答在电脑上出示6的乘法算式和口诀。接着让学生与小组同伴说说是怎么记6的乘法口诀的,发现了什么规律?

有的学生说:我用连加的方法记住了口诀,我发现一六得六比一五得五多一;有的说:口诀第一个数是按一、二、三……的顺序排列的,第二个数都是六,积是后一个比前一个多六。还有的说:如果我记住了六七四十二,但忘了六六多少,或忘了六八多少,我可以用四十二减一个六或多加一个六得到积。

(这一环节给了学生一个宽广的发散思维的空间,让学生在小组合作中去发现、探索、体验。知识的获得完全依靠学生,主体地位比较突出,体现了课改的新理念。)

活动三 实际应用,巩固口诀

通过算式的形式进一步理解、掌握相邻两句口诀之间的联系,知道根据一句口诀可以推出相邻的两句口诀,达到正确、迅速的计算,我设计了下面的活动:

1. 智慧老人来了,他想考考同学们会不会应用6的乘法口诀进行计算。

(出示表格,指名说题意,学生独立完成后,全班交流,说说是用了哪句口诀。)

×	1	2	3	4	5	6	7	8	9
6									

2. 学生自由发挥,到黑板上写乘法算式,如:读一句"四六二十四",写$4\times6=24$, $6\times4=24$。

3. 出示:$6\times8=6\times7+\square=6\times9-\square$ 小组交流完成,派代表说想法。(学生各抒己见,找到解决问题的方法。)

4. 独立完成 $7\times6+6=$ $6\times7-6=$ $6\times5+6=$ 指名说结果及想法。
$6\times4+6=$ $3\times6+6=$ $8\times6-6=$

(学生在自主探究、合作交流中经历了创造和发现"6的乘法口诀"的整个认识过程,增强了学习的信心。)

活动四　活动游戏,记忆口诀

游戏能激发学生学习的兴趣,提高学生学习的效率,于是我安排了下面的活动:

1. 学生互相对口令,自由组合。(学生自由组合找同伴对口令时,有的找自己的朋友,有的找听课的老师、校长,使这一活动达到了本课的高潮)

2. 找朋友。

把写着数字和算式的卡片发给学生,学生找到2个或4个朋友后,全班同学给予肯定,很快的根据"朋友们"的算式及得数说出所用的口诀,乘法口诀再次得到巩固。

(教师为学生创设了一种轻松愉快的学习氛围,使学生在游戏中加强对口诀的理解,从而熟记口诀。)

活动五　加强训练,拓展思维

通过计算多少个方格,能加深理解6的乘法口诀的意义,拓展思维空间。我安排了下面的练习:

独立填上方格数。

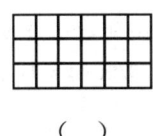
(　　)

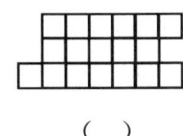
(　　)

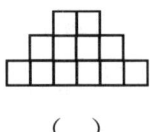
(　　)

说一说是怎么想的,怎样才能算得快。教师根据学生的回答在电脑上演示:

1. 第一幅图每排有6个格,有3排,三六十八,共18个。

2. 把第二幅图左下角的1个放到空缺的地方,每排就有6个格,有3排,三六十八,共18个。

3. 把第二幅图右边的2个格放到左边,3个6是18。

4. 把第三幅图上边的2个方格放到第2排左、右两边,有2个6是12。

5. 把第三幅下排的左右2个放到第一排,3个4是12。

6. 第三幅中间有2个3,再把两边的也看成2个3,合起来是4个3等于12。

(这一思维训练,拓展了学生的思维空间,展现了学生独特的解题方法和策略,挖掘了学生的创造性思维。)

【活动评述】

设施课程改革,就是要使学生成为学习的主体,让他们在愉快的情境中学习,在和谐融洽的教学活动中去理解数学,亲历数学的探究、发展和实践的过程。根据这个理念:

1. 本课通过创设数方格这一情境,先让学生估计方格数,然后让学生自主探究求出共有 54 个方格,借这些方格发现规律,探索 6 的乘法算式并编制 6 的乘法口诀。利用对口令和找朋友的游戏,激发学生的学习兴趣,较熟练地掌握口诀。后面设置了两个有一定难度的提高题,通过让学生思考怎样才能算得快,来发展学生的思维。

2. 本活动动静结合,问题意识、主体意识、应用意识与策略意识结合恰当,学习气氛轻松愉快,教师把讲的机会留给学生,给学生许多"发现"、"创新"的机会。

3. 教师把静态的数方格变成了动态的探究对象,教师与学生结成了学习的共同体,教师的平等、民主地参与、合作与交流,启迪了学生的智慧,培养了学生的灵性,使此活动收到良好的效果。

(深圳市南山区沙河小学　李绿华)

生动的情境 愉悦的体验

——《表内乘法复习课》的教学活动设计

【设计内容】

这是小学《数学》实验教材(北师大版)二年级上册第80页第2题。它是关于乘法的意义以及乘法口诀运用的知识。本设计主要通过三个买花活动来贯穿全课。

【设计理念】

新课标主张让学生从课堂走进生活,灵活运用数学知识解决生活中的数学问题,确实体会数学与生活的密切联系,感受数学的重要性和实用性,并且让学生在典型而集中的情境中获得轻松、愉悦的情感体验,进一步激发学生学习数学的兴趣。所以本课打破机械重复做题的传统复习课模式,根据教材上提供的有关信息,适当加以充实和改动,创设了一个鲜花店的情境,通过学生扮演营业员、报花名、花价、买花、配花,结合实际给花定价等丰富多彩的活动,复习表内乘法口诀。

基本环节如下:创设花店情境——介绍花名及花价——买单种花——给进口鲜花定价——买多种花——按给定价钱来配花。

【活动目标】

1. 结合生活实际,复习乘法的意义及乘法口诀的运用,培养学生运用所学知识解决实际问题的能力。

2. 通过合作学习,培养学生的合作意识和合作能力,感受解决问题策略的多样化。

3. 体验数学与生活的密切联系,激发学生学习数学的兴趣以及爱美、爱生活的情感。

【活动过程】

活动一 鲜花店开张了

为了营造一种浓厚的学习氛围,为后面模拟花店的情境打下基础,我设计了如下情境:

大屏幕显示一幅一幅鲜花盛开、争妍斗奇的美丽画面,伴着悠扬舒缓的"梁祝",响起画外音:"深圳是一座四季长绿、鲜花盛开的美丽城市,不管是在大街上、马路边、小区里,还是在宾馆、酒楼,到处都可以看到一簇簇美丽的鲜花,人们就是生活在这花的世界、花的海洋！随着生活品位的提高，人们在很多场合都用赠送鲜花来表达感情，深圳的花卉市场也随之繁荣、火暴起来！"

此时，学生仿佛置身于鲜花丛中，陶醉于美丽的画面之中。

为了尽快切入主题，我进行了下面的开场白：最近，我们学校大队部为了培养同学们的社会实践能力，决定开办一家"红领巾鲜花店"，让我们少先队员利用周六、周日的时间自己经营和管理。现在，大队部委托我从我们班招聘花店的营业员，大家有兴趣吗？

（美丽的画面，悠扬的音乐，马上吸引了学生。学生赏心悦目，陶醉其中。）

活动二 谁当花店的营业员

既然有鲜花店，就得有营业员，如果由学生扮演小营业员来介绍花名和花价，既能为课堂增添情趣，又能达到读题审题的目的，于是我进行了下面的招聘活动：

师：首先，我要招聘一位口齿清楚、聪明伶俐的营业员来给大家介绍一下，本花店都卖些什么花。谁愿意来介绍？

学生兴趣高涨，个个跃跃欲试，小手举得老高老高。这时，我有意识选择了班长和中队长，主要想让他们对其他同学有个好的导向，不至于刚开始就出现冷场的现象。果然，两位小干部表现得特别精彩。

班长说：欢迎光临，这里是红领巾鲜花店，我们这里的花有：

玫瑰5元一支， 百合6元一支， 康乃馨1元一支，
蝴蝶兰3元一支， 郁金香4元一支， 菊花2元一支。

中队长：你好！欢迎光临红领巾鲜花店，我们这里的花既新鲜又便宜。玫瑰5元一支，百合6元一支，康乃馨1元一支，蝴蝶兰3元一支，郁金香4元一支，菊花2元一支。

为了更贴近生活，我让学生说一说知道哪些花表示什么意思。学生根据他们课前的了解，回答说：菊花表示长寿，玫瑰表示爱情，郁金香代表幸福，康乃馨是母亲节时送给母亲的花等等。

我对这些回答都给予肯定，说："康乃馨代表温馨，被称作母爱之花，过几天是我妈妈的生日，我想买8支康乃馨送给她，快帮我算一算，要花多少钱呢？"这个问题比较简单，学生都能口答出来。出这个问题的目的，主要是引出下面的环节：让学生自由购买单种花。

（由学生扮演营业员介绍鲜花店里的花，新颖有趣，体现了让课堂走进生活的思想，学生报花名花价其实就是在读题，在了解和收集数学信息，但是以这种形式出现就生动有趣得多。特别是让学生说一说课前了解到的各种花的寓意，既贴近学习内容，又富有人文情怀。）

活动三 请到花店来买花

买花活动是本课的重点，通过看淘气买花和学生互动的买花游戏，使学生巩固理解

乘法的意义和掌握表内乘法的运用。

1. 你想买哪种花。

（1）淘气来买花。

多媒体显示淘气来到花店准备买花的情形。同时提问说：花店可以开张了，淘气是我们的第一位顾客，谁来接待他？你会怎么说？

学生非常积极踊跃，老师从每个小组里挑选出1位同学上台表演，并对上台的同学提出要求：每个同学要尽量和别人说的不一样，看谁说的最精彩。于是每个同学都挖空心思地想着平时和父母买东西的情景和语言，尽可能地在这里展现出来。

有的学生说，你好，欢迎光临！有的说，你好，请随便看看。有的更直接：我们这里的花很多，请问你要买什么花？你要是买得多，我可以给你打八折。有的甚至说，我们花店送货上门，而且还可以买100送50呢。课堂上一片欢笑声。

我让学生对他们的表演给予评价，再出示淘气的要求：要买5支百合。我让学生算一算，淘气要花多少钱？并说说是怎么算的？

（2）我们也买花。

为了让更多的学生动起来，我让学生自由地挑选一种花，学生两人一组做游戏，互相提问，一人说买几支什么花，另一人回答算式和得数。

（学生接待淘气的表演生动有趣，他们把平时生活中的体验充分运用到数学课堂里来了，这样学习，既注重了学生的整体性发展，又有效地进行了课程整合。买单种花、同桌互相做游戏等活动，注重了全员参与，让学生自主、合作学习，有效地培养了学生的问题意识，巩固了表内乘法口诀。）

（3）请你来定价。

生活中的买卖活动是复杂的，也是丰富多彩的，下面我设计一个定价活动，是为了让学生真正走进生活，体验生活。

师：通过一段时间的经营和考察，同学们发现玫瑰特别好卖，于是决定购进一个新品种——香水玫瑰（多媒体显示鲜艳欲滴的香水玫瑰），这种玫瑰有非常特别的香味，是从国外进口的，我想买3支，需要多少钱？

这时，学生有的皱眉，继而议论纷纷，我试着让一个学生来回答，学生摇摇头说不知道。有几个学生跃跃欲试，小心翼翼地问我：每枝多少钱呢？

我抓住了这个问题，追问道：不知道1枝的钱，能算3枝的钱吗？

学生若有所思，我接着引导：如果你是花店的经理，你准备卖多少钱一支呢？

这时学生叽叽喳喳展开了争论，各持己见，场面非常热烈。

有的认为每支15元，因为国外进口的肯定要比国产的贵一些；有的说每支25元，因为要付飞机费，坐飞机是很贵的；有的不同意25元一枝，说价格太高的话不好卖，到时候卖不出去，花谢了，还是会亏本的；也有的说4元就可以了，便宜的卖得快。但又有学生反对说，普通玫瑰都是5元一支，进口的玫瑰才卖4元，到时候不亏才怪！还有学生要定8元、7元等等。最后讨论、比较，认为：要比5元高一点，7元、8元比较合适。

这时我再让学生口算：如果按8元一支，3支要多少钱？5支呢？7支？8支？12支呢？

（定价活动掀起了高潮，学生的生活经验、表达及辩论才能得以全面展示，充分培养了学生的综合能力。)

2. 请你配一束花。

生活中的买花活动大多是买多种花,让小组合作配一束花,既可以充分发挥集体的智慧,培养合作意识,又可以巩固乘法加法混合运算。于是我设计了下面的配花活动:

每个小组配一束花,先商量好,买几种什么花,各花多少钱,最后算出一共花了多少钱。并以小组为单位,完成统计表。各组完成后,派代表上台汇报,在实物投影上展示统计表。下面是第一组代表上台展示的图表:

花名	玫瑰	百合	康乃馨	蝴蝶兰	郁金香	菊花
枝数	2	1		4		2
钱数	10	6		12		4

一共花了多少钱? 列式: ①10+6+12+4=32(元) ②16+16=32(元)

学生用了两种方法计算,我觉得这是体现算法多样化的一个契机,于是我装糊涂:你的第一个算式我能看懂,第二个算式为什么是16+16呢?

学生思路很清晰,他们解释说:因为前两个数相加是16,后两个数相加也是16,所以可以用16+16=32。他的方法启发了其他同学,有个学生说:老师,我有更好的办法。可以把6和4相加得10,再用10+10+12=32。

学生不但会配花,还会巧妙地计算,真的很了不起。而且由于有了这样的契机,在后面几个小组的汇报中,全班学生都积极踊跃地用各种不同的方法计算价钱,充分体现了算法多样化。

(学生思维活跃,纷纷针对每个小组的汇报发表自己的意见,总想说出与别人不同的计算方法,充分体现了算法多样化。学生参与面广、积极性高、思维开放,数学意识得到充分培养。)

3. 猜猜我买了哪些花。

前面的买花、配花活动都是顺向思维的练习,这一环节仍然利用买花的场景,让学生根据钱数来配花,是一道答案不唯一的开放题,属于逆向思维的训练,有一定的挑战性。

多媒体显示笑笑到花店买花的情形,同时响起画外音:我花了24元钱。猜一猜,我买了哪些花?

我让学生以小组为单位讨论,笑笑可能买的是哪些花?把想法填在统计表里。比一比,哪个小组的想法最多。

学生小组合作学习,并完成统计表,然后每组派代表上台汇报。老师根据学生的回答板书相应的算式。

(学生的能力不可小看,每一组都想出了三、四种配花方案,最多的小组想出了六种,有买单种的也有买多种的,这种答案不唯一的开放题,使学生的创造性思维得到了极大的培养。)

活动四　送你一束花

美丽的鲜花,贴近生活的场景,让学生流连忘返,为了更进一步体现人文性,我说:刚才大家配出来的花都非常漂亮,我想知道,你们准备怎么处理这些花呢?

有的学生说把花送给妈妈;有的说去看望病人;有的要把花放到房间,可以使家里更漂亮;还有说把花送给新娘,把花送给老师等等。

师:我听出来了,大家都是热爱生活、关心他人、充满爱心的好孩子。最后我也送给同学们一篮鲜花,大家把这篮花放在我们教室,让同学们每天都能闻着花的芳香,努力地学习、开心地学习,好吗?

(这一环节再一次回归生活,体现一种浓厚的人文关怀。)

【活动评述】

本课体现了以下几个方面的特点:

1. 情境的创设生动合理,有新意。

把情境作为教学课题首先就给人以新鲜的感觉,开设花店,到花店买花的情境对学生来说并不陌生。从学生的课堂表现来看,学生不仅熟悉,而且"内行",接待顾客的表演生动有趣,有效地整合了社会、礼仪等方面的知识。报花名、花价就是在读题、审题,但比单纯的读题无疑有效得多。

2. 问题简洁、层次分明。

整个课堂环节层次清楚,每一环节知识点的落实都很到位:第一环节买单种花,主要是巩固乘法口诀的运用;第二环节买多种花,复习了乘法加法混合运算;第三环节用24元买花是一道开放题,由结果去猜想过程,有助于培养学生的数感、推理能力及创造能力。

3. 小组教学有效到位。

本课能充分采用小组合作学习的形式,充分发挥集体的智慧和力量,特别是填表的过程中,学生争先恐后地发言,纷纷表达自己与众不同的算法,体现了算法的多样化,真正把传统的"听数学"转变成实实在在的"做数学",成为本课的一个亮点。

(深圳市南山区华侨城小学　郭群翠)

突破教学常规　开展计算教学

——《有余数的除法》教学活动设计

【设计内容】

这是小学《数学》实验教材（北师大版）二年级下册第一单元《除法》第 3 页的内容——《分苹果》。它主要讲的是有余数的除法，本设计通过"用小棒搭建自己喜欢的图形"等可操作活动贯穿全课。

【设计理念】

教材是一种重要的课程资源，但不是唯一资源。教学内容可以根据需要做必要的处理，使之服从教学。本课教学立足于促进学生的发展，把教材作为中介材料，根据低年级学生喜欢动手的心理特点，安排了动手摆图形的实际操作，让学生在摆的过程中体会有余数的除法，并进一步理解"余数一定要比除数小"的道理。

【活动目标】

1. 经历用小棒摆图形等实际操作，初步体会有余数的除法。

2. 通过实际操作抽象出有余数除法的书写格式，并体会余数一定要比除数小。

【活动准备】

每人 13 根小棒。

【活动过程】

活动一　摆小棒，初步理解有余数的除法

对于有余数的除法，部分学生已有一些了解。如果按传统教学，一开始就给学生讲怎样计算和书写有余数的除法，这样不容易调动学生的积极性。因此，我利用学生好动的特点，设计了摆图形的方式开始教学，让全班学生动起来，在动中自然地理解有余数的除法。

教师导入新课：今天，我们用 13 根小棒搭建自己喜欢的图形，要重复搭建这个图形，直到小棒不能再搭为止。

每个学生都动手，搭建自己喜欢的图形。如：有的搭成△，有的搭成□，有的搭成Y。

教师巡回查看学生摆出的图形，并进一步激发学生的兴趣："同学们真棒，图形摆

得很好。你能把你们小组摆小棒的这个活动用数学语言表示出来吗？先小组说说,再告诉全班同学。"

学生踊跃发言,有的说,我用 13 根小棒拼了 3 个□,还剩下 1 根小棒;有的说,我用 13 根小棒拼了 4 个丫,还剩下 1 根小棒,算式是 13÷3＝4……1;还有的说,我想用 13 根小棒拼 4 个□,但还差 3 根小棒。

教师鼓励学生试着写出算式。

教师板书课题,我们今天就来学习有余数的除法。

(活动给了学生很大的自由度和创造空间,学生乐意去做,充分调动了学生的积极性,这对随后的学习活动是很有帮助的。)

活动二　理解"余数不能比除数大"

为了让学生理解余数要比除数小的的道理,我设计了一个"猜一猜"的活动,激发学生的兴趣,让学生在探索中理解"余数一定比除数小"。

教师提出问题让学生思考：猜一猜,一个数除以 4,余数可能是几？为什么不可能是其他的数？先小组讨论。

学生通过刚才摆小棒活动的基础上很快发现,余数可能是 1、2、3 和 0。

学生积极发表自己的意见。有的学生回答：假如余 5 的话,那么其中的 4 根小棒可以再摆一个图形,这样商应该再加 1,而余数应该是 1……

我让学生设想不同的除数,看余数可能是几？理由是什么？再追问：你们发现了什么？让学生自己总结出这一重要的数学事实："余数一定要比除数小"。

(通过这样一节课,学生以后再做除法时就能很好地解决试商的问题,也真正明白了为什么试商过程中通过乘法口诀找到的应是一个与被除数最接近的数,除法计算的难点和重点一下子就解决了。)

【活动评述】

这个教学设计充分体现了"教师是学生学习的组织者、引导者和合作者,学生才是学习的主人"。具体表现在：

1. 从学生的角度出发而不是教师自身的角度出发来考虑教学内容的选择和教学活动的安排,将"要他学"变成"他要学"。有余数的除法,学生在入学之前就已经知道了很多,而教师考虑了学生已有的知识起点,把自己的教学设计建立在学生已有的生活和知识经验的基础上,让孩子们充分经历数学、体验数学,这样的课堂才是充满活力的。

2. 创造一个好的数学问题情境,为学生提供理解数学的模型和材料。在本设计的开头,教师就通过让学生利用小棒摆相同图案的过程,引导学生发现模型与数学观念之间的联系,从而进行理解性的学习。在理解"余数一定要比除数小"时,也是一步一步地设疑,引导学生去发现余数与除数的关系。

(深圳市南山区育才一小　华锦秀)

自主探索　发展个性
——《有余数的除法》的教学活动设计

【设计内容】

这是小学《数学》实验教材(北师大版)二年级(下)第一单元《有余数的除法》的第6页的内容——《租船》。它是有关有余数的除法在实际生活中运用的知识，本设计主要通过"租船"的情境，让学生自主探索，灵活解决生活中有余数的除法问题。

【设计理念】

培养自主探索的能力是课程改革的一个重要理念，也是学生素质教育的内容之一。本教学设计让学生在具体的活动中进行独立思考，自主寻找解决问题的方法，并与同伴进行交流，使学生真正地自主学习、互动发展。

【活动目标】

1. 结合情境激发学生自主学习的愿望，灵活运用有余数的除法的有关知识解决生活中的简单实际问题，发展应用意识。

2. 在合作交流中勇于表达自己的想法，学会倾听他人的意见；通过合理解决实际问题，体会成功的喜悦。

【活动准备】

课件(划船的情境及租船的主题图)，用硬纸做的小船6只、小人21个。学生准备小棒。

【活动过程】

活动一　说一说，划船要作何准备

为了激发学生的学习愿望，本环节创设了一个学生感兴趣的情境：欣赏划船(电脑演示)。

我们班21人也想去划船，想一想，去划船前我们要做哪些准备？(小组讨论，汇报作答：一只船有多大？可以坐几个人？船牢固吗？安全吗？要租几只船？要准备多少钱？学生根据自己的生活经验，争先恐后地回答。)

(电脑显示主题图)看！我们来到了湖边租船处。

学生仔细观察图，并说说从图中得到什么信息。(每船限坐4人，每只船一个小时

3元。)

(教师从学生熟悉的生活情境出发,设计生动有趣的教学活动,激发学生学习的兴趣与动机,开启学生思维的大门,引发自主探索的欲望,使学生初步感受数学与生活的密切联系。)

活动二 议一议,至少要租几条船

这一环节主要借助刚才租船的情境,让学生结合生活实际,运用有余数除法的有关知识,解决简单的实际问题。

学生的学习兴趣被激发起来,教师趁热打铁地抛出问题:"21个同学去划船,至少要租几只船?你打算怎样解决?"先让学生独立思考,再把自己的想法与小组的伙伴说说。学生都很投入,能大胆地发表自己的想法,他们想到了:

1. 用减法计算,21-4=17(人)　17-4=13(人)　13-4=9(人)　9-4=5(人)　5-4=1(人),至少要6只船。

2. 画图:○○○○　　○○○○　　○○○○　　○○○○　　○○○○　○,认为要6只船。

3. 根据学生(2)的方法,教师让学生用准备的图摆在黑板上。

4. 请21个同学模拟坐船(通过演示,每条船不超过4人,但可以坐3人或2人,至少还是要6条船)。

5. 4个人一只船,也就是计算21可以分成几个4,用除法计算较简便:21÷4=5(只)……1(人),也同意租6条船。

教师提出疑问:有的认为要5条船,有的认为至少6条船,究竟要几条船呢?学生各抒己见,有的说:"21÷4=5(只)……1(人),商是5,也就是至少要租5只船。"马上有人反驳:"5只船最多可以坐20人,那还剩1人怎么办?""对,至少要租6条船,要保证所有的人都能乘到船。""不能只看算式的商5,就回答5只船,还要注意到余数,所以得再多租一只船,也就是至少要租6只船。""做题时要注意问题的要求,这里是至少要租几条船,如果没有'至少'的要求,就可以多租。"通过辩论,师生一致同意至少要租6条船。

(让学生在具体情境中,灵活运用所学的知识,自主探索,并通过交流、分析不断完善解决问题的办法,了解数学在现实生活中的作用,真正发挥学生学习的主体性,教师只是作为组织者,起引导作用。)

活动三 摆一摆,怎样租船合理

学生已经解决了问题,体验了成功的喜悦,情绪高涨。这时通过开放性的问题,拓展学生自主探索的空间,促进学生思维的发展。

21个同学,租6只船,你认为怎样分配合理?

根据低年级学生的思维特点,教师组织学生用学具摆出分配方案(教师巡视,适当

引导),再全班交流:

有的说:先1只船分1人,不断地分,直到分完为止,有3只船每只坐4人,3只船每只坐3人。这样分比较公平。

有的说:每只船坐4人,剩下1只船就坐1人。

有的学生反驳说:不行,人少不好玩,至少要2人,可以从其他船上分配下来1人,也就是4只船每只4人,1只船3人,1只船2人。

老师接着出示题目:每只船每小时租金3元,10元最多划几个小时?

学生独立思考,找到解决问题的方法:10÷3=3(小时)……1(元),最多划3个小时。

最后,教师让学生比较这两题在回答时的区别:① 21÷4=5(只)……1(人),至少要租6只船;② 10÷3=3(时)……1(元),最多划3个小时。通过小组讨论,学生发现,第①题如果租5只船,余下的1人就乘不了船,得增加1只船;第②题,余下的一元不够租1小时,只能舍去。通过自主探索,学生学会在运用有余数除法解决问题的过程中,根据生活实际灵活选择答案。

(学生经历操作、推理、交流等过程,发现解决问题的多种策略,并能根据生活经验选择合理的答案。)

【活动评述】

自主探索是学生学习的必要能力,是创新思维发展的途径。本课的教学设计最精妙之处体现在"自主探索"上,教师没有把本课知识难点"计算租船的只数"及"人数的分配方案"进行单纯讲授,而是给学生提供了探索和讨论的空间,引导学生联系生活实际加以解决。这样做,培养了学生的探索精神,发挥了学生的主体性,促进学生个性的发展。

(深圳市南山区沙河小学 蔡淑兰)

让学生在活动中体验数学

——《混合运算(练习)》活动设计

【设计内容】

　　这是小学《数学》实验教材(北师大版)二年级下册第二单元《混合运算》的综合练习课,属自编教材。本节课主要是让学生在听故事中解决问题,在解决问题中归纳、总结关于混合运算方面的知识。

【设计理念】

　　计算课通常被认为是枯燥无味的。如何激发学生对计算课的兴趣是这节课的主导思想。我根据低年级学生爱听故事的特点来设计这节课,在故事中安排"帮小演员们找位置、替小熊治病、为猫咪合唱队设计队列买体育用品"等活动,让学生自己走进故事,并利用学到的数学知识帮助别人,体验到数学的价值,并从中感受到学习数学的乐趣。

【活动目标】

　　1. 创设故事情境,让学生在玩中归纳总结含有乘加、乘减、除加、除减以及带小括号的混合算式的运算顺序。

　　2. 经历与他人交流各自算法的过程,体验算法的多样化。

　　3. 灵活运用不同的方法解决生活中的简单问题,培养学生的问题意识。

【活动准备】

　　图片、作业纸、课件。

【活动过程】

　　"好的开头是成功的一半",低年级的孩子们都很喜欢听故事,以讲故事开头能很快引起学生的注意,从而为这节课的顺利进行做好了铺垫。

　　师:同学们,你们喜欢听故事吗?老师今天就给大家讲个故事。故事发生在去年的秋天。动物家园里的小动物们经过辛勤的劳动都获得了大丰收。为了庆祝丰收,它们举行了一次联欢会。

活动一　帮小演员们找位置

　　混合运算中能正确判断出运算顺序是正确计算的先决条件。结合一定的情境,以游戏的方式,让孩子们在玩中学、玩中练、玩中总结。

联欢会开始了,先是乐队的齐奏。(老师一边在黑板上摆卡片,一边说,他们有拉提琴的、吹长笛的,还有……)由于有点紧张,乐队的小动物们竟找不到自己的位置。你们能帮他们找到位置吗?现在请你们每个小组在纸上帮他们找一找,然后连一连。

学生小组合作在作业纸上找、连,请做得快的学生到黑板上摆,集体判断。卡片:先算乘法、先算除法、先算加法、先算减法。

算式:(8+24)÷8 3×(60-58) 8+24-10 6+15÷3
   75-30+6   4+3×6   11-27÷3   5×7-4

讨论:为什么(8+24)÷8要先算加法?6+15÷3为什么先算除法呢?引导学生总结混合算式的运算顺序。

(让学生参与到故事中,练习不再是负担,而是一项有趣的活动,而且小组活动也有利于学生进行辩论,在辩论中学生对知识的认识会更深刻。)

活动二　帮小熊会诊

在明确运算顺序的情况下,让学生进行改错,归纳错误类型,帮助学生养成认真的学习态度。于是安排这样的学习活动:

故事:在大家的帮助下,它们开始演奏了,大家都陶醉在这美妙的音乐声中。突然,大熊的手机响了。原来大熊班上有几个生病的小熊也想参加联欢会。你们想不想帮助这几只生病的小熊?

让每个小组诊治一只生病小熊,小组合作改错。老师巡视,不时评价学生,激发学生学习的热情,如:有一只小熊已经被治好了,太谢谢你们了! 等基本上改完以后,选几组到上面汇报。

提问:谁愿意向大家说说你们的小熊生什么病了?你们是怎样治的?

小组派代表汇报(实物投影下展示)。汇报时,老师根据学生的改错,总结错误类型,如书写格式错误、计算错误、运算顺序错误还是抄错数字。

讨论:你们以后解决问题时要从哪些方面进行检查呢?

算式: 4+5×9 6×3+21 36+26-24 18÷(17-8) 90-7×8
   =9×9   =18   =62-42   =18÷9   =90-56
   =81   =39   =20   =9   =46
   100-45-35 40+24÷8   (75-55)÷6 27-6÷3
   =65-35   =64÷8   =18÷6   =21÷3
   =30   =8   =2   =7

故事:谢谢你们,这几只小熊都可以参加联欢会了。

(每只小熊身上都有一个错误的算式,孩子们在改错时,俨然是名小医生,他们不仅积极地找出错误,还表现出非常同情这些生病的小熊。)

活动三　看魔术,抢答

计算中程式化的知识学生在理解的基础上是不难掌握的。课堂上应多创造一些机

会让学生交流不同的算法,拓宽他们的思维,加深他们的理解,培养他们思维的灵活性。于是可设计这样的活动:

故事:联欢会继续进行,现在是米老鼠的精彩表演,你们想看吗?播放课件。(小小魔术师,画面上有一块方形的魔布,一排有6个方格,共有6排,点击方格,出现一只企鹅,再点击,企鹅消失。老师一次点击2排又4个。)

问题:一共有多少只企鹅?(16只)你是怎样想出来的?

学生可能会出现多种的计算方法,如:

1:$2×6+4=16$,　　　横着看,每排6只,有2排,另一排有4只。
2:$3×6-2=16$,　　　横着看,有3个6,多算了2个,所以要减2。
3:$4×4=16$,　　　　分成2块看,有3个4和1个4,合起来有4个4。
4:$3×4+4=16$,　　　竖着看,有4个3和1个4。
5:$3×4+2×2=16$,　　竖着看,有4个3和2个2。
6:$3×5+1=16$,　　　第6格中移一只过来,有5个3和1个1。

(这是一道数形结合的题目,穿插在变魔术的活动中,抽象的算式有了形的依托,能很好地激发学生思维的火花。孩子们说算式时,不仅能加深对混合算式意义的理解,而且还感受到对于同一种图形,由于看的角度不同,会产生不同的解法。)

活动四　请你帮帮忙

计算是为解决问题服务的。在以下"为猫咪合唱队设计队列"和"买体育用品"两个活动中,让学生体验到生活中的数学问题,思考怎样利用所学的知识来解决实际问题。同时,画面中的信息有图示信息和文字信息,在学生看图时可以培养学生从图中获取完整信息的能力。

问题1——排队。

播放课件,学生观看画面,读取信息。请学生说说看到了什么。

问题:猫咪合唱队为大家表演合唱,猫咪先生有17人,猫咪女士有19人。可以怎样排队呢?

学生先独立思考,然后组内交流。

全班汇报,讨论合理的队列方案。可能出现的方案有:

$(17+19)÷1=36$　　$(17+19)÷2=18$　　$(17+19)÷3=12$
$(17+19)÷4=9$　　$(17+19)÷9=4$　　$(17+19)÷6=6$

讨论:你们排的队列不同,你们解决问题的方法同不同呢?

引导学生思考、总结:都是先算出总人数,再根据排几行,算出每行人数。

(这是一道开放题,条件不齐全,因此答案不唯一,在学生汇报交流的基础上,感受问题的不确定性;同时,引导学生在不同的算式中找出共同的解题方法,明确了解决问题的思路,使学生学会反思和总结。)

故事:联欢会结束以后,小熊们决定要锻炼好身体,等到下次联欢会时,自己也能上台表演。于是在大熊的带领下,他们来到了佳佳体育用品商店。

问题2——买体育用品。

播放课件：画面上有9只小熊，以及每种商品的价格，它们在佳佳体育用品商店前，讨论买体育用品。

问题：他们可能买些什么呢？

请学生根据画面提出有关数学问题，写在作业纸上并解答，然后汇报交流。

结束语：故事讲完了。通过这节课的学习，你们认为你对这部分知识掌握得怎样？你还想说什么？

（这也是一道开放题，信息众多，让学生在具体的情境中自觉形成一定的问题意识，而且不同的学生可能产生不同的问题，也能满足学生多样化的学习需要。）

【活动评述】

本节课采用讲故事的方式，让学生走进故事中学习、游戏，在活动中感受数学自身的魅力，了解到数学的价值，体验问题解决的过程，使一节普通的计算课变得生动、活泼。

同时，从单纯的计算教学上升到激发学生自主学习、自觉归纳和总结解决问题的方法，教学方法灵活而又有序，各教学环节层次分明，层层递进，有利于培养学生思维的灵活性和创造性。

（深圳市南山区育才一小　蔡传慧）

数学源于生活、用于生活

——《混合运算（复习）》教学活动设计

【设计内容】

这是小学《数学》实验教材（北师大版）二年级下册第二单元《混合运算》的复习课的内容，主要是对两步计算（乘加、乘减、除加、除减）教学内容的一个综合复习的过程。本课设计充分发挥学生身边的素材的作用，以参观动物园为主线来解决两步计算问题的活动贯穿教学过程，让学生体会到数学源于生活、用于生活。

【设计理念】

新课标明确指出：我们的数学源于生活，用于生活。所以本节课积极关注学生的认知背景和生活经验，创设能引导学生主动参与的教育环境，培养学生掌握和运用知识的态度和能力，并形成解决问题的一些基本策略，体验解决问题策略的多样性，发展实践能力与创新精神。

【活动目标】

1. 通过"参观动物园"的问题情境，进一步巩固两步计算的解题方法。
2. 能灵活运用不同的方法解决生活中的简单问题，并能对结果的合理性进行判断。
3. 在学习活动中，重视培养自主探索、合作交流意识。

【活动准备】

课件，红色、黄色方阵的彩旗，方案设计表格。

【活动过程】

活动一　参观动物园——揭示课题

这节课的知识点——两步计算的问题解决，相当于以前的两步计算的应用题。对这一知识，学生常常感到枯燥、难懂，于是就创设一个学生熟悉、喜欢的情境，让学生解决自己生活中的问题。

"告诉大家一个好消息，禽流感终于解除了，野生动物园里关闭了42天的小动物又可以和大家见面了，想看看它们吗？"（老师播放动物园课件）

正当孩子们看得津津有味的时候，课件停了。

"老师，我还想看。""到动物园去，好吗？"于是孩子们达成了一个共同的愿望：到动物园去看。

"什么时候去?""在去之前都要做哪些准备?"孩子们可能提到要准备食品、纸巾、租车、太阳帽等。

"好!我们今天就一起来解决租车和食品问题。"揭课:解决问题。

(以"参观动物园"为导入,创设了有趣、现实的情境,激发了学生主动参与学习的兴趣,使学生感悟到数学源于生活。)

活动二:解决租车、食品问题——理清两步计算的解题思路

本节课的重、难点是理清解题思路,所以下面的设计主要是采用多种方式,让学生在解决实际问题时能说清解题思路,形成解决问题的一些基本策略。

1. 把全班分为2个方阵(一、二组为红色方阵,三、四组为黄色方阵)。"下面老师请红色方阵的同学帮老师制订租车方案,委托黄色方阵的同学帮老师制订购物方案,大家既分工又合作,一起帮老师好吗?"发放方案表格。

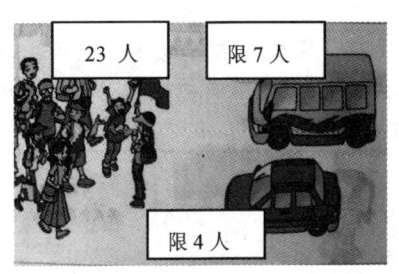

租车方案

	限乘7人	限乘4人	算式
方案一			
方案二			
方案三			

食品方案

	火腿肠一根2元	矿泉水一瓶3元	面包四个12	草莓一盒4元	可乐一瓶3元	算式
方案一						
方案二						
方案三						

要求:(1)红色方阵的同学请注意,参观的人数按班级人数的一半23人计算;(2)黄色方阵的同学以一个人为标准来选食品,而且每份最多选2种食品(每种食品的数量不限),并计算出需要多少钱。(3)先独立思考,再把想到的方案在4人小组内提出交流,组长要让每个组员都发言,并负责填写方案表格,比一比哪组的方案最多。

2. 小组合作讨论。
3. 汇报交流。

汇报前把上面的两个表格放大贴在黑板上,根据学生的汇报逐步完成表格。

(1)"下面让我们一起来看一下,红色方阵的同学为大家制定的租车方案,针对他们提出的方案,黄色方阵的同学能提出什么问题来挑战他们。"

可能会出现这些情况:① 7+4×4=23(人),② 4×6=24(人),③ 3×7+4=25(人)。

还有些同学这样解决:(23-7)÷4 = 4(辆)

引导黄色方阵的同学问一些问题:① 如7+4×4=23,"你在解答这个问题的时候,要几步完成?第一步解决什么问题?第二步又解决什么问题?"② 我建议老师选

×××方案更合理,因为……

下面是一些同学的对话:"请问×××同学(7+4×4=23),你第一步解决的是什么问题?第二步再解决什么问题?""我第一步解决4辆小车能坐几人,再算16人加几人是23人,刚好加7人,也就是再加一辆大车就可以了。""我认为第一种方案最合理,因为23人刚好能坐下,位置不多也不少。""我认为第二种方案合理,多出来的一个位置可以用来放食品,要不这么多食品没哪里放。"

"谢谢红色方阵的同学,为我们设计的租车方案,同时也感谢黄色方阵的同学为我们提供了参考意见。"

(2)"黄色方阵的同学究竟为大家准备了哪些食品?大家想不想知道?有请黄色方阵的同学。"

可能会出现几种方案:① 2×3+3=9(元) ② 12÷4+3=6(元) ③ 2×3+3×2=12(元) ④ 12÷2+3=9(元)……

红色方阵的同学可能会提到关于解题思路的问题,或者是食品搭配的合理性问题。

"谢谢黄色方阵的同学,为我们设计的食品方案。"

(把2个问题分别给2个方阵的同学进行讨论,提高了课堂的教学效率。孩子们在汇报时,同一方阵的同学可以补充不同方案,不同的方阵可以提出问题来挑战对方,增强了学生的参与意识,同时学生对混合运算的解题思路更清晰。)

活动三 超级联想——根据条件提问题

在这里提出了更高的要求:让学生根据提供的数学信息,从数学的角度提出问题、理解问题,并能综合应用所学的知识和技能解决问题。

在去游玩之前,我们有必要对动物们作一个了解。现在就进入"超级联想"的游戏。老师给你们提供几个关于动物的信息(这两题是逐题出现),在30秒内你们能联想到什么问题?并列出算式。比比看哪一组赢得小旗多。

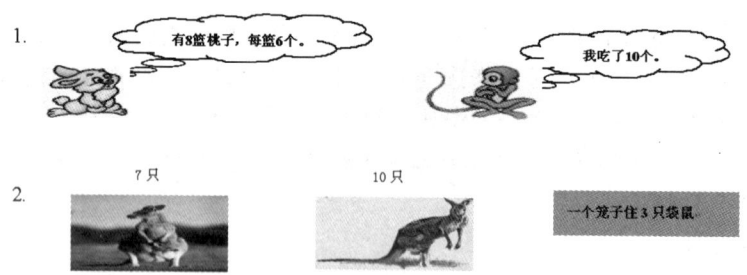

学生会联想很多的问题,如还剩几个桃子?一共有几个桃子?剩下的桃子要用几个篮子装?小猴吃的桃子要几个篮子装?一共有几只袋鼠?这些袋鼠要住几只笼子?大、小袋鼠单独住要几个笼子?

(给学生提供了动态的信息,这些信息呈现的方式是多维的、开放的,激活了学生的思维,学生在这一活动中,得到了情感的体验,满足了学生好奇、好胜的心理。)

活动四 购买门票——体验解决问题策略的多样性

两步计算的解题思路基本理顺了,这里设计一个开放性的题,让学生灵活地应用所学的知识解决实际问题,体验解决问题策略的多样性。

我们知道动物园里有许多表演。你们最想看哪种动物表演?播放动物表演的课件,当老师根据学生愿望点击某种动物时,出现下面的画面:请买门票。

"对呀,还没买票呢。"

课件出示一个买门票的画面:成人票3元,儿童票1元,团体5人以上(包括5人)每位2元。第一个问题是我们班一共要付多少钱?第二个问题是4个大人和2个小孩要付多少钱?

先出第一个问题,让学生独立思考,再回答。

1. 学生在解决"我们班一共要付多少钱"时,出现了下面的情况:"老师,可以买团体票,因为46人已超过5人了。"学生的生活经验是买团体票一定合算。

"不对,他说错了,这时候买团体票更贵了,团体票每人要2元,而我们儿童票才1元。"

"要成人多的时候买团体票才合算。"

确定方案后,再提问题:假如两位老师和你们一起去,又付该多少钱呢?46+2×3

2. 第二个问题:笑笑和淘气两家也要去看表演,他们一共要付多少钱呢?先小组讨论,再全班交流。

会有好几种情况出现:① 4×3+2=14(元)　　② 6×2=12(元)
③(4+1)×2+1=11(元)

下面是一些学生的对话:"不用14元,这个时候可以买团体票了,只需要12元。"

"还有更合算的方法吗?再想想!"

"还有,让4个大人和1个小孩合起来买团体票,只要10元,剩下的一个小孩买儿童票,一共只要11元,还更合算。"这时,听课老师给予了热烈的掌声。

(这一活动的设计,既贴近学生生活,又具有开放性,调动了学生全身心地投入,又一次使全体同学以饱满的热情进入了学习状态,使课堂气氛又一次掀起了高潮,学生在意犹未尽的情绪中结束本节课的学习。)

活动五 观看表演——满足学生心愿

给学生放一小段动物表演的录像,最后谈本节课最感兴趣的事。

【案例评析】

1. 通过实际生活引入,将知识应用于生活实际。本节课以"参观动物园"导入,以制定"两大活动方案"为导线,激发学生应用知识探索和解决实际问题的强烈欲望,既显得亲切自然,又让学生兴趣盎然。

2. 学生的主体地位突出。整节课,学生自始至终是学习的主人、实践的主人,数据来源于学生的实践,学生感受到了数学就在日常生活中,培养了学生的数学意识。

(北师大深圳市南山附属小学　傅雪春)

让学生成为学习的主人

——《万以内数数、读、写》教学活动设计

【设计内容】

这是小学《数学》实验教材（北师大版）二年级下册第四单元《生活中的大数》第30页的内容——《拨一拨》。它是有关万以内数的数、读、写的知识，本设计主要通过拨珠活动帮助学生了解万以内数的顺序，学会数、读、写万以内的数。

【设计理念】

本节课以在计数器上的操作活动作为探索知识的一种手段，引导学生在操作中进行思考，使学生把操作与思考、探究有机地结合起来，在自主探究与合作交流的过程中逐步建立数感，让学生成为数学学习的主人。

【活动目标】

让学生经历数数的过程，知道每两个相邻的计数单位之间都是十进制的关系；在读、写、数中，解决"中间、末尾有0的万以内数的读写"这一难点；通过数数、读数、写数帮助学生建立数感。

【活动准备】

学生每人一个小计数器，教师一个大计数器。

【活动过程】

活动一 谁能难倒小老师

为了让学生在经历数数过程中，掌握读数、探索数数、写数的方法，我设计了下面的活动：

（1）学生在自己的计数器上拨出298（小组长检查是否拨对）。

（2）学生在自己的计数器上一个一个地数，数到302。

（3）小组交流自己数的过程。（在小组内交流时巡视，发现有的学生在"个位满十向前进一，十位满十向前进一"上处理得较差。）

（4）集体交流。请一名"小老师"上台拨珠数数，在拨珠的过程中，还要说一说他是怎么处理的。请的这名"小老师"是刚才巡视中发现处理较差的学生。学生拨珠前，提醒全班学生，仔细观察台上的"小老师"拨珠，评一评他在拨珠的过程中说得怎样，你可以提出什么数学问题考这位"小老师"？（学生提问有：个位、十位为什么要这样拨珠？

(5) 选一个你想说的数来说一说是怎样写的?(指名回答)

如:299,写数时,百位上写2,十位上写9,个位上写9,学生边说老师边写。学生说完300,301,302后,提问:这三个数中的"0"不写行吗?为什么?小组交流后,派代表向别的小组说说你们小组的意见。

(由于台上拨珠的学生在处理进位时说得不够清楚、详细,台下的学生都是针对"个位满十向十位进一,十位满十向百位进一"来提问题的,学生自己把难点给突破。)

活动二 我也来做小老师

边拨边数,再写,有利于学生数感的培养,并进一步掌握数的写法。
(1) 学生在自己的计数器上边拨边数,并在练习本上写出这几个数。
(2) 小组交流。交流时,小组长帮助数得不够好、写数不准确的学生。
(3) 请一名小老师上台边拨边数,另一名学生在黑板上写数。

(由于有活动一为基础,学习活动二时,把学习主动权完全交给学生,由学生自主探索——合作交流——集体交流,让学生真正成为学习的主人。)

活动三 接龙游戏,看谁最棒

训练学生数数、读数的速度,并通过这个游戏快速调整课堂气氛。游戏规则:一名学生说一个数,其他学生接着一个一个地数,最后评出接得最快、最好的同学。

(本活动既简单易行,又有效地激发学生参与学习的积极性。)

活动四 我拨,你读,大家写

进一步巩固数的读写。
(1) 请一名小老师上台先拨珠,再指另一名学生读,然后全班把这个数写出来。
(2) 小组活动。一个人拨珠,其余的组员读数并写数。(轮流拨珠)

(把学习的自主权交给学生,让学生自己把握自己的学习。)

【活动评述】

本教学活动设计结合学生的年龄特点,注重动脑、动口、动手。教师完全放手,充分运用合作交流、自主探究的方法,使学生的数感逐步建立,掌握数学知识。在教学的过程中,充分体现民主精神,使学生成为学习的小主人。

(深圳市南山区塘朗小学 梁瑞芬)

在问题情境中学习数学

——《万以内数的大小比较》的教学活动设计

【设计内容】

这是小学《数学》实验教材(北师大版)二年级(下)第四单元《生活中的大数》第34～35页的内容——《比一比》。它讲的是有关万以内数大小的比较方法。本设计将"旅游"这一情境贯穿全课,通过在旅游途中设置的系列活动引导学生探索比较大小的方法。

【设计理念】

要使学生在学习过程中体会到数学的价值,在教学时注重情境的创设,选择学生熟悉的、与他们的生活密切相关的内容。学生将在探索这些现实的情况和问题中认识数学、了解数学的价值、运用数学知识与方法解决问题。所以本节课注重情境的创设。

【活动目标】

1. 能用符号比较万以内数的大小,掌握比较万以内数的大小的方法。
2. 感受大数的意义,感受数学与生活的密切关系。
3. 培养学生的归纳能力、口头表达能力和自主探索的精神。

【活动过程】

活动一 情境引入——调动积极性

教师向学生宣布去"鸣哩哇国"旅游的好消息,此时恰逢该国的国庆节。

活动二 逛电器城——方法的探究

这一节主要是培养学生的探究能力,引导学生通过独立的思考和必要时适当的合作,自主找到比较万以内数的大小的方法。

"旅游"第一站是"鸣哩哇电器城"。课件给出五组同类电器的不同价格:1084元、982元;4184元、3756元;1074元、846元;389元、982元;5102元、5184元。让学生独立帮某顾客比较各组价钱的高低,从中选出最便宜的电器。然后教师将答案归纳为两组:①1084>982,1074>846;②3756<4184,389<982,5102<5184。要求学生思考为

何这样分组,如有必要可采取讨论的方式进行,从而引出相同位数和不同位数的数的大小的比较方法。

(该活动有效地结合了学生日常生活中可能遇到的情况,使学生产生主动解决问题的欲望。同时培养了学生观察生活、寻找规律、归纳总结的能力。)

活动三　游动物园——方法的应用

该环节主要是对"比大小"方法的巩固,使学生在小组合作中更好地理解大数的意义,并使学生相互促进,加深对比较方法的理解。

师生随课件一起来到"旅游"的第二站——"鸣哩哇国野生动物园",迎面而来的小动物立即引起了学生们的兴趣。六个动物是好朋友,年龄分别是345天、1725天、4300天、99天、809天、387天,它们决定以兄弟姐妹相称,但比不出谁大谁小,请学生用小组里的数字卡片来给动物们按大小顺序排一排。然后,要求学生说一说排序的理由,从而使动物们认可这一顺序。

(该活动将枯燥的巩固练习变得生动而有意义,通过"说理由"的方式让学生进一步理解了数的大小比较的方法,并通过合作的形式达到"学生教学生"的目的。)

活动四　进图书馆——典型的习题

该环节旨在培养学生灵活运用所学知识的能力,能在理解的基础上,把所学的知识运用到不同情境中。课件引领学生来到"鸣哩哇国家图书馆"门口,但必须解决贴在门口的数学题方可入馆:最小和最大的三位数分别是多少,最小和最大的四位数分别是多少。可要求学生独立将答案分别写于卡片上,一齐出示给老师。进入图书馆后教师在阅读中遇到难题,邀学生共同解决:5____7＜523,706＞____01,32____＞325。

(用生动有趣的素材将不同类型的练习题循序渐进地呈现出来,激发学生的挑战欲,使学生轻松达到学习目的。)

活动五　回家路上——"猜数字"游戏

该环节旨在培养学生快速反应的能力,熟练掌握比数字大小的方法。"旅游"即将结束,在"回家路上",大家做个数学游戏来驱散旅途的疲倦。教师可先邀请一名学生共同作示范。教师先暗自写下数字"4500",让被邀学生猜数,该生可向教师提出"比2000大吗?""比三千五百小吗?"的问题,教师只能回答"是"或"不是",然后学生两人一组进行猜数字游戏。

(该游戏运用了逐步逼近的思想培养了学生的数感,促成了学生对比数字大小方法的熟练运用。)

【活动评述】

该设计通过多媒体课件演示了"旅游"经历的连续的情境,充分地体现了新课标中体现数学与生活息息相关的要求。四个场景生动地再现了"比大小"在社会生活中的普遍应用。

1. "购买电器""年龄排序"的环节中给了学生独立思考、自主探索的空间,让学生在解决问题的过程中发现"万以内数大小的比较"的方法。同时,适当的合作交流给了每一个学生充分表达自己看法的机会,使他们的表达能力得到提升。

2. "图书馆"与"数学游戏"的环节将以往的重复、机械、枯燥无味的习题训练变得生动活泼、丰富多彩且高效高质,无形中增加了课堂的容量。

3. 情境的连续性使学生融入其中,感受到生活的乐趣,富有挑战性的"关卡"设置充分激发了学生的求知欲。

4. "游动物园"的情节能使学生在学习的同时感受到愉悦,也增强了他们与野生动物和大自然之间的亲密感,从而促使他们关注社会、关注自然,这无疑是数学课堂上一种有益的情感渗透。

基础教育阶段的数学教学应本着"从生活中来,到生活中去"的宗旨,让学生学习有用的、有实际意义的知识,并从中体会乐趣,提高兴趣,全面提升各项素质。本课设计最成功之处便在于此。

(深圳市南山区阳光小学　徐姗姗)

设计有趣的活动　吸引学生主动参与
——《整十、整百数加、减法口算》教学活动设计

【设计内容】

这是小学《数学》实验教材(北师大版)二年级下册第六单元《加、减法(一)》第50页的内容——《买电器》。它主要是整十、整百数加减法的口算知识。本设计通过"猜猜看"、"我是神探小柯南"等一系列的游戏活动贯穿全课。

【设计理念】

新课标中指出,在数与代数的教学中,要呈现给学生大量丰富的现实背景,并以学生已有的经验为出发点,关注知识的形成过程,关注学生学习的兴趣和自信心。本节课力求让学生明白数学来源于生活,又可以解决生活中的一些问题,以激发学生的求知欲。以让"学生快乐地学习数学"为目标,尝试打破传统的教学模式,把所有的学习过程融入到不同的游戏活动中,让学生感受学习的乐趣和体验成功的喜悦。

【活动目标】

1. 让学生结合具体情景提出问题和解决问题,发展学生提出问题的意识和能力,体会到数学与生活的密切联系,激发学生学习的兴趣。

2. 在游戏中探索并掌握整百、整十数加、减法的口算方法,并能正确地计算。

【活动准备】

课件,1—12反面带图案的数字卡片,男、女孩的卡通画像。

【活动过程】

活动一　参观老师的新家

创设一个学生熟悉的生活情境,并从中获取数学信息,激发学生学习数学的兴趣。

今天老师很高兴,因为老师买了一套新房子,而且已经装修好了,今天我就带大家去参观参观,好不好?

多媒体播放并解说,学校旁边的社区花园——这是我家的客厅——再带你们参观我家的厨房。

让学生谈谈感受。(学生情不自禁地说:好漂亮呀!)

你们知道吗?装修房子要花好多的时间,还要花不少的钱呢,老师这里有一张我这

几天去购买家具、电器的报价清单(出示清单:鞋柜,300元;抽油烟机,900元;沙发,2300元;茶几,500元;电视,1200元)。

(好的引入是课堂教学成功的一半,教师从"参观老师的新家"这个学生熟悉的生活情景引入,让学生的学习融入到生活中,使学生感受到一种欢乐、亲切的气氛。)

活动二 获得信息,解决问题

根据二年级学生的思维特点,让学生根据所提供的信息提出问题,发展学生自主提出问题的意识和能力,并在解决问题的过程中学习并掌握口算的方法。

1. 从报价单里获得了什么信息。
2. 看看这张报价单,能提出哪些数学问题。
3. 你们能不能解决这些问题呢?如果要解决"鞋柜和抽油烟机一共要几元",你会怎样算?
4. 指名学生回答并板书:900+300=1200(元)同时提问:你是怎样算的,说说你的方法。(老师同时进行板书)

方法一:9个一百+3个一百=12个一百(学生说出这种方法后,教师可追问这个9表示什么?然后让学生在在计数器上计算900+300,明白原理。)

方法二:900+100+200=1200(元)

方法三:1000+300-100=1200(元)

方法四:700+300+200=1200(元)

5. 解决"电视比沙发贵几元"这个问题。

板书:1200-500=700(元)

方法一:12个一百-5个一百=7个一百

方法二:1000-500+200=700

6. 让学生选择一个数学问题,把算式写在本子上并解答出来,算完后与同学交流计算方法。

(通过这一生活情景的创设,学生对数学"取之于生活,用之于生活"的感受更为深刻。教师恰当的评价,不时激励着每一个幼小的心灵不懈努力,学生想出了多种口算的方法,学生一次又一次体会到成功的欢乐。)

活动三 悄悄写,快快算

这是一个游戏,运用刚学过的口算方法进行巩固练习,进一步掌握口算的方法。

游戏的规则是:两个人各写一个整百数,然后比赛算出这两个数的和与差,看谁写得快。如:老师写200,学生写300,各自列出算式并计算:200+300=500,300-200=100。

2. 与同桌玩,赢的在本子上打"√"。
3. 统计,进行评价。

(把练习融入到游戏和竞赛中,增加练习的趣味性。教学中教师带有趣味的话语,给学生创造了一个和谐、轻松的学习环境。)

活动四 猜猜看

进一步强化口算的方法和提高学生口算的能力,培养学生的思维能力。

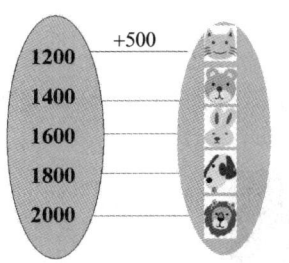 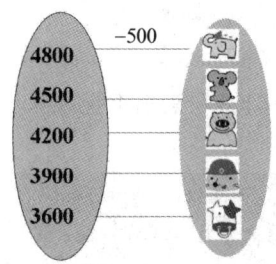

1. 课件出示。

每只动物后面都藏着一个什么数呢?男、女同学进行比赛,第一组请男同学完成,第二组由女同学完成。做完后,说一说发现了什么。

2. 进行评价。

(这个活动很有趣,低年级的学生很喜欢制作精美的电脑画面,学生看到可爱的小动物会兴致高涨。通过找出数的规律这个活动,能发展学生的思考力。)

活动五 我是神探小柯南

为了提高学生口算的速度,改变的只是让学生机械练习的传统训练方式,设计了下面的活动,让学生在活动中感受做数学练习的乐趣和体验成功的喜悦。

1. 游戏"我是神探小柯南",规则是:组长给每个同学发第一组题:

第一组:找出比下面的数少200的数,把正确的序号写在括号里

(1) 300(　) (2) 900(　) (3) 890(　)
(4) 1800(　) (5) 500(　) (6) 760(　)
(7) 1000(　) (8) 480(　) (9) 600(　)
(10) 1200(　) (11) 570(　) (12) 200(　)

答案:

(1) 1600　　　　(2) 700　　　　(3) 370
(4) 400　　　　(5) 300　　　　(6) 800
(7) 690　　　　(8) 280　　　　(9) 560
(10) 1000　　　(11) 0　　　　　(12) 100

由组长安排每人完成一行,组内4个人都完成后,组长把翻盖乐打开(翻盖乐由一个小盒子和12个正面是数字反面是图案的卡片组成,盒子上还印上按顺序排列的1—12这12个数字,这些数字代表12道题目的题号),图示:

盒子:

1	2	3	4	5	6
7	8	9	10	11	12

把代表正确答案的卡片序号放在相应的题号上，如果小组同学合作得好，你们就能破译出一组美丽的密码图案。[说明：如第(1)小题的答案是12，就把12这个卡片放在盒子1的位置上。当小组的同学把12张卡片的答案都正确地放在相应的题号上后，把盖子翻过来就可以看到密码图案。]

2. 小组进行活动。

3. 教师进行评价，在黑板上记录第1、2、3名的小组，全班完成后，公布第一组题的密码图案是：

给最快又正确的前三名小组奖励"柯南"的头像贴纸。

4. 发放第二组题目。（操作与第一组相同，题目是有难度的口算题，此略。）

（这个活动的创设既新颖又合理。以"柯南"的头像贴纸作为激励的手段，创设了竞争的情景，渲染了小组比赛活动的气氛，也培养了学生的团队合作精神，使学习活动成为一个生动活泼和富有个性的过程，课堂充满了生机与活力。从学生为自己成功地破译密码而欢呼起来中可以看出，学生是全身心参与到活动中，同时在活动中提高了自己口算的能力和体验了成功的喜悦。）

【活动评述】

1. 让学生在生活需要中学习和体验数学。

在这节课上教师大胆地尝试，将课本上枯燥乏味的"整百数的口算"这个内容设计成生活中一个鲜活的实际问题，创设了"参观老师的新家"这个情景。学生看到自己熟悉的社区花园，看到老师美丽的家居，马上进入到情景中，情不自禁地说："哇，好漂亮呀！"，从而自然地引入家私、电器的价格。

2. 改变练习呈现的方式，让练习也有趣生动。

小学数学课程标准指出，小学低年级的学生更多地关注"有趣、好玩、新奇的事物"。因此，学习素材的选取与呈现方式及学习活动的安排都应当考虑到学生的实际生活背景和趣味性，使他们感到学习数学是一种有意思的事情。这节课教师打破传统的教学模式，把所有的学习过程融入到不同的游戏活动中，完全避免了传统教学中很容易出现的乏味、厌倦的学习情绪。把数学转化为一种快乐的学习活动，原本枯燥的计算同样充满着迷人的美丽。

【资料链接】

"翻盖乐"是蒙台梭利益智学具的一种数学教具的操作板。可在以下网址找到资料：www.baby1234567.net 或 www.bestbaby.cn

（北师大深圳市南山附属小学 蔡碧丽）

创设有趣活动　促进新知探索
——《24时计时法的教学活动设计》

【设计内容】

这是小学《数学》实验教材(北师大版)三年级上册第七单元《年、月、日》的第72～73页的内容——《一天的时间》。它是有关24时记时法的知识。本设计主要通过"拨一拨、说一说我一天的时间"等一系列的活动,让学生在动手操作中探索、体验一天的时间的表示方法。

【设计理念】

本课创设"生日会"、"电视节目"、"植物的开花时间"、"神舟5号航天过程"这些生活中的情境,让学生在丰富的问题情境中,运用已有的有关时间的知识和生活经验,通过一系列的实践、探索、交流活动,亲身经历数学知识的形成过程,使学生在学习数学知识的同时,体会数学与自然及人类社会的密切联系,了解数学的价值。

【活动目标】

1. 结合学生已有的生活经验,认识一天的时间及表示方法。
2. 通过动手、动脑的探索活动,能够对24时记时法与普通记时法所表示的时刻进行相互换算。
3. 结合具体情境进行爱国主义教育,激发爱科学、学科学的兴趣,培养遵守作息制度的良好习惯和时间观念。

【活动准备】

教师准备:电脑课件、一个钟面(大的)、九个信封内装花卡片。
学生准备:每人一个可活动钟面。

【活动过程】

活动一　生日会在几时

这里从学生已有的知识、能力和经验出发,创设了生日会的故事情境,从中设疑激发学生的学习兴趣,使学生明确清楚地表示一天的时间的重要性,并通过与学生已有生活经验和已有知识的交流初步了解一天时间有两种不同的表示方法。

1. 故事：淘气的生日会。

老师讲故事："故事发生在 2003 年 10 月份，淘气 10 月 18 日过生日，这天正好是星期天，他想邀请好朋友小明和笑笑参加他的生日会。于是他给小明和笑笑发了一封邀请信。邀请信内容是这样写的：小明和笑笑，请你们于 10 月 18 日 8:00 到人人乐商场旁边的麦当劳参加我的生日会。小明和笑笑接到邀请非常高兴，18 日上午 8:00 他们准时赶到了人人乐商场旁边的麦当劳，可是左等右等却不见小明的身影。你知道这是为什么吗？"

学生们这时深深地被故事里的情境所吸引，并极有兴趣地投入到故事中所提到的问题的讨论中。

老师这时适时地加以点拨："看来要清楚地表示一天的时间非常重要，而表示时间的方法生活中常用的有两种——12 时记时法和 24 时记时法。"

2. 说说在生活中你在哪些地方见过用 24 时记时法表示时间的。

学生回答在电视、电话机、电脑、车站、飞机场等见过。

这时引入课题：今天我们一起学习怎样用这两种方法表示一天的时间。

（生日会的故事情境激发了学生的学习兴趣，学生能根据自己已有的生活经验和知识解释故事中的问题，说明学生有一些 24 时记时法与普通记时法的知识，只是说不清楚，需老师讲出它们的名称。在"说说你在哪见过用 24 时记时法表示时间"时，学生们发言很踊跃，说明学生们对 24 时记时法都有一定的认识。）

活动二　我的一天（用 24 时记时法与普通记时法表示一天的时间）

通过师生示范拨钟，再学生拨钟和讨论等活动，使他们初步学会用两种计时方法表示一天的时间，了解它们的特点。

1. 师生示范活动：边拨钟表边说怎样用两种记时方法表示老师的一天。

老师边拨钟边用 12 时记时法说自己一天的作息时间，同时让学生把老师说的时间用 24 时记时法表示。

2. 小组活动：同桌相互用两种记时方法表示自己的一天。

3. 小组讨论两种计时方法的特点。

（动手实践、自主探索、合作交流是学生学习的主要方式，通过拨一拨、说说我一天的时间的活动，使学生在动手实践与合作中学习知识。而通过讨论交流可以使已有知识系统化、条理化。）

活动三　生活中的 24 时计时法与 12 时计时法的互相转换

这里设计了三个活动，让学生在活动中感受、体验两种记时方法互相转换的方法。

师：12 时记时法和 24 时记时法各有所长，也是生活中常用的，所以我们要知道怎样进行 24 时计时法与 12 时计时法的相互转换。

1. 淘气记录了一家人喜欢的电视节目。(电脑出示)

这时电脑出示淘气记录的一家人喜欢的电视节目：上午 9:00《夕阳红》(奶奶喜欢的节目)，12:45《今日说法》(爷爷喜欢的节目)，18:30《大风车》(淘气喜欢的节目)，晚上 7:00《新闻联播》(爸爸喜欢的节目)，22:10《幸运 52》(妈妈喜欢的节目)。让学生把淘气记录的时间转换成另一种记时法。学生能够正确地转换，并能说出转换的方法。

2. 说说一天中你最喜欢的时间，并用两种记时方法表示。

通过这一环节的设计，使学生结合自己的生活，学习如何表示一天的时间，提高了学生参与教学活动的积极性。学生很喜欢这一环节，说了许多自己喜欢的时间。如：有的学生说最喜欢下午 6:00，这时深圳台有动画片；有的说最喜欢上体育课的时间；有的说最喜欢每天的 16:10，放学后的时间；还有的说他最讨厌的时间是每天的 20:00 到 21:00，因为妈妈总是让他练钢琴。

3. 植物也有它们喜欢的时间，用两种记时方法说说几种花的开花时间。

同学们有自己喜欢的和不喜欢的时间，植物也是一样，老师请在上面活动中得到奖品的同学，打开信封。(学生们发现里面装的是花的图片)这些花都是学生们刚学的语文课本中《花钟》那一课中提到的花，你能说出这些植物的开花时间吗？能用两种记时方法表示吗？

学生们很有兴致地抢着边背课文边说出每种花的开花时间。

(新课标中强调注重数学与学生的生活经验密切联系，这里电视节目时间等都是学生身边的事，植物的开花时间是根据学生刚学过的语文课文《花钟》一课里的内容设计的，活动既体现了学科的整合性，又激发了学生的学习热情。)

活动四　生日会上的话题

最后设计晚上 8:00 在淘气的生日会上，大家议论的话题是什么？这一活动结合学生们身边刚发生的事，让学生运用所学知识解决问题。

1. 电脑出示神舟 5 号的航天过程及时间，让学生转化为 12 时记时法。

重温神舟 5 号的航天过程，学生们异常兴奋，在看图片的过程中又巩固了 12 时记时法和 24 时记时法的转换方法。

2. 激发学生爱科学、学科学的兴趣，培养遵守作息制度的良好习惯和时间观念，教育学生珍惜时间。

师：同学们想当宇航员吗？

学生：想。

师：那么同学们就要珍惜时间，好好学习，长大才能成为国家的栋梁。

(这一活动结合学生们身边刚发生的事，让学生在运用知识的同时，体会了数学与人类社会生活的密切联系，了解了数学的价值，同时受到了爱国主义教育，珍惜时间的教育。)

【活动评述】

本课的设计突出了以下特点：

1. 创设情境，设疑激趣。本课从学生现有的知识、能力和经验出发，创设了生日会的故事情境，在情境中设疑，既激发了学生的兴趣，引发探究的欲望，也激发了他们的参与意识。

2. 从学生的已有知识出发，探索新知，并与学生生活实际密切联系。本课设计了一系列生活中的情境，如：生日会、电视节目、植物的开花时间、神舟5号航天过程等都是学生们在学习和生活中经历过的事。这些情境不但可以激发学生的学习兴趣，还可以拓宽学生的知识面，沟通与其他学科之间的联系，体验数学的价值。

3. 注重学生的实践、探索和交流活动。学生在活动中自主探索、主动学习，在观察、猜测、动手操作等活动中，自觉地去观察和比较，在活动中合作学习、互相交流。教师在整个设计中只是一个组织者、引导者和合作者。

（深圳市南山区后海小学　王　芸）

多给学生自主学习的时间与空间
——《认识分数》教学活动设计

【设计内容】

　　这是小学《数学》实验教材(北师大版)三年级下册第五单元《认识分数》的第56页的内容——《分一分(一)》。它是关于分数的初步认识的知识。本设计主要通过涂一涂、折一折、说一说、辩一辩等自主学习活动,让学生积极主动地投入学习。

【设计理念】

　　新课程的理念倡导动手实践、自主探索、合作交流的学习方式。教师应由过去一味传授的教学模式转变为引导学生自己去发现、探究知识,让课堂成为一个师生互动、生生互动、互教互学的活动场面,让学生在愉快的活动中学习。因此,本设计中,我力图给予学生自主学习的时间和空间,让学生有所发现、有所创造、有所体味,使学生在自主探索的过程中掌握知识,在快乐的活动中发展自我。

【活动目标】

　　1. 通过"分一分"、"涂一涂"、"折一折"、"辩一辩"等数学活动,结合具体情境和直观操作,使学生初步理解分数的意义,体会学习分数的必要性。

　　2. 让学生受到"认识源于实践"、"部分与整体"的思想启蒙。

【活动准备】

　　课前准备几张正方形、长方形、圆形的纸片和彩笔。

【活动过程】

活动一　用自己的方式来表示一半

　　教材的第一部分是两幅情境图,第一幅是:笑笑和淘气两人分两个苹果,平均每人得到一个。第二幅是:笑笑和淘气两人分一个苹果,平均每人得到半个。为了让学生在自主探索中认识分数,我利用这两幅图引出讨论:"你能用什么方式来表示一半呢?"

　　活动是这样进行的:

　　师:有4个苹果,平均分给2个人,每人得到几个?

　　　　有2个苹果,平均分给2个人,每人得到几个?

　　　　只有一个苹果,平均分给2个人,每人得到几个?

学生一直用击掌的次数表示分到的个数,当答案是半个的时候,同学们面面相觑。突然有几个同学用左手指尖点了一下右手心。还有的同学两手心相对并不合上,表示"半个"。

我接着提问:半个该怎么写呢?小朋友们,能用你喜欢的方法来表示一个苹果的一半吗?

教室里立刻热闹起来,孩子们用不同的方式表示着自己心中的"一半",有的同学接过老师手中的粉笔,跑到黑板前画图、写汉字。

师:小朋友们,你们用自己喜欢的方式表示了苹果的一半,说明你们很有办法。不过,我向大家介绍一种更科学、更简便的表示方法。当把一个苹果平均分成两份,表示这样的一份时,可以用这个数"$\frac{1}{2}$"来表示。

(这一环节创设了分苹果的情境,激发了学生的兴趣。通过学生用自己的方式来表示"一半"这一活动诱发学生的创造动机,使学生积极地投入到创造性的学习活动中。)

活动二 折一折的活动

教材的"涂一涂"出示了一些图形让学生涂出它们的 $\frac{1}{2}$。在完成涂一涂后,为了进一步丰富学生对 $\frac{1}{2}$ 的认识,我设计了"折一折"的活动。

我让学生拿出准备好的长方形、正方形、圆形纸片,折出自己喜欢图形的 $\frac{1}{2}$,同时与小伙伴交流。在交流的过程中有个学生说折出了一个圆的 $\frac{1}{4}$,我及时地表扬了他的创造性,并让他向其他同学介绍折的方法,并根据自己的理解说一说 $\frac{1}{4}$ 的意思。这个学生兴致勃勃地讲出 $\frac{1}{4}$ 表示的意思后,同学们不约而同地鼓起掌来。

师:真不错,同学们你们还有别的折法吗?试试看!

同学们认真地折着,说着,除了折出了几分之一,还折出了几分之几,进一步加深了对分数的认识,每张小脸上都洋溢着参与的快乐、创造的愉悦。

(探索的成功,给学生们带来了美好的的感受。学生们爱学的兴趣在升华,会学的技能在提高。)

活动三 辩一辩的活动

为了强调"平均分"的概念,接下来的辩论活动我给学生提供了一个更为广阔的自主学习的空间。(出示课件)银幕上出现了一个智慧人,眨着双眼向小朋友们提出一个问题,请大家判断:"把一个圆分成两份,每份一定是这个圆的二分之一。对吗?"

学生出现了"对"和"不对"两种答案,我让持不同意见的双方各推荐两名代表与同学商量后再发表意见。双方各手持一个圆形纸片讨论着,都下定决心要把对方说服。

(在同学们激烈的辩论中,进一步明白了二分之一的含义,也使学生真正成为了学习的主人。)

【活动评述】

本篇教学设计体现了以下几个方面的特点:

1. 为学生提供了大量自主学习的机会,激发了学生的学习兴趣,让学生在自主学习的数学活动中理解数学、体验数学。

2. 在数学课堂教学中教师放开手脚,让学生大胆地想、说、做,充分调动了学生学习的积极性。

3. 辩论赛的开展营造了一个民主、宽松、开放的课堂氛围,让学生在辩论的过程中掌握知识,并进一步强化了学生的主体意识,使学生成为学习活动的主体。

(深圳市南山区大冲小学 王英妮)

给学生自主的时间与空间

——《分数的初步认识》教学活动设计

【设计内容】

这是小学《数学》课程标准实验教材(北师大版)三年级下册第五单元《认识分数》的第56～57页的内容——《分一分(一)》。本课使学生初步建立分数的概念。本设计主要是让学生结合具体情境和直观操作，体会学习分数的必要性，并初步理解分数的意义。

【设计理念】

对一个新的数学概念的认识不应是一种纯粹的个人行为，而是一个在不同个体之间进行创造、表述、交流、批评与反思，以及不断改进的过程。本篇教学设计力求让学生使用多种方式(包括图形、文字、动作、口头描述和绘画等)表达自己解决问题的过程，并帮助学生对自己的数学思想进行组织和澄清，同时通过对其他人的思维和策略的考察扩展自己的数学知识，使数学概念的基本意义更加突出和深化。

【活动目标】

1. 结合"颁奖典礼"这一现实有趣的情境，引导学生对熟悉的生活事例和直观图形进行探讨和研究，初步认识分数，体会学习分数的必要性。

2. 通过操作、观察、比较、交流、概括等活动经历认识分数的过程，体验创造和成功的快乐，并在这个过程中提高动手操作能力，发展初步的逻辑思维能力。

【活动准备】

每个学生准备自剪的对称图形多个，圆形、正方形、长方形的纸多张。

【活动过程】

活动一　颁奖典礼

在多媒体创设的热热闹闹的"颁奖典礼"情境中，学生以颁奖嘉宾的身份开始了学习。"一等奖2名，奖品是4个苹果，平均每人分几个？""啪——啪"学生用两下整齐的掌声回答了问题。"二等奖2名，奖品是2个苹果，平均每人分到几个？""啪。""三等奖也是2名，奖品是一个苹果，平均每人分几个？"没有掌声，同学们边笑边做出各种动作。有同学用左手尖点了一下右手心表示"半个"，还有的同学两手心相对但并不合上表示

"半个"等等。大家觉得既新奇又有趣。老师继续说:"除了用动作表示半个以外,你还能不能用你喜欢的其他方法来表示一个苹果的一半呢?"教室里立刻热闹起来,有同学开始画图、写字等,他们用不同的方式表示着自己心中的"一半"。

接着,老师请同学一一介绍自己的表示方法的含义。伴着老师的声声赞许,同学们感受到了创造的快乐。最后老师把焦点聚在了"$\frac{1}{2}$"前,假装疑惑地问同学:"这是什么意思?你们在哪儿见过?""我在数学书上见过。""吃饭的时候,我妈妈说,如果一碗饭吃不完,吃二分之一也可以。"

老师示意大家坐下,不紧不慢地说:"不错,半个苹果我们可以用'$\frac{1}{2}$'来表示。'$\frac{1}{2}$'就是我们今天要认识的数的大家族里的新朋友——分数。"教师板书课题,学生在老师的带领下自然而然地开始了新知识的学习。

(这一环节是借助孩子们熟悉的生活引出分数,化抽象为具体,予枯燥以趣味,使学生体会到分数来源于生活。)

活动二 认识新朋友

新课的学习开始了,老师举起一个大苹果,请一个同学从中间切开,比较两半的大小,然后问:"这个同学是怎么分的苹果?"待同学们明确了短横线表示"平均分"后,老师又让学生猜测理解"2"、"1"分别表示的意义,学生在猜测和争论中很快理解了"$\frac{1}{2}$"所表示的含义。小伙伴之间互相讲述着自己对"$\frac{1}{2}$"的理解。

这时大屏幕上出现了获奖选手所创造的获奖作品,同学们兴奋地议论着,丰富了对"$\frac{1}{2}$"的认识。

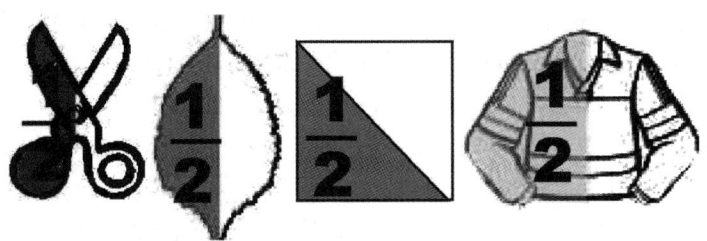

接下来,老师请同学们拿出准备好的长方形、正方形、圆形纸片,折出自己喜欢的图形的二分之一,并涂上颜色,同时与小伙伴交流。

孩子们的指尖上跳动着智慧,他们用不同的折法表现着"$\frac{1}{2}$",黑板上出现了很多对称图形的"$\frac{1}{2}$"。

师:受你们创作热情的影响,我也创造了几个分数,请你们来评价评价。

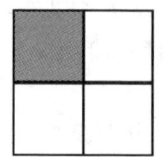 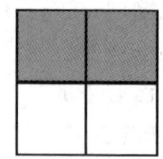 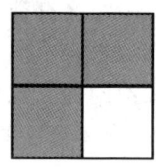 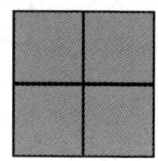

学生开始议论纷纷:"这不是$\frac{1}{2}$!""第一幅图是$\frac{1}{4}$。""有$\frac{2}{4}$!"

教师微笑着倾听学生的议论,议论的热情过后,学生的小手举起来了!

生:涂色部分是这张纸的$\frac{1}{4}$,因为这个正方形被平均分成了4份,涂色部分是其中的一份,所以用$\frac{1}{4}$表示。

紧接着有三个同学分别解释了$\frac{2}{4}$,$\frac{3}{4}$,$\frac{4}{4}$所表示的意思。

还有几个学生的手举得高高的:"老师,第一幅图也可以用$\frac{3}{4}$表示!"同学们把惊奇的目光投了过去,老师不动声色:"说说你的想法!"这位同学大声地说:"这张纸平均分成了4份,白色的有3份,所以白色部分是整张纸的$\frac{3}{4}$。"

"也是哦!"下面有同学发出感慨,马上有更多的同学举手,"那第三幅图也可以用$\frac{1}{4}$表示,白色部分是整张纸的$\frac{1}{4}$。"

老师满腔热情地鼓励了同学,趁机抛出了新的问题:"$\frac{1}{4}$、$\frac{2}{4}$这些分数都创造出来了,你们不想创造其他的分数吗?"

教室里热闹起来,同学们认真地折着,说着,每张小脸上都洋溢着参与的快乐,创造的愉悦。

一会儿,学生折出了三分之一、六分之二、八分之一、十分之五……老师热情地请孩子们把折成的不同图形的纸片贴在黑板上展示。同学们七嘴八舌地说着各自得到的新分数的含义,不断加深着对分数的理解。探索的成功,给同学们带来了美好的感受,同学们爱学的兴趣在增长,会学的技能在提高。

(这一环节将学生推上了自主学习的舞台,真正把学习的主动权交给了学生。学生经历独立创造、小组交流、师生评价等过程,丰富自己对分数的认识,培养自己独立思考、勇于创新、善于表达的能力。同时,学生在创造与倾听、接纳与赞赏之中,更深刻地理解分数,并对自己的创造做出必要的修正和改进。)

活动三 挑战新朋友

银幕上出现了下图:请同学们猜猜哪条线段比较长。

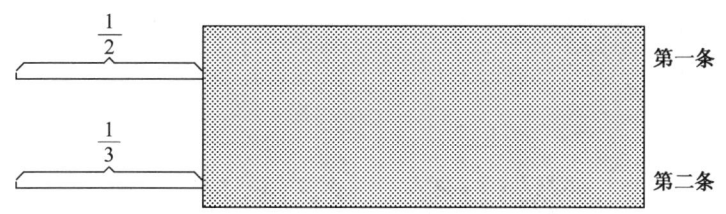

　　同学们互相猜测和议论着,各自说着自己的理由。这个谜底就要揭开了,同学们屏住了呼吸,教室里安静极了。老师煞有介事地说:"谁对谁错呢?请——看——这——里!"两条线段展现在孩子们面前:

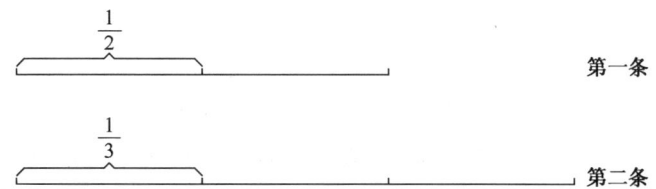

　　"耶!"猜对了的孩子们欢呼起来!
　　师:你们是侥幸猜对的?还是经过了分析?
　　生:我是分析了的。你看,第一条线段露出的是$\frac{1}{2}$,说明它后面还有与它相同的一段,而第二条线段露出的是$\frac{1}{3}$,说明它后面还有与它相同的两段,所以当然是第二条线段长了!
　　师生都情不自禁地为他精彩的分析鼓掌,《分一分(一)》这节课,就在这种轻松热烈的氛围中结束了。
　　(这是一个具有较强的挑战性的问题,正是这种挑战性激发了学生思考的热情,学生在猜测、议论、表达、倾听中进一步加深了对分数意义的理解。)

【活动评述】
　　在小学数学教学中,从整数到分数的过渡,对于学生来说是认识上的一个飞跃。在本篇教学设计中,为了让学生建立"分数"概念,教师不仅创设了生动的"颁奖典礼"情境,使学生自始至终置身于问题情境中,兴趣盎然地参与学习。更重要的是,教师力求将学生推上自主学习的舞台,真正把学习的主动权交给学生。突出表现在两个方面:
　　1. 注重让学生有效地使用多种方式表达解决问题的过程。老师让学生们用自己喜欢的方式表示"半个",新颖独特、妙趣横生,体现了在学生原有生活经验和认知的基础上进行学习的建构主义教学理念。文字、图形与数学符号之间的转换,促使学生注意到不同表达方式中数学意义的相似性,使数学概念的基本意义更加突出和深化。
　　2. 课堂上留有大量的时间与空间让学生独立创造分数、小组评价分数,学生是在思考、交流、倾听和发现中逐步领悟分数的意义,学会清楚、一致地表达自己的数学思想,同时通过对其他人的思维和策略的考察扩展自己的数学知识,有助于学生学会批判地思维。

(深圳市南山实验学校　　高　　雅)

做中学 学中悟

——《分数的初步认识》教学活动设计

【设计内容】

这是小学《数学》实验教材(北师大版)三年级下册第五单元《认识分数》第56～57页的内容——《分一分(一)》。它主要是有关对分数的感性认识和分数各部分的名称的教学,本设计通过"分苹果"、"折纸和涂色"等一系列人人动手的操作体验性活动贯穿全课。

【设计理念】

新课程标准强调教学过程是师生交往、共同发展的互动过程,在教学过程中引导学生在质疑、调查、探究、实践中学习,使学习成为在教师指导下的学生主动的、富有个性的过程。因此,教师要创设能引导学生主动参与的学习环境,激发学生的学习积极性。在本节课中,学生数学思考过程,主要是在老师的引导和自身感受中找到一个表示简单分数的具体意义的方法。

【活动目标】

1. 结合具体情景和直观操作,体会学习分数的必要性,认识分数各部分的名称,初步掌握分数的写法和读法。

2. 会用折纸、涂色等方式,表示简单的分数。在参与创造和感受分数的过程中,逐步培养学生学习能力,积累学习兴趣,享受成功喜悦。

【活动准备】

多媒体课件,因没按要求而涂错的作业。

每个学生准备一张正方形纸、一把直尺和一支彩色笔。

【活动过程】

活动一 分苹果活动——学生体会学习分数的必要性

从本质上说,学生的数学学习过程是一个自主构建对数学知识的理解的过程。在本环节,通过"分苹果"的活动,让学生意识到原来学过的数不够用,体会学习分数的必要性。我提出了3个问题:

1. 把4个苹果平均分给2个人,每个人分到多少个?

2. 把2个苹果平均分给2个人,每个人又分到多少个?

3. 把1个苹果平均分给2个人,这时每个人分到多少个呢?

学生对前两个问题感到易如反掌,并能正确用2、1表示出来。但是对最后的一题,学生知道结果是"半个",可是不能用以前学过的数表示,特别想知道怎么办?用什么数字可以表示?有了学习的欲望和冲劲。接着老师鼓励学生积极思考,进行创造想象。

(以这个活动作为切入点,充分调动了学生学习的积极性,并为下面学生对分数的意义和"平均分"之间联系的理解埋下伏笔。)

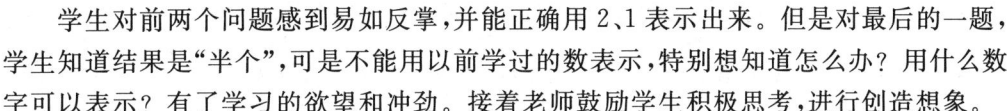

活动二　学生结合以前生活经验体会 $\frac{1}{2}$

1. 欣赏各个同学富有个性的表示方法,并给予说明和评价。

2. 重点说一说对这种表示方法的认识,顺势认识分数及各部分的名称。

　　1　——分子　　　取其中1份
　　—　——分数线　　　　　　　　读作:二分之一
　　2　——分母　　　平均分成2份

这个活动中要注意的是学生意见分歧最大的地方——分子"1"到底是表示分到的半个,还是表示一个苹果。学生讨论争辩时,老师先静观其变,最后通过多媒体演示一个苹果的平均分,再到取半个的过程,并提问:"分数里的2在刚才分苹果的过程中表示什么?1又表示什么?"加深对分子、分母意义的理解。

3. 学生了解如何表示半个苹果时,应马上促进学生感性认识的提升,从纵向丰富学生对 $\frac{1}{2}$ 的认识。基于这个目的,我设计了涂出一些生活中物体图案的 $\frac{1}{2}$,如一件衣服,一片叶子,图形(圆形、六边形、正方形)等。

习题如下:

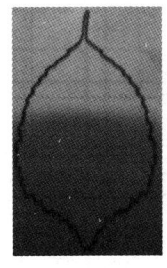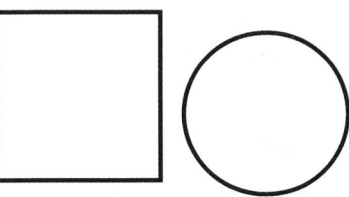

4. 这里有一个开阔学生思路的好时机,就是图形的 $\frac{1}{2}$ 表示方法有好几种,不是单一的。如"圆形的 $\frac{1}{2}$ "学生完成时的表示方式不同(同时展示):

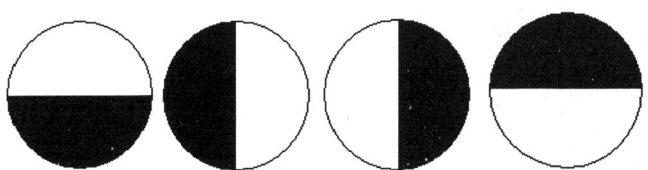

5. 作业展示过程中还有一个契机,就是有学生涂了整个圆,如右图。当学生判断这个作业对错时,有的说:"这个涂法是错的,只要涂一半就对了。"老师引导学生思考,提问:"那么可以用什么分数表示整个圆呢?"学生回答:"$\frac{2}{2}$。"老师再问:"分子2,分母2各表示什么意义?"还可以鼓励其他学生也尝试说说表示的意义,从而在不知不觉中丰富学生对简单分数的认识。

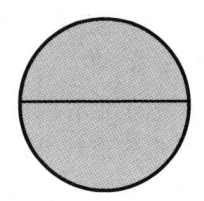

(这个活动是由经验较丰富的学生当小老师说出所知道的,那么作为组织者——教师则起了穿针引线的作用。最后的纵向练习为下面的活动打下了很好的知识基础、方法基础。)

活动三 折一折,涂一涂——动手尝试发现几分之几

为了调动学生已有的经验并结合新学到的知识,让学生学会迁移学习方法。在学生学习了$\frac{1}{2}$之后,接着学习几分之几时,大胆放手,给学生足够时间独立思考探索发现。过程如下:

1. 老师给学生充分时间,学生充分利用自己的学具,自主学习、相互启发、相互帮助,让全体学生共同参与,创造出自己喜欢的分数。

2. 展示部分有特色或有争议的学生作品,其他学生进行评价。

(这个活动是前面活动的延伸,更是学生数学思维的提升、知识面的丰富。)

【活动评述】

1. 在教学中,通过学生主动的活动,包括观察、描述、操作、猜想、实验、收集整理、思考、推理、交流和应用等等,让学生亲身体验如何"做数学",并从中感受到数学的作用,促使学生学习数学。

2. 教师在设计教学时充分考虑学生的主体性发挥,让学生尽力自主"做数学",只是在过程中提供必要的机会(判断用$\frac{1}{2}$表示一些图案对不对),使他们能够从事反思活动。

3. 教师在学生进行数学学习的过程中给他们留有充分的思维空间,使得学生能够真正地从事思维活动,并表达自己的理解,而不只是模仿与记忆。

(深圳市南山区卓雅小学 王孝敏)

在合作中学习 在成功中激趣

——《分数的初步认识》教学活动设计

【设计内容】

这是小学《数学》实验教材(北师大版)三年级下册第五单元《认识分数》第一课时的内容——《分一分(一)》,它主要是教学有关分数的初步认识的知识。本设计主要通过"涂一涂"、"折一折"、"说一说"等活动贯穿全课。

【设计理念】

新课标提出,教师在课堂中要以"学生为本",改善学生的学习方式,确立学生在课堂中的主体地位,关注学生的自主探索和合作交流,关注学生的情感和情绪体验,使学生投入到现实的充满探索的数学学习过程中去,使学生通过主动参与、积极思考、与人合作和交流创新等过程,获得数学学习的自信心和方法,体验成功的乐趣,从而激发学习数学的兴趣。本设计力图在课堂中培养学生与人合作的意识及学习数学的兴趣,让学生在学习中获得成功的体验。

【活动目标】

1. 结合分苹果的具体情境,引导学生对熟悉的生活事例和直观图形进行探讨和研究,初步理解分数的意义,体会学习分数的必要性。

2. 通过操作(涂一涂、折一折、说一说)、观察、比较、概括等活动提高学生的动手操作能力,发展初步的逻辑思维。

3. 让学生通过分组合作学习,主动探索经历认识分数的过程,增强学生的合作意识及学习数学的兴趣,让学生在学习中获得成功的体验。

【活动准备】

多媒体课件,学生准备一个资料袋(多种对称图形纸片若干张),苹果图片1个,长方形、正方形、圆形纸各2张,水彩笔等。

【活动过程】

活动一　创设情境,体验分数的产生过程,感受学习分数的必要性

在数学学习中,具体的生活情境容易激发学生的学习兴趣和求知欲望。本教学设计从情境导入,目的是为学生建立起一定的课堂气氛。

1. 师:同学们,智慧老人最近搬了新家,今天他邀请了淘气和笑笑到他家去做客

（同时出示淘气和笑笑到智慧老人新家做客的情境图），智慧老人拿出许多苹果招呼他们，下面请同学们用击掌的方式来表示分苹果的结果。

(1) 有6个苹果，平均分给2个人，每人分到几个苹果？
(2) 有4个苹果，平均分给2个人，每人分到几个苹果？
(3) 有2个苹果，平均分给2个人，每人分到几个苹果？
(4) 有1个苹果，平均分给2个人，每人分到几个苹果？

当第(4)个问题提出时，学生不知道如何击掌表示，老师接着提问："你们为什么没有击掌啦？"然后导入"认识一半"的概念。

2. 老师让学生用自己喜欢的方式在练习本上表示"一半"的意思，并与小组同学交流想法。

老师指名让学生说出表示一半的方法或让学生在黑板上画出一半的表示符号。老师肯定学生的表示方法的同时，接着介绍分数表示方法的发展过程，让学生认识分数符号"$\frac{1}{2}$"的表示方法和意义。

3. 学生拿出苹果图片动手折一折，演示将一个苹果平均分成2份的过程，进一步理解$\frac{1}{2}$所表示的意义。

4. 老师说明像$\frac{1}{2}$这样的数，我们称之为分数。（板书：分数）

5. 老师利用$\frac{1}{2}$让学生认识分数各部分的名称和读、写法。

（通过从问题情境导入新课，让学生体会数学来源于生活。老师让学生用击掌方式回答问题，更让学生产生了好奇心。当答案是半个苹果，学生不知道如何击掌时，思维出现了困难，更加容易激起学生强烈的求知和探索欲望，这个时候老师再让他们自主探索创造表示一半的意思，学生的兴趣就更浓了。而学生在探索学习分数的过程的同时也体会了学习分数的必要性。）

活动二　联系生活，引导参与，进一步理解$\frac{1}{2}$的意义

学生体会了"一半"可以用$\frac{1}{2}$表示以后，必然会产生疑问："是不是所有的事物的一半都可以用$\frac{1}{2}$来表示？而每个整体的$\frac{1}{2}$是不是都相等呢？"这时我让学生通过动手操作、观察、比较来理解，于是设计了下面的活动：

1. 学生拿出准备好的资料袋（正方形、三角形、圆形、树叶、六边形、蝴蝶、衣服等对称图片），同桌2人合作通过折一折、涂一涂的方式，创造出各图片的$\frac{1}{2}$，然后将自己的作品分组展示在黑板上。

2. 让学生对展示出来的作品进行欣赏评价，并让学生说一说每幅图中的$\frac{1}{2}$所表示的意义。

3. 让学生通过观察、比较说一说每幅图有什么相同的地方？从而让学生明白整体

(单位1)不同则所对应的 $\frac{1}{2}$ 的大小是不同的。

（这一教学环节的设计目的主要是体现学生动手操作的能力,为培养学生自主学习提供平台,让学生通过动手操作、小组交流合作,进一步理解 $\frac{1}{2}$ 的意思,不仅激发了学生的学习兴趣,更重要的是让他们在自主的数学活动中体会了数学,理解了数学。）

活动三 尝试迁移,认识创造分数

让学生从理解 $\frac{1}{2}$ 的基础上过渡到认识理解 $\frac{1}{4}$ 还比较困难,这就需要一个中间衔接环节,而这个环节就是如何能让学生理解把一个正方形的纸对折一次是平均分成了2份,而对折两次是平均分成了4份,从而实现从认识 $\frac{1}{2}$ 迁移到认识 $\frac{1}{4}$。

1. 认识 $\frac{1}{4}$。

老师在黑板上出示 $\frac{1}{4}$ 图片。让学生小组讨论：涂色部分可以用 $\frac{1}{2}$ 表示吗？为什么？那能不能用分数表示涂色部分？用哪一个分数表示？为什么用 $\frac{1}{4}$ 表示？

学生拿出一张正方形的纸演示平均分成4份的过程。

2. 同桌合作用剩下的三张正方形纸平均分成4份,然后在这张纸上用涂一涂的方法创造出 $\frac{2}{4}$、$\frac{3}{4}$、$\frac{4}{4}$ 等分数,贴在黑板上。

3. 学生根据自己的操作过程解析 $\frac{2}{4}$、$\frac{3}{4}$、$\frac{4}{4}$ 的意思。

4. 自由创造新的分数。用长方形、圆形纸片创造不同的分数并展示在黑板上,让学生欣赏、评价与解析所创造的分数的意义。

（这一教学环节的设计目的主要是体现让学生通过小组交流合作探索创造出 $\frac{1}{4}$、$\frac{2}{4}$、$\frac{3}{4}$、$\frac{4}{4}$ 等分数的方法,既培养了学生动手、动口的能力,同时也使学生在学习中获得成功的乐趣。通过对学生的作品的欣赏与评价,使师生互动、生生互动,师生在学习的过程中获得了良好的情感体验。）

活动四 巩固练习,深化发展

学生认识了分数以后,到底对分数的意义理解程度如何,老师有必要对他们的学习情况进行反馈评价,以及时对教学进行调控。

1. 课本第57页"说一说"题目。

要求学生对这几个新认识的分数 $\frac{1}{3}$、$\frac{3}{5}$、$\frac{5}{6}$ 在四人小组内互相读一读、写一写、说一说每个分数所表示的意义。

2. 完成课本第 58 页的第 3 题。(用下面的分数表示阴影对吗？对的打"√"，错的打"×"。)

3. 说一说：在生活中看到的分数。

4. 课堂总结，质疑延伸。

（1）学生谈谈在本节课中的收获和还存在的问题。

（2）数学小故事。（课件出示）

孙悟空和猪八戒比赛吃月饼。

有两个大小、形状一样的月饼，猪八戒吃了一个月饼的 $\frac{2}{8}$，孙悟空吃了另一个月饼的 $\frac{1}{4}$（课件出示图）。

评判：谁吃得多？为什么？

（总结与质疑延伸，目的是让老师对学生学习后的反馈能及时进行评价，体现老师面向全体、关注个体、培养学生个性的教学策略。）

【活动评述】

这节课的设计体现了数学课程标准的许多新理念，设计合理、新颖，整个教学过程力求在教师的组织和引导下充分发挥学生的主动性和创造性，给孩子们有充分展示自己才华的机会，如找一找、比一比、分一分、说一说、画一画、折一折等活动，加强了学生的动手操作能力以及初步的实践能力。

（深圳市南山区大新小学　陈瑞松）

在操作活动中感知学习

——《分数的初步认识》教学活动设计

【设计内容】

这是小学《数学》实验教材（北师大版）三年级下册第六单元《分数的初步认识》第56～57页的内容——《分一分（一）》。它是关于分数的初步认识的教学。本设计主要通过大量的直观图形和一系列的动手操作活动来贯穿全课。

【设计理念】

由于学生初次接触分数的概念，所以教学中要创设具体生动的问题情境来激活学生已有的生活经验。再利用实物操作、图形观察等手段，使学生逐步理解分数的意义。我在设计本课时力求为学生提供动手操作、独立思考与合作交流的机会，让学生在自主的数学活动中理解、体验什么是分数。

【活动目标】

1. 结合具体情境和直观操作，初步理解分数的意义，体会学习分数的必要性。
2. 会用折纸、涂色等方式表示简单的分数。
3. 培养创新精神和自主探究意识。

【活动准备】

学生剪的图形、彩笔、苹果图片、课件等。

【活动过程】

活动一　创设情境，引出分数

创设"拍掌"游戏，让学生在游戏中真切感受把一个苹果平均分成2份，不能得到整数的结果，并引出由此而产生的"分数"。

师：上课之前，我们来玩个游戏，老师出题你们算，算出结果后，拍掌表示答案。

1. 把4个苹果平均分成2份，每份是几个苹果？
2. 把2个苹果平均分成2份，每份是几个苹果？
3. 把1个苹果平均分成2份，每份是几个苹果？

由第3题每人只能得到半个苹果这一简单的数学事实出发，让学生发挥想象、大胆创造表示"一半"的方法。

小组讨论。

屏幕展示学生创造的表示一半的符号。

告诉学生历史上的每一个数学符号从被发明到被认可都经历了漫长的岁月,在不能得到整数的结果时,这时候就产生了一种新的数,叫分数。

("拍掌"游戏的创设,使抽象、陌生的"分数"变得具体而现实。在教学中还设计了发明符号的小插曲,给学生创造一个想象的天地,让学生的创新思维在这里得到充分的体现。)

活动二 直观图形,初步建立分数的概念

低年级学生容易接受和理解直观的、具体的感性知识,因此我借助半个苹果图来进行 $\frac{1}{2}$ 的教学,让学生在直观、形象中逐步理解分数的意义。

1. 教学 $\frac{1}{2}$ 的含义及写法。

把1个苹果平均分成2份,其中的每一份用分数表示的话,都是这个苹果的 $\frac{1}{2}$。$\frac{1}{2}$ 怎么写呢?先画一条横线,表示"平均分";横线下面写2,表示"平均分成2份";横线上面写1,表示"其中的一份"。现在全世界通用的表示"一半"的数学符号就是 $\frac{1}{2}$。

2. 分数具备的两个条件。

(1)展示一张长方形纸,把它撕成2份(不等的两份),问:每一份是这个长方形纸的 $\frac{1}{2}$ 吗?

老师解释:用分数表示的数,必须有个条件,只有"平均分"才能产生分数。

要求学生把课前剪好的图形拿出来,用彩笔涂出它的 $\frac{1}{2}$。

在黑板上展示学生的涂色图形。

检查图形的涂色部分:① 有没有平均分;② 是不是平均分成两份,涂其中的一份。

(2)比较两个图形(蝴蝶和圆)的涂色部分,虽然都可以用 $\frac{1}{2}$ 表示,但一个 $\frac{1}{2}$ 是蝴蝶的 $\frac{1}{2}$,另一个 $\frac{1}{2}$ 则是圆的 $\frac{1}{2}$,从而引出学习分数的时候,还要明白把谁平均分了,得到的分数"是谁的"几分之几。

(为了形象而具体地描述分数的两大要素,我利用一张长方形纸,把它任意撕成大小不一的两份,让学生真切感受分数的产生一定要"平均分"。分数是一个抽象的概念,它表示整体的一部分,而这个整体的内涵是多样的,它包罗万象:同一个分数,可以表示这个物体的一部分,也可以表示那个物体的一部分,还可以表示由许多事物组成一个整体的一部分,因此,必须让学生在具体的操作中深刻体会得到的分数"是谁的"几分之几,从而帮助学生初步建立分数的概念。)

3. 判断下列图形的阴影部分是不是原图形的 $\frac{1}{2}$?

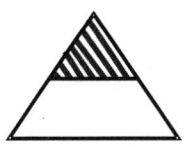 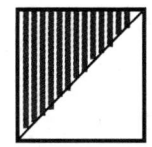  

师：你认为这个圆的涂色部分可以用什么分数表示？

生：$\frac{1}{3}$。

验证圆有没有平均分成3份(三部分正好重合)。通过演示,证实这个圆确实平均分成了3份,其中的每一份就是它的$\frac{1}{3}$。

师：这个圆里有几个$\frac{1}{3}$？

生：3个$\frac{1}{3}$。

（通过判断题练习,帮助学生准确地理解$\frac{1}{2}$的含义,并巧妙地引出新的分数$\frac{1}{3}$,在此基础上拓宽对另外两个$\frac{1}{3}$的认识,为今后继续学习分数打下良好的基础。）

活动三　动手操作,理解及巩固几分之几

分数本身比较抽象、通过动手操作,能够把抽象的分数变为看得见、讲得清的直观现象。在这个教学环节中,我给学生提供了动手折一折的机会,让学生在折纸过程中理解四分之几。

1. 教学四分之几。

要求学生准备一张正方形纸,用各种方法把它平均分成4份,取其中的一份涂上自己喜欢的颜色。

屏幕展示各种各样的折法,并提出以下几个问题：

(1) 这些图形的涂色部分可以用什么分数表示？

(2) 涂色部分形状不一样,怎么都可以用$\frac{1}{4}$表示呢？（让学生理解尽管每个图形的折法不同,但都是平均分成4份,根据分数的概念,其中的每一份都是原图形的$\frac{1}{4}$。）

(3) 要是在第二个正方形里多选一份涂上颜色,涂色部分是这个正方形的几分之几？

(4) 第三个正方形里的剩余空白部分是几分之几？

(5) 如果4份都涂完,又应该是几分之几？想想看,还可以用什么分数表示？

2. 认识五分之几(课件展示)。

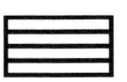   

(1) 哪个图形平均分成5份？
(2) 你想学五分之几？

3. 以 $\frac{3}{4}$ 为例，介绍分数各部分的名称以及分数的读法。

$$\begin{array}{l}3 \quad \cdots\cdots 分子\\ - \quad \cdots\cdots 分数线 \\ 4 \quad \cdots\cdots 分母\end{array}$$ 读作：四分之三

（在认识新知的过程中，把 $\frac{1}{2}$ 的教学作为重点，对其他分数的认识，则变化教学方式，利用迁移、类推等方式启发学生自主学习。）

活动四 趣味练习，体验快乐

生动有趣、直观形象的数学活动，能使学生克服厌倦心理，兴趣盎然地投入到学习中去，因此在练习过程中，我设计了以直观图形为主的形式多样的练习与课件，让学生在快乐的游戏活动中再次理解、体验分数的含义。

1. 读分数。以个人读、小组读、男女同学比赛读等不同形式读出一系列分数。
2. 写分数。阴影部分是原图形的几分之几？（课件展示）

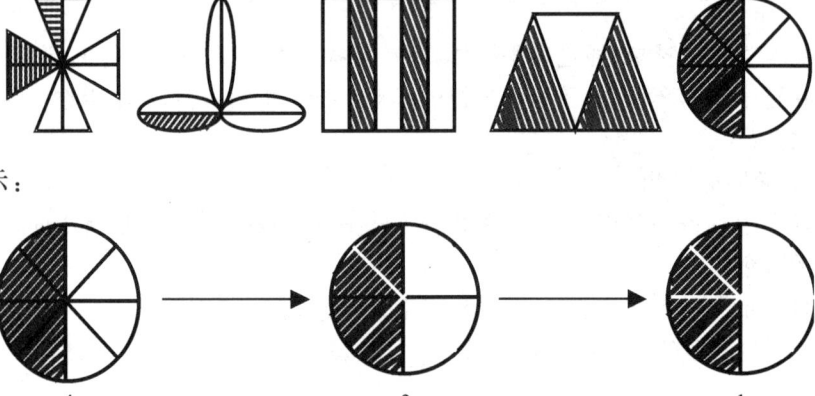

提示：

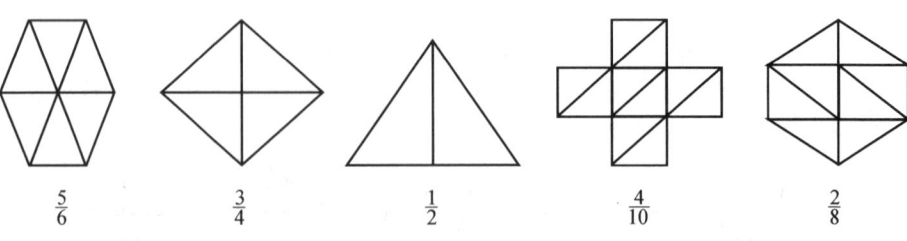

3. 听写分数。同桌之间相互考一考，一同学说分数，另一个同学写出相应的分数，然后做一回小老师，帮对方改一改。
4. 根据分数涂阴影部分（课件展示）。

$\frac{5}{6}$ $\frac{3}{4}$ $\frac{1}{2}$ $\frac{4}{10}$ $\frac{2}{8}$

5. 判断对错。根据课件上图形的阴影部分和出示的分数,举 yes/no 牌判断。

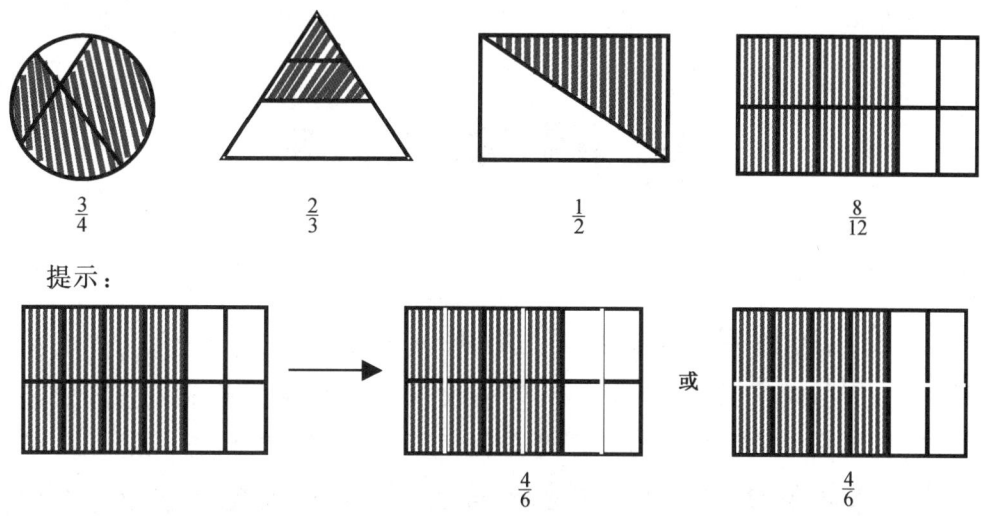

$\frac{3}{4}$ $\frac{2}{3}$ $\frac{1}{2}$ $\frac{8}{12}$

提示:

$\frac{4}{6}$ 或 $\frac{4}{6}$

总结:

这节课,我们学习了一种新的数,叫分数。学习分数必须注意两点:1. 平均分;2. 把谁平均分,得到的分数是谁的几分之几。

活动五 故事结束,回味无穷

师:同学们学得很有兴趣,老师给你们讲个故事当作奖励。(课件展示)

一天,唐僧师徒 4 人在西天取经路上走得又累又渴,于是停下来休息。唐僧说:"八戒,你去找个西瓜,解解渴吧。"八戒很不情愿地接受了这个任务。没过一会,八戒果然找到一个西瓜回来。悟空说:"我们把这个西瓜平均分成 4 份,每人吃 $\frac{1}{4}$ 。"八戒一听,急了"俺老猪找瓜最辛苦,才吃那么一点点,不行不行,我要吃 $\frac{1}{8}$,要不至少也得 $\frac{1}{6}$ 。"悟空一听,哈哈大笑:"八戒,你最辛苦,给你 $\frac{1}{12}$,行了吧。"八戒美滋滋地等着吃最大份的西瓜,可是一看分到的西瓜,八戒大呼上当。八戒为什么会上当呢?请同学们课后想一想。

(利用一个有趣的故事结束教学,余音绕梁,诱发学生的求知欲望,为以后学习"比较分数的大小"埋下伏笔。)

【活动评述】

本节课有以下特点:

1. 充分运用直观图形,将抽象的分数变得具体生动,符合学生的认知发展水平。

2. 以数学活动呈现学习内容,所设计的数学活动形式多样、新颖有趣,实用性、操作性强,能够激发学生的学习兴趣。

3. "由引到放",为学生提供大量自主学习的时间与空间。

4. 比较突出地体现教师是教学活动的组织者、引导者和合作者的角色,学生是学习活动的主体。

(深圳市南山区蛇口小学 邝燕萍)

空间与图形

"空间与图形"的前身是"几何初步知识",与传统的"几何初步知识"相比,"空间与图形"有着更宽泛的涵盖面以及诸多的教学优势。经过拓展后的"空间与图形"切入真实生活,并以其平易的面孔走进孩子的心扉。"空间与图形"在联系现实世界、构建直观模型方面,具有其他分支或学科不可比拟的优势。无论是对周围环境、实物和模型的观察、测量,还是有关的作图和实验操作,都需要学生亲身参与、动手实践,需要学生在实际的数学活动中独立思考、自主探索、合作交流,从而感知空间与图形的意义,初步体验数和形的联系,发展空间观念,同时进一步学会学习。在"空间与图形"这个独特的领域,孩子们有了更多的机会去实践、去感受、去创造,同时孩子们也体验到了更多的成功,收获了更多的快乐。以下案例便是课改一线老师的一些积极探索,也许它们还存在着某些不足,但毕竟是经过汗水浇灌的甘果,相信各位同仁在品味的同时,能以自己独到的眼光去发掘和提炼实施新课程的有效策略。

亲身实践　体验学习
——《左右》的教学活动设计

【设计内容】
　　这是小学《数学》实验教材(北师大版)一年级上册第五单元第三课时的内容。通过"举手"、"摆学具"、"介绍同学座位"、"走楼梯"等一系列活动认识左右的位置关系及其相对性。

【设计理念】
　　教科书是学生学习的重要资源,但不是唯一的资源。我们仔细观察学生的生活,不难发现他们身上和身边隐藏着极其丰富的教学素材,所以我们要去挖掘贴近学生实际生活的教学素材。数学教学活动必须建立在学生的认知发展水平和已有的知识经验的基础之上,学生的数学学习内容应当是现实的、容易接受的、有价值的且富有挑战性的。基于这个理念,我在《左右》的教学活动中充分利用学生熟悉的左右手作为活动导入,然后通过一系列的活动去引导学生认识左右的位置和其相对性,使他们在学习、体验过程中感受到"数学知识就在我身边。"

【活动目标】
　　1. 使学生通过利用自身和身边有关左右的真实教学素材来掌握左右的位置关系及其相对性。
　　2. 能用左右来描述物体的位置关系和解决实际问题。
　　3. 使学生在学习活动中获得积极的情感体验。
　　4. 初步培养学生的空间观念。

【活动准备】
　　铅笔盒、橡皮、尺子、铅笔、小刀。

【活动过程】
　　一、找左右伙伴,唤起已有经验
　　手对于学生既常用又熟悉。通过举手创设情境,然后拓展找身体其他部位的左右伙伴,这是学生感兴趣和容易接受的。
　　一上课我就问,小朋友喜欢做游戏吗?喜欢的请举手。然后问一名学生知道自己举的是右手还是左手?学生说是右手。老师接着问,那么你的另一只手是?学生回答是左手。
　　老师强调人们习惯以自己的身体为中心,左手那边为左边,右手那边为右边。

接着老师又说：左右手这对伙伴他们合作起来力量可真大呢！在我们的身体上还有许多伙伴分左右关系的呢！谁能找出来呢？

学生很快回答：左眼和右眼，左耳和右耳，左肩和右肩，左脚和右脚……

二、用左右伙伴，学新知

活动一　听口令，做动作

分清自身左右后，通过做游戏进一步认识左右的位置。

老师表扬同学们观察得真仔细，找到了这么多的一左一右的好朋友，现在要看看你们身体上这些伙伴配合得如何。我们先来做个"听口令，做动作"的游戏，好吗？（先老师说，学生做，然后小组长说，组员做）

伸出你的左手，伸出你的右手；
左手拍右肩，右手拍左肩；
左手摸左耳，右手摸右耳；
右手拍左腿，左手拍右腿；
左脚跳两下，右脚跳两下；
左手叉腰，右手举起来，向左弯弯腰；
右手叉腰，左手举起来，向右弯弯腰。

做完我说学生做得那么棒！你们是怎样记住左边和右边？（可能多数学生会说写字那只手就是右边，另一只手是左边）

（这一活动让学生充分利用自身的左右伙伴来认识左右，且通过游戏的形式让学生在玩中学，在动中悟，体会生活中处处有数学。）

活动二　猜座位，说摆设

认完自身的左右后，再通过猜自己的好朋友的座位和说一说教室的摆设来进一步学习学生身边有关左右的知识。

在我们班的同学中，谁是你的好朋友？谁来说说你的好朋友坐在第几组？第几座？坐在左边还是右边？然后让我们猜一猜他的好朋友是谁，好吗？

谁能用左边和右边说一句话吗？也可以说一说我们教室的摆设。（先学生互说，后指名说。）

（这一活动用学过的各种方位来介绍自己好朋友的座位，和用教室摆设作为教学素材，这是对"左右"这方位进行延伸，并将这部分知识用到生活中，体验学习与生活的联系。）

三、摆文具，体会相对性

因为要理解和掌握左右的相对性对于一年级的学生来说是比较困难的，所以让学生通过摆文具和改变左右的中心标准来学习、体验左右的相对性是比较容易接受的。

刚才你们玩得非常开心，现在请你们把准备好的文具（铅笔、橡皮、尺子、铅笔盒、小刀)拿出来,你们可以随意摆,摆完谁来说一说你的左右有什么?

接着老师说,学生摆。

在你的桌面上依次出示:铅笔、橡皮、尺子、铅笔盒、小刀。

谁来说一说尺子摆放的位置?引导:为什么尺子一会儿在左边,一会儿在右边?(对于橡皮来说尺子在左边,对于铅笔盒来说尺子在它的左边。)

接着问学生第二个是什么文具?(有的学生说是橡皮,有的学生说是铅笔。老师引导学生从左边数起或是从右边数起。)

然后我要求学生把小刀放在你的左边,把铅笔放在你的右边。问:你有什么办法使得小刀在你的右边,铅笔在你的左边呢?(可以改变文具的位置,也可以改变"你"的位置)

(通过利用学生平时经常使用的文具作为"摆一摆","说一说"有关左右知识的教学素材,把操作、观察、语言表达紧密结合起来。通过决定物体左右两边各有什么和改变物体中心方向的方法去学习、了解左右的相对性。)

四、走一走,解问题

让学生通过走一走去感受、体验左右的位置关系和其相对性,并能运用学过的左右知识解决实际问题。

在快要下课时,我带全班同学到课室旁边的楼梯让两名同学进行上下楼梯表演,并要求学生说一说上下楼梯应靠哪边走?同时让那两名同学在碰面时互相握手,然后我就让学生想一想为什么握手时这两名同学的右手方向会相反?

最后,我就问同学们,老师想让一名同学到叶老师的办公室去拿新的作业本来,有谁知道怎样走吗?许多同学都说知道,我就先让同学们说一说从课室到我的办公室可能的路线,再比较出最佳的路线[走出教室门往左直走到一(2)班,然后上楼梯往右直走到五(1)班,再往右转就是老师的办公室了],然后让一名同学去进行实践。

(用校园内的环境作为教学素材,通过走一走让学生去亲身体验左右的位置关系,以及明白由于中心物体的方向不同,左右也不同的道理,从而培养他们解决实际问题的能力。)

【活动评述】

数学教学要紧密联系学生的生活实际,从学生的生活经验和已有的知识出发,创设生动有趣的情境作为教学素材,使学生通过观察、操作、猜想、推理、交流等活动,掌握基本的数学知识和技能。这节课就是以学生自身的左右伙伴和身边的环境作为《左右》的教学素材,这些教学素材,学生既熟悉,又容易掌握。通过一系列有趣的活动,使学生在轻松、愉快的学习中掌握了左右的位置关系和其相对性,所以学生身边处处有数学,数学就在学生身边。

(深圳市南山区大冲小学　叶黑妹)

做中得 动中悟
——《左右》的教学片段设计

【设计内容】

这是小学《数学》实验教材(北师大版)一年级上册第五单元《位置与顺序》中的内容——《左右》，它主要是有关空间位置的知识。这里为了让学生初步感知左右和体会左右相对性而设计了两个教学片段。

【设计理念】

密切联系学生的生活经验，借助学生熟悉的左右手，让学生在具体的情境中感受和理解左右的含义；提供大量的自主探索、合作交流的机会，让学生在活动中亲身感受、体验左右及其相对性，通过实践操作正确分辨物体的位置关系。

【活动目标】

1. 通过自主探究、小组合作等形式让学生在具体情境中认识左右，应用左、右描述物体所在位置，养成初步的位置观念。

2. 感受数学与日常生活的密切联系，并从中获得成功的体验，树立起学习数学的信心。

【活动过程】

一、自身左右的体验

手是学生最熟悉的，从认识手开始学习认识左、右无疑是最轻松最有效的学习方法，然后再在自身其他部位自然展开，同时根据儿童注意力集中时间短、持久性差这种心理特点，适时设计体验游戏。

师：每人都有两只手，它们是好兄弟，你是怎么分辨它们的？

教师要让学生尽情地说，如：通常写字的手叫右手，压本子的手是左手，右手通常做……

师：我们身上还有这样的亲兄弟吗？和同桌说一说。同桌之间展开交流活动。

教师组织游戏，再次体验自身的左右。

小游戏：机器人。（配以节奏明快的背景音乐）

左手叉腰，右手举起来，向左弯弯腰。

右手叉腰，左手举起来，向右弯弯腰。

左手拍拍左腿，右手拍拍右腿。

左手拍拍右肩，右手拍拍左肩。

立正，向右转，向左转。向右转，向右转，向后转。

左边拍拍手，右边拍拍手。

（让学生在具体活动中体验、领会左右的含义，分辨左右的位置关系。通过自主寻找、合作讨论、游戏反馈等学习方式,培养学生的自主探索的意识、合作交流的能力,体现了数学学习的自主性与合作性。)

二、左右的相对性

在空间概念上左右是相对的,从儿童智力发展规律来看,一年级的学生对于这种相对性是不容易理解的,因此采用以下设计。

1. 体验相对,加深理解。

教师请两名同学站在两个小组中间,面对面地站着,让他们说一说各自的左边和右边分别是哪些组?

教师提出疑问:怎么两位同学的左边和右边的小组会不一样呢?到底是谁错了?小组展开讨论,代表发言。

教师总结:他们面对面地站着,因为方向相对,所以他们的左边和右边刚好相反。

2. 交朋友,体验左右。

(1)师:咱们今天认识了左右这对好兄弟,其实它们天天都和咱们在一起。比如自己左右的小伙伴是谁,你认识吗?和他们打个招呼,握握手吧!

学生活动,和左右的伙伴握手问候。

(2)师:老师也想和大家交朋友,只要你能准确地介绍自己的左右邻居,老师就会和你握手交朋友。

教师尽可能地多让学生回答。还可让学生转一转变换方位,再说说左右是谁。

(3)(根据当时学生掌握的情况而选择)

师:这么多人想和老师交朋友!不过别急,还有机会。现在我们来玩个击掌游戏,请你转过身去,只要能准确介绍你对面(前面)的同学的左右邻居,老师就和你击掌交朋友。

教师可以先选较优秀的学生回答,作个示范。

在学生回答过程中出现的错误:以自己的左右标准来介绍对面同学的邻居。

要引导学生判断对错,分析原因和点评。

生生、师生之间互评。

教师总结:你和对面的同学面对面地站着,因为方向相对,所以你们的左边和右边刚好相反。

(通过小组合作学习、和老师交朋友等活动,让学生初步感知左右的相对性,实现概念的认知飞跃。)

【活动评述】

以上两个具体教学片段设计,充分体现了新课程标准的精神与要求,具体表现在以下两点:

1. 教学资源。教学内容密切联系学生的生活实际,选取学生熟悉的情景,便于学生观察、体验,从左右手出发,通过"寻找亲兄弟"活动,帮助学生借助身体器官认识并正确分辨左右。

2. 学习方式。学生活动体验、集体游戏、自主探究与合作交流的过程,从自身左右体验到理解左右的相对性,每个环节都是学生自主参与、充分体验的过程,在这一过程中,学生实现了"左右"的抽象内化与外化运用的认知飞跃,培养了学生的方位感与空间观念。

(深圳市南山区卓雅小学　余贤忠)

在动手操作中建立空间观念

——《认识物体》教学活动设计

【设计内容】

这是小学《数学》实验教材(北师大版)一年级上册第六单元《认识物体》第一课时的内容——《物体分类》,它是对长方体、正方体、圆柱体和球的初步认识。本设计用挑战性的学习方式,通过"观察"、"触摸"、"搭建"等系列动手操作活动,让学生感知各种形体的特征,从而建立初步的空间观念。

【设计理念】

本节课通过现实的、富有挑战性的学习内容,来激发学生的学习兴趣。课堂设计从不同层次上对学生提出挑战。挑战一:出示生活中的若干物体,你能给这些物体的形状取名字吗?挑战二:长方体和正方体都是方方的、正正的,为什么这个叫长方体,这个叫正方体?同理:为什么这个叫圆柱体,这个叫球体呢?挑战三:搭宫殿时为什么不用球体来作底座呢?圆柱体可不可以作底座呢?为什么?为什么长方体、正方体就可以搭在宫殿的下面作底座呢?逐层引导学生主动去观察、猜测、发现、验证与交流,从而使学生建立比较清晰的物体表象概念并初步建立空间观念。

【活动目标】

1. 通过"观察"、"触摸"、"搭建"等操作活动不同层次、不同程度地感知物体,使学生建立比较清晰的物体表象概念,初步认识长方体、正方体、圆柱体、球体。

2. 三次挑战使学生抓住物体的特征,会辨认这几种物体,初步建立空间观念。

3. 在活动中激发学习兴趣,培养学生合作、探究和创新意识。

【活动准备】

教师准备长方体、正方体、圆柱体、球体的圣诞礼物若干份,多媒体课件。

【活动过程】

一、情境导入——观察物体

在日常生活中,学生已对长方体、正方体、圆柱体、球体有了初步的认识。上课时,恰逢圣诞节快要到了,教师设计了圣诞老人送礼物的情境。在孩子们喜闻乐见的情境中,对学生进行挑战,使学生初步抓住四种形体的特征。

谈话引入:小朋友们,到了12月份,有一个小朋友们都喜欢的节日,你们知道是什么节日吗?学生齐声回答:圣诞节。课件播放圣诞节的音乐、画面。教师在音乐声中戴上圣诞帽,扮演圣诞老人背着礼物袋走出来。"圣诞老人"请小朋友帮忙把礼物盒从礼物袋中搬出来,并问:"小朋友们,你们想得到这些礼物吗?"学生回答:想。师:"让我考考你们,请你们仔细观察这些礼物盒,你能给这些礼物盒的形状取个名字吗?你为什么取这个名字?"

同学们都争先恐后地回答,有的说它叫长方体,因为它长长的、方方的;它叫圆柱体,因为它圆圆的、像一根柱子;它叫球体,因为它像皮球;它叫正方体,因为它方方的。

(这一活动的设计,让学生先观察,给学生提出挑战:你能给这些礼物盒的形状取个名字吗?为什么取这个名字?从而抓住各种形体的特征,初步认识长方体、正方体、圆柱体和球体。)

二、情境认知——触摸物体

给学生一些物体,让学生在摸、玩、滚的过程中进一步感知这些形体的特征。挑战一:为什么这个叫长方体,不叫正方体?为什么这个叫圆柱体,不叫球体?在动手操作中明白长方体与正方体的区别,圆柱体与球体的区别。

师:在这几个礼物盒里,圣诞老人给小朋友们带来了很多小礼物(各种形状的积木),请小朋友摸一摸,然后看一看,再比一比,你发现了什么?说给你的同伴听。

学生们触摸各种形状的物体,集体汇报触摸长方体、正方体、圆柱体和球体的感觉。

挑战二:我们摸出长方体和正方体都是方方的,都有会扎手的角。为什么一个叫长方体?一个叫正方体?

学生继续触摸长方体、正方体,学习小组讨论,找出长方体、正方体的区别。

老师出示圆柱体和球体问:"谁能对这两个物体提出疑问?"

一位同学站起来说:"圆柱和球都可以滚,为什么一个叫圆柱,一个叫球?"

同学们都踊跃发言,说出了自己的想法。教师用激励的语言肯定了他们的观点:"同学们在玩一玩、摸一摸的过程中也能发现这么多的数学知识,还能找到形体的不同,你们真了不起!"

(在感知这四种形体的特征基础上,教师对学生进行挑战:长方体与正方体、圆柱体与球体有什么区别?引导学生去观察、比较,再观察、再比较,发现长方体与正方体的区别、圆柱体与球体的区别,进一步认识各种形体,建立比较清晰的空间观念。)

三、情境应用——组合物体

实践应用是学习的最终目的,教师设计的搭建宫殿这一环节,让学生在应用中体验各种形体的特征。

师:"时间过得真快,我马上得赶回去了,你们想不想送一件礼物给我带走呢?"

生:"想。"

师:"我想请小朋友为我搭建一座美丽的宫殿,住在里面就不会孤单了,我已为大家准备好了材料,你们分小组合作搭建吧!"

搭建好后,选一组同学自我介绍本组的搭建成果。

教师对他们的作品提出挑战:

1. 你们用哪些材料来搭建宫殿呢?

2. 为什么不用球体来作宫殿底座呢?

有的学生说球体放不稳,不能作底座。有一位学生说如果先把球固定的话,球体也是可以作底座的。

3. 圆柱体可不可以作底座呢？为什么？

有的回答不能；有的回答说横着放不能作底座，会滚动，竖着放就可以；还有的受到前面同学的启发说，横着放也可以作底座，就是要先把它固定好，等等。

4. 为什么长方体、正方体就可以搭在宫殿的下面作底座呢？

同学们能讲出很多种可以作底座的理由。课堂气氛异常活跃，达到了高潮。

（"玩中学"是学生最有效的学习方式之一。在"玩"物体中，教师提出挑战性的问题，进一步强化学生对物体形状及特点的感受，有利于学生主动地去观察、推理，做出合理判断。在挑战中激发学生创造性的思维，改变客观条件的前提下，原来不可能实现的事情也能成为事实：球体也能作宫殿的底座。）

【活动评述】

本教学活动设计，体现了以下两点：

1. 整堂课体现"玩中学"。

本节课从头到尾都在让学生"玩"，观察、触摸、搭建等都是在活动中完成的。教学目标循序渐进，由观察物体，初步感知图形，到触摸物体，进一步刺激感官，找准物体间的区别，再到搭建宫殿，学生在应用中感知物体的特性。整堂课让学生在"玩"中完成了教学任务。

2. "挑战"推动课堂学习。

课堂中采用"动静结合"的策略，孩子们在玩得异常兴奋的时候，适当地向他们提出挑战，让他们静下来观察、思考，"动静结合"推动课堂教学的发展。

（中央教育科学研究所南山附属学校　喻向京）

在描画中巩固知识

——《有趣的图形》综合练习活动设计

【设计内容】

本节课是小学《数学》实验教材(北师大版)一年级下册第四单元的内容——《有趣的图形》,这是继"认识图形"、"动手做"之后,我自编的一个学习内容。本设计主要是引导学生通过对生活场景中物体某个面的观察和描画,从而更加深刻地感悟图形与生活的联系。

【设计理念】

"空间与图形"作为学生数学学习的四大领域之一,是发展学生空间观念的一种重要途径。图形与我们的生活息息相关,"描画"也是让学生感知基本平面图形的一种良好的学习方式。在整体把握本单元教学内容目标的基础上,我大胆地设计了一堂以学生"动手画"为主的活动课,以体现新课标的理念:数学学习内容的选取应是"现实的、有意义的、富有挑战性的",紧密联系学生的生活经验,拓宽学生几何学习的背景。

【活动目标】

1. 感受图形与生活的联系。

2. 培养学生的观察能力和瞬时记忆的能力。

3. 在实践活动中,学生运用所学的平面图形(长方形、正方形、三角形、圆等)的知识来尽情想象,创造图形,描画生活。

4. 培养学生"动手实践、自主探究、合作交流"的能力。

【活动准备】

教师:CAI课件。

学生:画纸、绘图工具及图形模块(长方形、正方形、三角形、圆等)。

【活动过程】

一、感受图形与生活息息相关

数学来源于生活。从生活中寻找素材,让孩子从小用数学的眼光看待世界,让他们感受到生活之中处处有数学。

一上课,我对同学们说:"春天来了,百花盛开,到处都充满了生机。前不久,老师拍了一些春天美景的照片,同时还收集了一些精美的画片。小朋友们想不想看一看?"于是,在优雅的音乐伴奏中,学生欣赏到了平常熟悉的公园、超市、教室、水果及世界第一高楼、神舟五号飞船等图片,他们一下子就被美丽的图片吸引住了。接着,我利用现代技术教育的优势,从中选取了部分场景,并按照场景正面的特征迅速用图形勾勒出来,随即,展现在学生面前的是一幅幅用长方形、正方形、三角形、圆等描绘的图画,学生们忍不住惊叹起来:"哇,真漂亮!"

激动之余,我不失时机地提出:"在这些画中,你发现了什么?"一语打开了孩子们的话匣,他们七嘴八舌地争着表述自己的发现:

"我发现这些画中有正方形。"

"我发现有长方形。"

"我发现还有圆。"

"我发现这些图形都是用我们学过的正方形、长方形、三角形、圆形画出来的。"

此时我进一步引导:"是呀,图形与我们的生活密不可分,我们完全可以利用所学的图形将这些美景画下来。这一节课我们就一起动手来描画美好的生活。"

(通过情境的创设,从欣赏大自然的美中,抽象出美丽的图案,让学生感知图形,体会数学来源于生活,拉近了生活与数学的距离。)

二、感受描画与细心观察的关系

为了培养学生的瞬时记忆能力,从而更好地掌握观察物体的方法,我设置了这样一道习题:

请你认真观察30秒,然后将它们画下来。

富有挑战性的学习,极大地鼓舞了学生学习的兴趣。孩子们迫不及待,跃跃欲试。画完之后,我让小组之间相互交流,评一评:谁的记忆力最好?谁画得最棒?

话音刚落,课堂上孩子们各抒己见,十分热闹。

讨论结束后,我重现出三幅图,许多学生激动地叫起来。

"我画对了!"

"能说说你是怎样记住这些图形的吗?"我问学生。

学生一:"第一幅图是一个圆,第二幅图像一座房子,第三幅图是一个电视机。"

学生二:"第一幅图像一个太阳,第二幅图也可以像是一枝铅笔。"

学生三:"第二幅图是由一个正方形和一个三角形组成的。"

"电视机是由一个长方形和两条线组成的。"

见孩子们能小结出观察和记忆的方法,我心里非常高兴,为了使他们将小结提升一个高度,我指出:"把第一幅图看成是一个圆,你们是按什么方法记的?如果把它看成是一个太阳,又是按什么方法记的呢?"

学生们马上归纳得出:观察和记忆有两种方法,一是用学过的一些图形来辅助观察记忆;二是用熟悉物体的形状来观察记忆。看着孩子们脸上的笑容,我也兴奋极了。

接着,我展出在巡视时收集的两位同学的第三幅图的作品,对孩子们说:"第三幅图,这两位小朋友画得怎么样?"

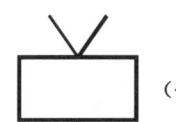 (作品一)　　　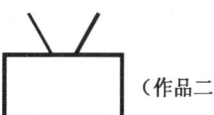 (作品二)

由于前两幅图的描画成功,很多学生忽视了仔细观察,一边拍着小手一边控制不住自己,大声说道:"画得好!"我微笑着看着他们,没有表明我的态度。

忽然,一个学生站起来,一会儿看看自己画的画,一会儿又看看展出的两幅图,怯生生地提出了质疑:"他们两个画得不一样,电视机的天线不是靠在一块的。"

"是吗?"我也装作像是刚刚发现的样子。

这时又有孩子叫了起来:"对,电视机的天线不是靠在一起的。"

接着课堂上又热闹起来,学生的意见有了分歧,即时产生了争论。此时,我因势利导:"到底是不是靠在一起的,原因出在哪儿呢?"

孩子们通过短暂的思考,纷纷举起了小手:"我们在观察图形时没有仔细,要认真观察才对!"

"对!我也赞成。"性急的孩子跟着附和。

就这样,孩子们好像明白了许多,不住地点头。当我再次出示第三幅图时,有的学生高呼自己的胜利;有的学生急忙用橡皮来修改自己的图画;有的学生却在静静地思考。

("瞬间记忆"在生活中几乎随处不在,教师巧妙地引入课堂教学,既新奇又实在,既有挑战性又富有教育的内涵。教学中,教师不仅注重了学习的趣味性,还重视让学生学会总结和归纳。相信通过这一个活动,孩子们一定为今后的观察事物积累了经验。)

三、感受身边物体中有图形

有了观察与描画的体验,随后我出示了导入时学生看过的几幅图画:

"以小组为单位探究:从正面观察,它们分别像什么图形?"要求一提出来,孩子们马上答道:

"树像一个正方形。"

"文具盒是一个长方形,上面还有一个正方形和一个圆。"

"房子的屋顶是两个三角形,门是一个长方形。"

"许多小正方形组成了小窗户。"等等。

我激励学生:"你能用所学的图形将它们描画下来吗?"

学生一个个按捺不住:"能!能!"表现出极强的学习欲望。

几分钟后,一件件用几何图形描画的作品就呈现眼前。看着孩子们高涨的学习热情,老师心里也充满了喜悦。

（学以致用，让学生感受学习带来的快乐，体会成功的喜悦。）

四、体验用图形创造美的乐趣

让学生照着图描画下来似乎并不难，如何让孩子们对空间图形观念有一个更深层次的理解，将生活中的三维图形转换为二维图形，再让思维重现加工成平面几何图形呢？这对于一年级的学生来说有一定的难度，到底孩子们的空间观念能达到怎么样的一个水准，他们能否将立体图形转化成平面几何图形呢？我作了如下的尝试，结果让我十分欣慰。

在学生们品尝到自己初画图形成功带来的愉悦之后，我提出更富挑战性的话题："你们能用这些图形自己创作一幅图画吗？"

真是一石激起千层浪，初生牛犊不畏虎，孩子们激动地说："能！"

我进一步提出："好吧，现在就让我们用灵巧的小手，发挥我们的想象，看谁的图画得最棒，谁能被评为'小小画手'。"

热闹的课堂迅速安静了下来，只见孩子们一个个埋头作画，5分钟之后，一幅幅精美的作品脱颖而出。在欣赏孩子们作品的同时，我惊讶地发现，孩子们的潜力远远超出了我们的想象，让我不得不大声地宣布："你们都是'小小画手'。"

看，这是孩子们的部分作品：

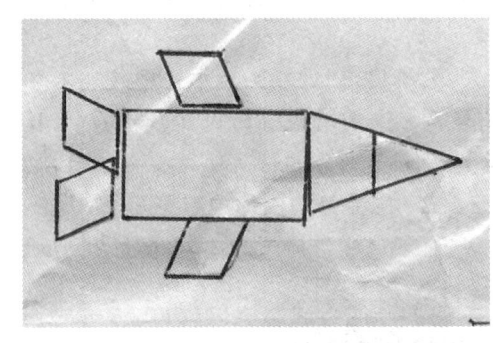
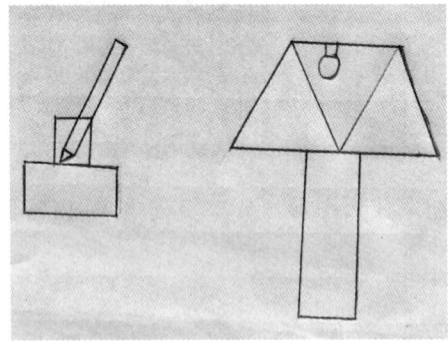
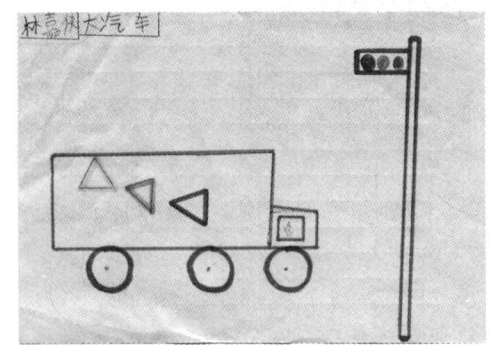

（"给学生一个平台，他们将撑起一片蓝天；给学生一个支点，他们有可能撬起整个地球。"确实，孩子们学习的潜力，我们不能低估，多给他们学习的机会，他们会创造出更多意想不到的成果。）

【活动评述】

本案例有如下几个特点：

1. 感知图形与生活的关系。人们生活在三维空间，丰富多彩的图形世界给"空间与图形"的学习提供了大量现实有趣的素材。怎样用几何图形展示身边的事物,让学生亲历"做数学"的过程?教学中,老师从身边的事物出发,"从立体到平面",始终用的是生活实景图片,让学生充分感知图形与生活息息相关。

2. 培养学生的观察能力和快速记忆能力。"快速记忆"在数学学习中有着不可低估的作用。教学中老师设计了让学生通过短时记忆来描画图形的环节。现实生活中,人们往往需要记住刚刚发生的事情,经常需要快速记忆一些瞬间闪现的事物。从培养学生瞬时记忆入手,使学习内容既富有挑战性,又能有效地达到训练学生瞬间记忆的目的。

3. 从运用基本图形描画到结合实际,走进生活,画自己喜欢的图案,用图形来描画生活,体验图形与生活的美。将知识与生活紧密相连,这无疑是对知识学习的一种升华和提高。数学是人们生活、劳动和学习中必不可少的工具,数学从生活中来,而又回归于生活。学习——运用——创造,让知识在学生学习的根基上长出来,加深学生对数学的理解,激发他们潜在的创造力,逐步形成创新意识。

整堂课注重内容的相互渗透,逐步深入,螺旋上升,循序渐进,在实际情境中丰富了学生对图形的认识。

(深圳市南山实验学校 杨儒军)

让数学学习更贴近生活

——《认识图形》的教学活动设计

【设计内容】

这是小学《数学》实验教材（北师大版）一年级下册第四单元《有趣的图形》第1课时的内容——《认识图形》。主要是辨认长方形、正方形、三角形、圆这些简单的图形。本设计通过"编谜语"、"小小侦探"等一系列的活动，让学生在"趣"中体会"面在体上"，帮助学生逐步形成空间观念。

【设计理念】

新课标强调要找准学生的认知基础，了解学生的知识起点，尊重学生生活经验，将重点放在如何把书本知识与生活紧密结合起来，使学生在已有的知识基础上提高一个层次。对于长方形、正方形、三角形和圆形，孩子们在幼儿时期已积累了大量丰富的感性经验，辨认这四种图形一点也不难。本节课教师立足学生的知识起点，尊重学生生活经验，直接从学生原有的认识基础入手，设计"编谜语"、"小小侦探"等有趣的活动，展开教学。

【活动目标】

通过一系列活动，使学生能辨认三角形、圆、长方形和正方形，体会"面在体上"，初步培养学生的动手操作能力、合作能力，发展学生的空间观念，同时渗透遵守交通规则的意识，感受生活处处有数学，激发学生的数学学习兴趣。

【活动准备】

课件、各种图形卡片、各种图形叮当猫卡片、积木三棱柱、饮料罐。

【活动过程】

根据小学生的年龄特点，引入了他们所熟悉、喜爱的卡通人物——"叮当猫"来创设愉快的教学情境，对激起他们的学习兴趣非常有效。因此，新课伊始，我就利用课件引出叮当猫，借叮当猫的话开题，引起学生极大的学习兴趣，并自然地引出本课的评价方式：争当爱心小队（以组为单位，评出表现突出的小组）。

（激发学生的学习愿望和参与热情是引导学生主动学习的前提。教师创设了"叮当猫"这样一个富有童趣的问题情境，将教师的语言转换成叮当猫的语言，让学生感到亲切、有趣。）

活动一　猜一猜、摸一摸，发现数学知识

一年级的小孩喜欢游戏。结合学生的年龄特点，用猜颜色的游戏引出教学内容，让学生在轻松有趣的氛围中探求新知。教师举起一个三棱柱，有意将三棱柱的底面对着天花板，请学生猜它的上底面是什么颜色的，从而自然引出它的底面是三角形，同时结合学生的汇报演示从三棱柱的一个面上拿下一张三角形纸片，贴在黑板上并板书。同样，准备一圆柱形饮料罐，通过猜底面的颜色引出圆形，同时从圆柱的一个底面上拿下一张圆形纸片，贴在黑板并板书。

为了让学生能自己去体验去发现，这里给学生提供一个"做数学"的机会：请每个小朋友从桌面上找到圆柱体，把它举起来给大家看看，你能从圆柱上找到圆形吗？并进一步说出你摸的时候有什么感觉。学生认真地摸着，纷纷举手要表达自己的看法：平平的，滑滑的。

这时，教师提出："谁能摸到更多的圆形？"一个需要跳一跳的问题，引发学生的进一步思考。学生的思维之门被打开了，课堂气氛顿时活跃起来。一只只小手高高地举起来。一名学生激动地上台边摸边说："老师，我摸到两个圆形。""你真了不起，从一个圆柱上摸到两个圆形。"老师乘势提出："你们能从其他的物体上找到其他的图形吗？"

结合学生的汇报，教师用课件演示平面图形从立体图形上移下来的过程，并根据学生的回答贴上长方形的贴图，板书"长方形"；贴上正方形的贴图，板书"正方形"。

为了及时巩固学生所学的新知识，此处设计一个活动：叮当猫带来了很多图形，请学生帮忙，把这些图形贴到相应的位置。老师事先准备剪好的三角形、长方形、正方形及圆。

（这一环节很重要。通过触摸物体的表面，让学生初步感知"体、面"的不同，从而激发学生探索新知的强烈欲望，激活了学生的思维。从其他的物体上找到其他的图形，有利于发挥学生的主动性和想象力，学生通过观察、触摸等活动，将原有的生活经验数学化。特别是通过让学生充分参与操作性和探索性的学习活动，有效地培养了学生的空间观念、观察能力、动手操作能力等。）

活动二　我也来编谜语

为了学生能够活学活用，教师把这些图形的特征编成谜语，请学生和叮当猫一起猜谜语。

第一个：我们要猜的物体，它的面都是长方形的。请你举起来！

第二个：我们要猜的物体，它的两个面都是圆的。

下一个：我们要猜的物体，它的面都是正方形的。

老师立刻表扬大家都是猜谜高手，并提出新的要求："谁能像老师这样也出几个谜语给大家猜猜？"学生得到表扬，学习热情更加高涨，"我来！我来！"教室里响成一片。"我要猜的物体，它有三个角。"话音刚落，其他学生立刻叫起来："三角形。""我要猜的

物体,它有两个面是正方形的。""是正方形。"这个说法立即遭到反驳:"不对,是正方体。""他错了,应该是长方体。"这时,教室里的争论愈来愈激烈,一方认为是长方形,一方认为是正方形。教师适时站出来:"其实,正方体、长方体都对。课后有兴趣的同学可以去找找这样的物体。"

(通过猜谜语、编谜语等有趣的活动,让学生主动思考,巩固对这些图形的认识。)

活动三　认认身边的图形

数学来源于生活。在本活动,教师作为引导者,努力引导学生去观察生活,去发现生活中的数学。活动由小叮当在路上看到的交通标志引出:

你能告诉他这些标志是什么图形?表示什么意思吗?(课件演示:各种形状的交通标志牌)学生回答。

这些交通标志都是我们在日常生活中常看到的。那么,生活中,还有哪些物体的面是这些形状的?

生1:黑板的面是长方形的。

生2:铅笔的这个面是圆形的。

(学习生活中的数学是新课标精神的体现。活动三中教师通过创设问题情境,让学生了解交通标志、寻找身边的图形活动,把所学的新知运用到现实生活中,使我们的学习和生活产生密切联系,让学生体会到数学就在我们身边。)

活动四　小小侦探

这一环节设计活动题目为"争当小小侦探!",课件中出示各种残缺的图形,让学生猜测可能是什么形状的图形,学生们想象丰富,得出五花八门的结果。这些猜测有助于学生观察、分析能力的提高。

学生立刻被问题吸引了。"我想第四个应该是圆形,因为它露出来的部分是弯弯的。"话音刚落,又一稚嫩的声音响起:"第二个是三角形,它的角是尖尖的。"

(通过多媒体动画的演示验证学生的猜测,使学生从中体会到,要正确猜测形状,就必须仔细观察、认真思考。这有助于培养学生良好的思维方式,提高学习的注意力。同时,由于现代教育技术的运用,消解了知识的难点,让学生学得更有趣,更轻松,更有收获,更值得回味。)

活动五　未来小画家

为了让学生在实践活动中进行探索性学习,我特别设计了这一环节:号召爱心小队成员送一份特别的礼物给在座听课的老师:利用学过的图形拼一副美丽的画!要求是小组四人一起设计,然后把拼好的图形粘在纸上。

每一个小朋友都积极参与其中,策划、动手、争论,课堂气氛顿时达到高潮。

最后伴随着美妙的音乐,同学们欣赏着自己拼出来的美丽的画,在愉快的体验中结束了教学活动。

(让学生进行设计活动,再让各组学生将本组所拼得的图画向全班展示、介绍所用的图形,不但充分发挥了学生的集体智慧,也体现出了学生间的互助与合作、探索与创新精神,还有效地培养了学生的想象力和创造力,发展了学生的空间观念,使学生的个性得到张扬,创作欲望得到满足。)

【活动评述】

学生的数学活动应当是一个生动活泼的、主动的和富有个性的过程。让学生在实践活动中进行探索性学习,从事"再创造"的学习活动,培养学生的创新意识和实践能力,是小学数学教学的核心。本课设计了"在活动中认识图形,在情境中运用图形"的总体思路,引入了学生喜闻乐见的卡通形象——"叮当猫",让学生经历了尝试、操作、探究和分析等过程,调动学生积极学习的兴趣,使学习数学成为每个学生真正意义上的内在需求和追求。同时,学生经历从探索中发现,从发现中体验,从体验中发展的过程,感知数学源于生活、服务于生活,体会到学习的快乐。

(深圳市南山区育才三小　李　玲)

在动手操作中体验

——《认识图形》教学活动设计

【设计内容】

这是小学《数学》实验教材(北师大版)一年级下册第四单元"有趣的图形"中的内容——《认识图形》。它主要是让学生初步认识平面图形,并通过学生在玩与学中体验图形的不同特征。

【设计理念】

新的课程标准指出数学教学是数学活动的教学,而数学活动应具有趣味性和实践性,这样可以使学生感受知识来源于生活,并回归于生活,数学知识和生活是密不可分的。这节课以学生为主体,利用学生的好奇心来引发学生学习的兴趣和求知欲;以活动为中心,将学生引入到探究活动中,把新旧知识联系起来,把课堂上所学的知识进一步拓展到生活中去。

【活动目标】

1. 使学生初步认识长方形、正方形、三角形和圆(能说出名称、能正确地分辨和直观感知其特征)。

2. 让学生在动手操作等学习活动中,体会"面在体上"。

3. 培养学生的观察能力和创新意识。

【活动准备】

1. 正方体、长方体、三棱柱、圆柱体和球模型各一个。

2. 学生自带学具和水彩笔。

3. 多媒体课件。

【活动过程】

活动一 认识新朋友——创设情景,引入新课

把问题情境与学生的生活联系起来,意在加强课堂教学的趣味性,让学生在轻松愉快的气氛中进入课堂,使学生全身心投入到学习中来。

教师边电脑演示图形边讲述:今天,我们班来了一些朋友,跟一般的朋友不同,他们是图形朋友,你们认识吗?谁认识他们,请介绍一下。

这个过程主要是了解学生是否认识这些图形,后来发现大部分学生都能说出正方形、圆形等名称。

教师正式引入新课:对,这节课我们就来研究这些有趣的图形。

(在生活中大部分学生对图形已有认识,用认识新朋友的方式引入,既符合学生的认知规律,又提高了学生的学习兴趣。)

活动二 介绍新朋友——体会"面在体上"

为了让学生充分理解"面在体上",我创设了拟人化的"捉迷藏"游戏,使学生既可知道面从哪里来,又可感知"面和体"的不同特征。

师:上学期我们认识的老朋友,同学们还记得吗?

说的同时把学过的正方体、长方体等向学生展示,让学生先辨认,再把各个"体"的具体特征找出来。

(学生在叫出名字的同时,老师把"体"贴在黑板上,是为跟后面出现"面"进行对比做准备。)

师:这些图形新朋友,想和大家玩捉迷藏游戏,你们想玩吗?图形新朋友就藏在老朋友的面上。大家赶紧找吧。

让学生找到后并说一说在什么物体的面上找到了什么图形,教师在学生说的同时从圆柱的一个底面取下圆形纸片,贴在黑板的圆柱模型的旁边,板书:圆;从三棱柱的面上取下一张三角形纸片,贴在黑板上三棱柱模型旁边,并板书:三角形。用同样的方法找出其他图形。

师:从刚才的游戏中,你发现了什么规律?

引导学生说出发现的这些图形朋友都是从"体"上找出来的。让学生仔细观察,摸一摸、找一找,把今天认识的图形朋友和过去认识的物体比较看有什么不同。同桌之间交流感受。

生:"一种是形,一种是体。""体突突的,形平平的。""体能站起来,有好几个面,形只有一个面。"

师:大家都很了不起,小朋友所发现的这些,都是面与体不同的地方。

("面在体上"是这节课的难点,利用学生的好奇心,激发学生的兴趣,同样运用游戏活动,力争把复杂问题简单化、形象化和具体化。)

活动三 给新朋友画像,体会图形的特征

通过动手画,主要是让学生亲身体验正方形、长方形、圆形、三角形的具体特征,是对今天所学图形的一种复习。

师:你们通过观察发现了这些图形朋友藏在体上,老师有个提议,我们给新朋友画张像,以作纪念,怎样把它们从立体图形上搬出来,把它们的像片单独留在纸上呢?

让学生小组讨论,鼓励学生用多种方法想,讨论完后让学生汇报画的方法。

同理画出其他图形的面。画完后，同桌交流感受，再汇报今天所学的图形的特征。
（让学生动手实践，进行体验，从体验中得出"面在体上"的结论，从而促使学生对新知识进一步掌握。）

活动四　找新朋友的家——巩固深化，质疑拓展

此活动是对图形理解加以深化，为了说明同一图形虽然位置不同，但还是这个图形，促进学生知识的升华。

图形找家游戏：在黑板上画出四个家，把不同图形做头饰，让学生扮图形，另一同学牵手帮忙找家，同类图形找到各自相对应的家。

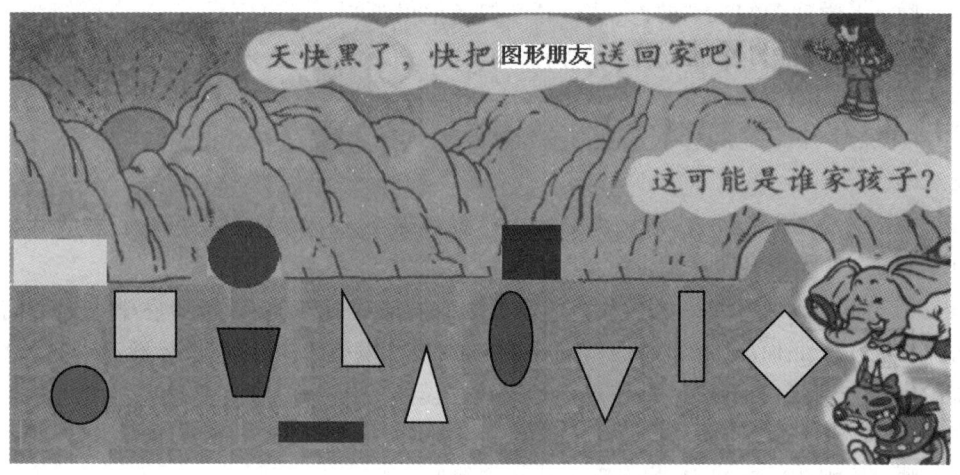

（大部分图形都找到了自己的家，只有 ◇ ▱ ⬭ 图形没有找到家，孤独的站在黑板旁。）

师：对于这个 ◇ 的家在哪里，到底它是不是正方形，有什么办法可以知道？
（学生回答可转动变回正方形）

师：我们看看 ▱⬭ 这是不是长方形、圆呢？长方形、圆的特征是什么？

生：长方形上下一样长，▱ 上下不一样。圆是圆圆的，⬭ 却是扁扁的，这些图形根本没有家。

师：按小朋友们的说法，看来这个图形的家不在这儿。因为它不是我们今天所学的图形朋友，是个陌生的图形，我们以后来学习，现在我们先给这些陌生朋友新建一个家，不能让它们流浪。

（通过游戏，巩固有关图形的知识，让学生在活动中快乐地参与，了解图形的不同特征，加深对图形的认识，这种情境的创设非常适合低年级学生。）

活动五 找朋友——体验知识应用于生活

通过让学生找出这些图形在生活中的原型,把问题情境与学生的生活联系起来,使学生体验到数学无处不在,并体会学习数学的价值。

教师引导学生说出在生活中见过什么样的物体的面是今天所认识的图形朋友。

生:"电视机是正方形"、"窗框是长方形"、"地面的砖是正方形"。

师:小朋友刚才在说的过程中,出现语言表达不当,如你们答的"电视机是正方形""窗框是长方形"等等都是一些常见的错误表达,正确的回答是电视机的面是正方形,窗框的面是长方形,地面砖的面是正方形。"形"与"体"是不同的,面是在体上的。请你们看看淘气是怎样找到生活中物体的面的,并怎样说的。(课件演示)

课件演示生活中的物体,如一百元的人民币的面是长方形,门的面是长方形,闹钟的面是圆形,电源开关的面是正方形。

(把生活中的数学与课堂学习相结合进行教学,使学生懂得数学来源于生活,并运用于生活,数学知识与生活是紧密联系在一起的。)

活动六 我是小小设计师

给学生提供富有创造性和发展性的问题,使学生在练习中进一步巩固新知,让每个学生都当小设计师,更能激发学生学习的动机,同时还会给学生带来成就感,对学生来说这是一种美的享受,并能体会到成功的喜悦。

1. 大家来当小小设计师。

(电脑演示图案,进行情景激发,让学生一边欣赏,一边自己设计。)

师:淘气利用认识的图形拼出了一幅幅精美的图画。请小朋友们先欣赏再找出今天所学的图形。

生:圣诞树是由3个三角形和1个长方形拼成的。

师:刚才小朋友们看到我们生活中许多装饰物品的面都是由各种图形组成,我们今天也来当一名小小设计师,利用我们所学的长方形、正方形、三角形和圆的组合,设计出一幅自己喜欢的美丽的作品。

2. 评选比赛(小组互评,选出小组优秀作品进行展示)。

(教师先出示图画,激发学生探索欲望,再让学生找出图画里的图形,从而引出学生尝试进行图形的组合,并从中有所发现,这又是更深一层的体验活动,同时在活动中,学生人人参与,互评互议,发展学生的空间观念。)

全课总结。

【活动评述】

《认识图形》的教学设计,以认识图形为主要教学目标,从认识、了解、实践、拓展等多个层次设计,结构合理。本节课重视基础,注重创造,跟以往教学设计不同的是始终以游戏、动手操作等活动贯穿本节课。在整个教学过程中,以学生为主体,以活动为中心,以探究为主线,注重基础知识和基本技能的落实和空间观念的培养。同时,让学生在"玩中学、学中玩"的气氛中轻松愉快地学习,使学生处处体会到数学就在身边。

(深圳市南山区月亮湾小学　贾洁文)

在活动中认识图形
——《认识图形》教学活动设计

【设计内容】

这是小学《数学》实验教材(北师大版)一年级下册第四单元《有趣的图形》第一课时的内容——《认识图形》。本内容是长方形、正方形、三角形和圆形的认识。本课充分利用孩子爱动的心理特点,设计了三个操作性强、学生乐于参与的教学活动,让学生在活动中认识图形,感悟数学。

【设计理念】

数学学习应从学生的生活经验和已有知识出发。本课从生活中的几何体出发,让学生去发现、认识长方形、正方形、三角形、圆形,体现"从立体到平面"的设计思路,注重在活动中培养学生的空间观念和创新意识。本课为学生提供了从事数学活动的机会,尤其是设计了大量的动手操作活动,让学生在"做"中学数学,在"玩"中学数学。根据儿童的心理特点,引导学生开展猜想、观察、操作、游戏等活动,激发学生兴趣,促使学生积极参与,自主学习。

【活动目标】

1. 在操作活动中认识长方形、正方形、三角形和圆形,体会"面在体上"。
2. 体会长方形、正方形、三角形和圆形在生活中的普遍存在。
3. 发展空间观念和动手操作能力。

【活动准备】

教师:多媒体课件、一个篮子(篮子里装着皮球、魔方、饼干盒等实物)、长方形、正方形、三角形和圆形等教具。

学生:长方体、圆柱体、球、正方体、三棱柱、长方形、正方形、三角形、圆形等学具、彩色笔、白纸。

【活动过程】

活动一 趣味引入,回忆立体图形

一年级学生有强烈的好奇心和求知欲,而且他们在上学期已经认识了长方体、圆柱体、球和正方体,为了唤起学生对简单几何体的记忆,为由体到面的教学做好准备,教师设计了"猜礼物"和"找一找"的活动。

铃声响了,教师提着一个篮子走进教室,同学们可好奇了,把脖子伸得长长的:"瞧!老师提了一个篮子,里面装的是什么?"教师神秘地问:"同学们,老师给你们带来很多礼物,猜猜是什么?"学生兴奋地猜测:"我猜是饼干!""我猜是文具!"学生充分发挥想象力。教师把布掀开,学生高兴地看到篮子里有很多不同形状的东西:皮球、魔方、茶叶罐、饼干盒等。

师:这些都是我们学过的立体图形,你们还记得吗?

学生争先恐后地举手:"魔方是一个正方体。""茶叶罐是一个圆柱体。""皮球是一个球体。"

"说的真好!那你们能不能在学具中找出这些立体图形呢?"

"能!"

教师分别说出"长方体"、"圆柱体"、"球"、"正方体",学生兴趣高涨,准确地在学具中找到了这些几何体。

(有趣的引入,让学生一上课就进入兴奋状态。学生从生活中常见的物体自然而然地想起了立体图形,在趣味中不知不觉地复习了旧知,为下一阶段学习新知做了很好的铺垫。)

活动二 动手操作,感知平面图形

对于低年段的学生,动手操作是一种特殊而有效的认知手段。为了积累学生对图形的感性认识,教师设计了一系列的动手操作活动,让学生在操作中去感知、发现和认识图形。

1. 动手摸,感知图形。

教师用手转动着圆柱体、长方体等教具,做出好奇状:"这些物体的各个面是什么形状呢?让我们试着用手摸一摸、用眼看一看这些物体的各个面,看看能发现什么?"

学生在教师的引导下好奇地用小手去触摸圆柱体、三棱柱、长方体、正方体的各个面,有的学生一边摸,一边歪着脑袋思考;有的学生边摸边与同桌小声交流。"我发现圆柱体的上下两个面是两个圆形。""我发现正方体的每个面都是正方形。""我数了数,长方体有六个面。"同学们都不甘示弱地汇报着自己的发现,看来他们都乐于参与这种动手探索的活动。

2. 动手画,认识图形。

学生通过触摸初步感受了几何体的各个面,那怎样才能把发现到的图形"搬"到纸上来?教师鼓励学生想办法:"你们能不能把触摸到的图形搬下来呢?"学生想出的办法可多了,如:把物体压在纸上,用笔描出边框;把物体放在沙地上盖印;用印泥把物体的面印出来等。大部分同学选择了一种容易操作的办法——用彩色笔把物体的面描在白纸上。学生兴趣盎然地把学具压在纸上,用笔认真地描出了自己摸到的图形,大部分学生都能正确描下长方形、正方形、三角形和圆形。他们拿着自己五颜六色的作品,争着给老师看。教师引导学生先在小组内交流、展示,然后再评选出几幅作品在班上展示。

（学生动手实践，通过摸一摸、画一画，初步感知了简单几何体的面，获得了对平面图形的感性认识，体会到"面从体来"。）

师：同学们都画得不错，老师把你们画的图形搬到电脑上，看，它们来了！（伴着动听的音乐，屏幕上出现了长方形、正方形、三角形和圆形的动画）这就是我们刚从立体图形上画下来的平面图形，这节课我们就来认识这些图形。（板书课题）

师（指着屏幕上的图形）：你能说出这几个新朋友的名字吗？

学生看着形象生动的图形，跃跃欲试。

生1：我认识长方形和正方形。

生2：我知道那个图形叫做三角形。

生3：我认识圆形。

一个学生跳起来，自豪地告诉大家："我全都认识！他们分别叫做长方形、正方形、三角形、圆。"

老师和同学们都鼓起掌来："你真厉害！你愿不愿意做小老师，领着大家认一认这些图形？"这个学生高兴地跑到屏幕前，拿起教鞭做起小老师。

（大部分学生在学前教育阶段和生活中，对长方形、正方形、三角形和圆这四种基本的平面图形有一定的认识，所以教师就放手让学生自己尝试认识图形，并让会的学生去教不会的学生，让学生自主学习、合作学习。）

看同学们学得兴致勃勃，教师趁热打铁，给学生提供观察、比较、发现的平台："请你们看一看、比一比，这些新朋友的样子有什么不一样？"

生1："我发现长方形是长长的，正方形是方方的，三角形是尖尖的，而圆形则是圆圆的。"你听，她的语言简单又充满童趣。

生2："我看到三角形有三个角，而圆形一个角都没有。"真是一个仔细观察的孩子。

生3："我还发现正方形的四条边都一样长，而长方形有两条边一样长，有两条边短一点。"他也是个善于发现的孩子。

教师对于每个学生的回答都给予评价，发言的同学听了开心地抿着嘴笑，老师也笑了，因为没想到同学们回答得这么精彩。其他同学着急了，他们把手举得高高的也想发表意见。这可是一个充分发挥学生自主性，锻炼学生思维、表达、合作能力的宝贵机会，所以教师没有急着进入下一个教学环节，而是让同学们继续在小组内表达、交流意见，最后各小组汇报，看哪个组的"发现"最多最富有创造性。

（以上活动中，教师让学生经历观察、分析、概括、交流的过程，学生用自己的语言描述出长方形、正方形、三角形和圆形的特征，他们的口头表达能力得到了锻炼，思维能力得到了提高。）

3. 玩游戏，辨别图形。

学生已基本认识了平面图形，但要正确地区分平面图形与立体图形，对学生来讲还有一定的难度，因此教师设计了"我说你做"和"我做你说"的游戏，让学生直观地辨别，进一步区分"面"和"体"。

师生玩"我说你做"的游戏时，教师分别说出所学图形的名称，要求学生快速地拿出相应的图形。当老师说出"正方形"时，班上有不少同学拿出正方体，可是自己又没有发现。此时是教师直接告诉他们错了呢，还是利用这个教育契机让同学们进一步区分"正

方形"和"正方体"呢？教师选择了后者,组织学生讨论怎样辨认这两个图形。同学们七嘴八舌,提出了好多办法。一个学生用手比划着:"正方形是平平的,而正方体是方方的。"另一个学生说:"在正方体上可以找到正方形。"还有一个学生发现:"正方体由六个正方形组成。"学生的回答真是太精彩了！他们用自己的语言道出了"正方形"和"正方体"的不同,是多么的了不起啊！他们的表达也许不是很准确,但却是自己的思考和创造！老师及时表扬了这几个同学,鼓励其他同学都向他们学习勤于思考、善于发现的精神。最后,同桌玩"我做你说"的游戏,一个学生拿出一个图形,另一个学生说出图形的名称。在游戏中,同学们感觉时间过得真快。

活动三　联系实际,在生活中找图形

生活中有没有所学的图形呢？教师让学生观察、联想,还允许学生自由活动,可以离开座位去找、去指、去摸,看生活中哪些物体的面是长方形、正方形、三角形和圆形。学生在小组内热烈地讨论着。汇报时,他们争先恐后地举手。王宇最快:"我发现文具盒是长方形的。"教师发出疑问:"怎样说更准确一些呢？"另一个学生纠正:"应该说文具盒的面是长方形的。""你说的真准确！"老师及时表扬了这个学生。其他学生都能举一反三:"我观察到这个印章的面是三角形的。""我家饭桌的面是圆形的。""魔方的表面是正方形。"

（让学生在生活中去发现图形,从而体会数学与身边生活的联系,知道生活中处处有数学。）

【活动评述】

本活动设计有以下可贵之处:

1. 从感知入手,让学生亲身经历猜、找、摸、画、认、说等一系列活动,使学生获得大量的关于平面图形的感性认识,体会到"面在体上"、"面从体来",学生的空间观念得到发展。同时,在这些数学活动中,学生的观察能力、动手操作能力、语言表达能力以及分析、比较、概括的能力得到锻炼和提高。

2. 把操作与思考有机地结合起来,引导学生在操作中进行思考,把操作作为探索知识的一种手段。如:"用手摸一摸这些物体的各个面,看能发现什么？"

3. 学生的学习素材来源于生活——从常见的几何体上去发现平面图形,最后又回到生活中找平面图形,学生充分体会到了"数学来源于生活,数学又能应用于生活当中"。

（深圳市南山区海湾小学　罗冬玲）

让学生在电脑上"动手做"

——《动手做》教学活动设计

【设计内容】

　　这是小学《数学》实验教材(北师大版)一年级下册第四单元的教学内容——《动手做》,是新增的内容。本节课主要是让学生在钉子板上围图形,欣赏、设计简单的图案和玩七巧板,让学生在活动中去体悟图形的特征。

【设计理念】

　　"动手做"是儿童非常重要的活动形式,也是国内外数学教育的热点问题。学生学习图形的基础是他们的经验和活动,他们对图形的认知是通过操作获得的。教材中安排"动手做"的活动,目的是要使儿童在动手做的过程中理解知识、掌握方法、学会思考、懂得交流、获得情感体验。在这几节活动课的教学中,我把数学教学内容与信息技术进行有机整合,极大地突破了常规教学手段的局限性,简化了教学材料,提高了课堂教学效率,激发了学生学习数学的兴趣,收到了很好的教学效果。

【活动目标】

　　1. 用点子图代替钉子板围图,让学生进一步认识学过的平面图形。
　　2. 通过欣赏和设计图案,让学生进一步感知图形的边和角。
　　3. 借助网上互动七巧板,提高学生拼图的兴趣。
　　4. 通过指导学生玩来发展学生动手操作能力、空间想象力和创造力。

【活动过程】

一、以电脑当钉子板,让学生尽情地"围"

　　学习《动手做(一)》之前,我了解到学校教具室没有足够的钉子板,仅有的几块不能满足全班学生动手操作的需要。怎么办呢?我想到了可以在电脑上制作点子图代替钉子板,于是我在Word文档里均匀地点上点子,再把点子图复制到附件中的"画图"里,"点子图"就做成了。

　　首先让学生熟悉使用方法:点击"开始"→"程序"→"附件"→"画图",再打开文件"点子图",使用工具栏中的"直线",就可在点子图上围长方形、正方形等图形了。

　　老师示范后,大部分学生很快地掌握了操作方法,并熟练地围起图形来。没想到的是有的同学还给围好的图案涂上了自己喜欢的颜色。于是我请会涂色的小朋友当小老师教别的小朋友。其实涂颜色的方法很简单:先选择"油漆桶",选择所需的颜色,再点击围好的图形,图形立即涂上了所选择的颜色。

"老师,我成功了!"

"老师,我围的图形不见了,画面全变红了!"

"不要紧,点'编辑',再点'撤销'。"小老师马上过来指导,问题迎刃而解。

怎么回事呢？原来一些学生围的图形不是封闭图形。

（在电脑上制作点子图代替钉子板围图,既方便快捷又避免了使用钉子板给学生带来的安全隐患。同时在电脑上用点子图围图比用纸上的点子图围图也有不可比拟的优越性,因为围错了、涂错了不要紧,"撤销"操作后可重来。）

二、以电脑当画纸和颜料,让学生尽情地"涂"

《动手做（二）》的教学目的是让学生在欣赏美妙的生活图景,并在设计几何图形的过程中,感受美进而创造美。

上课时,我对大家说:"小朋友们,今天这节课老师给大家带来了一份礼物与你们共同欣赏。"我用电脑给学生展示美丽的图案（如下图一）。"从图上,你们都看到了什么？"

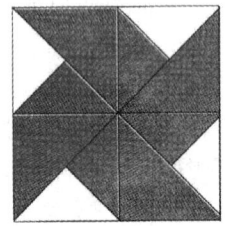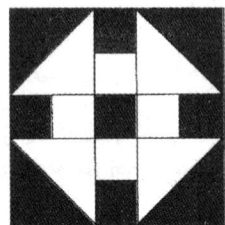

图一

生1：第一幅图是一个风车,第二幅图是一个罗帽,第三幅图是一个万花筒,第四幅图是一块地毯。

生2：第二幅图是扳手。

生3：第四幅图上画的是青蛙,青蛙头对头,尾对尾。

师：小朋友们从生活的角度看到的是一幅幅美丽的实物图案,如果换个角度,从数学的角度来观察,你们又看到了什么？

生1：我看到了画面上有很多三角形、正方形、长方形、圆形。

生2：给不同的图形涂上颜色就成了这些图案。

生3：有些图案是重复的。

师：大家说得非常正确。下面请看看前两幅图制作的基本步骤。

老师把图案制作的基本步骤用 Powerpoint 进行动态呈现,学生看得十分入迷,小朋友们纷纷表示很想自己动手来设计图案。正好,书上有一道让学生设计图案并涂色的练习题（见图二）。

这题中的基本图形是三角形,题中先由六个三角形拼成一个六边形,再由三个六边形拼成一个组合图形。要求学生分别给基本形三角形及小组合图形六边形、梯形、平行四边形涂上不同的颜色,以组成有一定意义的图案。这个活动对培养学生辨认图形的能力很有好处。在以往的教学中,学生做这样的题很有兴趣,但要用彩笔一笔一笔地涂颜色得花很多时间,并且很容易涂错,涂错了又没法改,但在电脑上完成这道题就省事

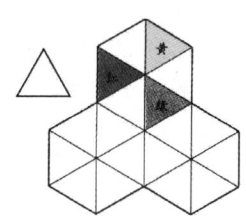 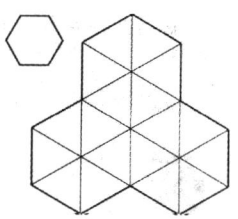 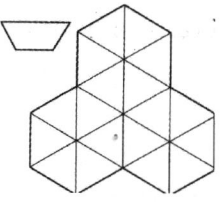 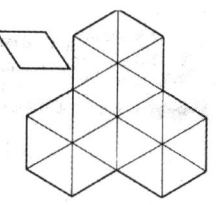

图二

多了。

老师课前把书上的图形扫描下来,用画图工具打开图片后就可用"油漆桶"工具给图形涂颜色了。有的学生理解最后两个图有一些困难,一动手涂就错了,不过学生已经学会了使用"撤销"指令并重新涂。课堂上学生很快就完成了这一题,学生的涂法很多,使本题产生了别样的立体效果。

（将美术与数学进行整合,从学生的生活实际和已有的知识经验出发,让学生去发现数学、热爱数学。这节课不是美术课,让学生给图形涂色的目的不是要让学生学会涂色的方法,而是通过涂色让学生进一步认识一些平面图形,感知图形的边角。所以如果把时间大量花在一笔一笔的涂色上实在是浪费。这节课让学生在电脑上涂色,能在短时间内完成教学任务又提高了他们使用信息技术的能力。）

三、利用网上互动七巧板,让学生尽情地"拼"

学习了基本的平面图形以后,课本上引入了七巧板。七巧板是中国传统的智力游戏,已经有两千五百多年历史了。它有着丰富的历史渊源和深厚的文化背景。七巧板可训练思维,锻炼动手动脑能力,启发学生的创新意识,是实施创新教育的一个很好的素材。但实际上,由五个三角形、一个正方形、一个平行四边形组成的纸质或木质七巧板并不吸引一年级的孩子们。原因很简单：七巧板就是几个简单抽象的几何形体而已,远比不上孩子们丰富多彩的玩具。

让学生上网玩互动七巧板,学生的热情程度就发生了很大的变化。

上课时,我首先通过网页向学生介绍七巧板,让他们了解关于七巧板的知识背景,了解祖先的智慧,增强民族自豪感。接着我把几个互动七巧板的网址介绍给学生,并把拼图游戏按从易到难的顺序排列。以下几个链接中：互动七巧板1是最简单的,学生可根据提示直接把几个图形拖过去拼图形,这样的练习主要是锻炼学生运用鼠标的能力和学会用七巧板拼图的基本方法。互动七巧板2提供了动感的形象让学生模仿。互动七巧板3则让学生拼出给出的几何图形,有提示。互动七巧板4让学生拼出给出的几何图形,没有提示。程度较低的学生选择容易的来拼,玩会了简单的再玩稍难的；程度高的学生可直接选难一点的来拼,运用网络真正做到了因材施教。课堂上学生玩得兴趣盎然不肯下课。下课后,一些学生告诉我,他们已经把这几个网址添加在他们的收藏夹里了,以后有时间还要上网玩。

互动七巧板1：http：//ycschool.beelink.com.cn/Multi/pul.htm

互动七巧板2：http：//www.plklht.edu.hk/FunMaths/TtangramPlayer.html

互动七巧板3：https：//www.enfamama.com.tw/game/game_12_10.asp

互动七巧板 4：http：//www.tangram.i-p.com/

（网上的互动七巧板游戏很有动感，不同网站上的七巧板游戏难易程度不一样，玩法也略有不同，有的七巧板上的几何图形还可通过操作来调整它的大小、改变其颜色，还可通过旋转来改变图形的方向，再加上悦耳音乐，极大地增加了学生学习的兴趣。）

【活动评述】

本案例在教学手段上是一个创新，以电脑代替钉子板、铅笔、尺子、颜料、七巧板，不仅能很好地达到动手操作的目的，完成教学任务，而且还优化了教学过程。运用信息技术简化了教学材料，使学生的学习变得方便快捷，也使得课堂变得生动有趣。

（深圳市南山实验学校　鼎太部　易伟湘）

在活动中感悟数学
—《长方形、正方形、三角形、圆形的认识》教学活动设计

【设计内容】

这是小学《数学》实验教材(北师大版)一年级下册第四单元《有趣的图形》第一课时的内容(36～37页)。《认识图形》主要讲的是长方形、正方形、三角形、圆形的认识。本设计以交朋友的系列活动贯穿教学过程,充分发挥学生生活经验的作用,让学生在活动中感悟数学。

【设计理念】

数学学习应植根于学生原有的认识和生活经验之上,为学生提供充分的从事活动的空间。让学生在亲身实践中去体悟数学,从而使学生原有的知识经验得以提升。所以本节课围绕这一重点,运用观察、操作、猜想、作图与设计等各种手段,激发学生学习的兴趣。

【活动目标】

1. 认识长方形、正方形、圆形和三角形。知道这些常见图形名称,并能正确识别这些图形。
2. 初步了解这些图形在日常生活中的应用。
3. 在学习活动中,重视培养学生的空间观念和自主探索、合作交流的意识。

【活动准备】

1. 长方体、正方体、三角形和圆柱体等实物若干。
2. 白纸,长方形、正方形、三角形和圆形的贴纸若干。
3. 长方形纸板若干。
4. 学生自备水彩笔、剪刀。

【活动过程】

一、交朋友——激趣引新

这一步的设计主要想把整节课的教学用一个完整的"交朋友"的活动串起来。

今天,我带来几位新朋友和大家认识,你们想不想和他们交朋友呢?

交朋友之前你想知道什么?

很自然的孩子们想到了:我想知道新朋友叫什么名字;我想知道新朋友住在哪儿;我想知道新朋友长什么样……

(教师借助学生已有的生活经验:交新朋友前你想知道些什么?激发学生的学习

兴趣,也为下面的学习做了一个铺垫。)

二、系列活动——认识图形

接下来要认识这些平面图形的名字、特征,并感悟理解它们,不妨设计一系列的活动(按结交新朋友的生活经验),让学生在活动中学习,他们会更感兴趣。

活动一 起名字——认识图形名称

1. 老师在黑板上贴出4种平面图形(长方形、正方形、三角形、圆形)的纸板,这些纸板上相应地贴了许多小的五颜六色的平面图形,问:你想和这些图形交朋友吗?

我们来个小组比赛,看看哪组交的朋友最多。有信心吗?(第一组的标志是圆形,第二组的标志是正方形)

2. 请接受第一个挑战:你们知道这些图形叫什么名字吗?老师在相应的图形下面板书名称。

评价:你是第一个回答问题的孩子,你想交什么朋友,去取下来,贴到你们的标志下面。

(把图形当成奖品,并用这些奖品拼成一个玩具模型,既调动了孩子们的学习积极性,感受到团队的力量,又让孩子更进一步的认识图形。)

活动二 新朋友的家——面从体来

"面从体来"比较抽象,学生很难理解,所以就设计一个让学生动手找家的活动。

1. 这些朋友的家在什么地方,我们到哪儿去找它们呀?

老师手拿一个长方体,用手摸着一个面,问,这个面是什么图形?(长方形)

对,也就是从长方体的一个面上能找到长方形。

2. 请每个小朋友从桌面上找一个长方体,把它举起来给大家看看,你能从长方体上找到长方形吗?

谁找到了?摸给大家看看。摸的时候你有什么感觉?

还有谁找到了更多的长方形?

评价:你真了不起,在长方体上找到了6个长方形。奖你一个新朋友,叫什么名字?

3. 你能从其他的物体上找到其他的图形吗?大家找找看,小组内互相说说:你从什么物体上找到了什么图形。

4. 汇报。

学生汇报的同时,老师课件演示平面图形从立体图形上移下来的过程。

(新朋友的家住哪儿?这个问题联系了孩子们的生活实际。孩子们迫切希望能找到答案,很自然地投入到学习中去,有效地突破了难点。)

活动三 给新朋友照相——描图形

只有前面找家的活动,学生还不能完全体会"面从体来",于是再设计"描图形"这一活动,让学生更进一步地体会。
1. 学生讨论:怎样将物体上的面移到纸上?也就是说怎样给这些新朋友照张相呢?
2. 汇报方法:剪、画、印等方法。评价奖励想到了好方法的小组。
3. 动手操作:请你到组长那儿找一个自己最喜欢的朋友把它描下来。咱们来个比赛,看看谁先描完,谁描的朋友最漂亮。
4. 把描的图形展示在黑板上。

(给新朋友照张相,激发孩子们的学习兴趣。通过学生的讨论,让他们各抒己见,发挥了学生的聪明才智,又在交流汇报的过程中,进一步梳理想法,得到多种多样的方法。)

活动四 介绍新朋友——平面图形的特征

学生已基本认识了平面图形了,但平面图形与原来学的立体图形有什么区别呢?学生很容易混淆,于是我设计了下面的活动。

引入:这些都是我们今天认识的新朋友,怎么把新朋友介绍给爸爸、妈妈呢?

老师先示范。

师:妈妈,今天我认识了一个新朋友,它长得长长的,平平的,它不像长方体,因为它不能装东西,它是谁呢?

小组内相互介绍。

师:我来当妈妈,谁来向我介绍你的新朋友?

生(走到我的身边):妈妈,我今天认识了一个新朋友,它长得圆圆的,像个太阳,它的名字叫圆形。

生:妈妈,我的新朋友它长得方方的,摸起来平平的,但是它不能站起来,正方体才能站起来,它叫正方形。

师:你真是个细心而又聪明的孩子。在日常生活中,你还见过哪些物体的面是你今天认识的新朋友呢?

(通过向爸爸、妈妈介绍新朋友这一有趣的活动,让学生明白"体"与"面"之间的区别与联系以及四种平面图形的特征,同时也培养了学生数学语言表达能力、比较概括等逻辑思维能力。)

活动五 找朋友——图形的应用

在日常生活中,你见过哪些物体的面是这些图形?课件出示四种交通标志图,让学生说说它们分别表示的意思。

(让学生把所学的新知识运用到现实生活中,体验到生活中这些图形到处都有广泛的应用,同时,又让学生了解了一些最基本的交通标志和交通规则,发挥了数学在生活中的文化功能。)

三、新朋友的秘密——拓展

学生已认识了平面图形,下面是让学生有一个应用、巩固、拓展的过程

1. 玩游戏。

师：请你们闭上眼睛，看谁笑得最甜。在脑子里想想今天认识的新朋友。想好了吗？睁开眼睛，知心姐姐的信封里有你们的新朋友，老师说图形名称，请你们快速拿出相应的图形。

师生共同活动。

2. 数图形。

师：咱们来看看，哪一组交了最多的新朋友。

师生共同数图形。

师：这些新朋友还有个秘密，我们看看是什么。（拼成两个字：图形）

板书课题：认识图形

（让学生把今天认识的图形，在脑子里像放电影一样回想一下，有利于学生在头脑中建立这些图形的正确表像，培养学生的空间想象能力和空间观念。）

3. 动手做。

你们想自己动手拼一个模型吗？给你们5分钟时间，小组合作，用小组内可以粘贴的图形拼一幅漂亮的图案，你准备把它送给谁，说一句祝福的话，或唱一句歌曲，以表达你们组的心愿。

生：老师，我拼了两间房子。一间房子里装满了许多食物，给孤儿住，饿了就可以吃东西。他们会生活得很幸福，住不下的话，就可以住到另外一间小房子里去。

师：你真是个有爱心的好孩子，我代表那些孤儿谢谢你们。给你们组照张相，把你们的心愿转告给他们。

（恰当的评价，激发了学生的学习欲望以及团结向上的精神，又为下一步的拼图做了个铺垫。小组合作完成拼图，培养了学生的动手操作能力以及语言表达能力。）

【活动评述】

1. 突出以学生为主体的思想。

在教学中借助学生已有的生活经验，通过学生动眼、动口、动手，来初步感知和体会长方形、正方形、三角形和圆，形成一定的表像。知识的获得，没有一种突然的感觉，不需花费太多的功夫，只需教师稍稍一指点，学生细细一琢磨，与生活经验一联系，知识就很容易地在学生的游戏活动中得到了。

2. 创设情景，激励学生探索。

在教学中教师注意挖掘数学知识外在的情感因素，满怀激情地进行数学教学，用情感魅力来感染学生，让学生感到学习数学是很有趣的。同时教师通过创设情景，以"交朋友"为主线（叫什么名字、住在什么地方、给新朋友拍照片、介绍新朋友等），来串联的教学活动，又给了学生一种亲切感，学生自然学得有趣、轻松。

（北师大南山附属小学　傅雪春）

在实践活动中发展学生的空间观念

——《东南西北》教学活动设计

【设计内容】

这是小学《数学》实验教材(北师大版)二年级上册第五单元《方向与位置》中的第一课时——《东南西北》。本节课主要是让孩子们在看一看、玩一玩等系列活动中辨认方向,发展空间观念。

【设计理念】

空间观念的建立离不开具体形象的实物,方向观念主要表现在能采用适当的方式描述物体的位置。在教学中,我们应注重所学知识与日常生活的密切联系,应注重学生在观察、操作等活动中,获得对方向的直观经验。第五单元《方向与位置》的教学课时大约为4课时,《东南西北》作为第一课时,是孩子们学习辨认方向的启蒙课。对于二年级的孩子,正确辨认现实生活中的方向,是具有一定的难度的,所以本节课的设计是借助情境和活动,调动学生已有的生活与知识经验,增加他们探索、体验的机会。基于此,第一课时完全作为一节室外活动课,让学生在室外活动中加深体验,使孩子们能在实践活动中正确辨认东、南、西、北方向,在玩一玩的活动中发现东南西北的位置关系,发展他们的空间观念。

【活动目标】

1. 调动学生原有的生活经验,通过实践活动辨认东、南、西、北四个方向,初步了解地图上的方向。

2. 借助现实的数学活动,培养辨认方向的意识,发展学生的空间观念,体验数学与现实生活的联系。

3. 让学生在活动中感受数学的神秘与有趣,培养孩子学习数学的积极情感。

【活动准备】

教具:大黑板、方向牌4个、中国地图1张、已标出一个方向的方向图4张、录音机1部、校园建筑图片若干张、白纸若干张。

学具:每人1张方向卡、深色彩笔每组1支、胶水每组1瓶。

【活动过程】

一、猜谜激趣,引入方位

老师出示谜语:一位勤劳老公公,天色一亮就开工,若有一天不见他,不是下雨就刮风。接着问孩子们:你们猜猜,这是什么?太阳从哪个方向升起?除了东,你们还知

道哪些方向？（引出东南西北方向）

用谜语引入，既激发了孩子们的兴趣，又唤起了他们的生活经验。

二、活动现场，辨认方位

"方向"是一种抽象的空间观念，对它的认识需凭借具体的实物媒介，然后通过认识媒介的指引在活动中去实践与应用。由此我设计了以下两个活动：

1. 认一认。

引出课题后，老师引导孩子们以太阳为辨认方向的基准，结合生活经验辨认东西方向。问：现在我们在操场上，请你们仔细看一看操场的周围，哪儿是东呢？你怎么知道这边是东？

学生手指前方说：前面是东，因为太阳是从这边升起的。

师：那西在哪儿？

生：西在我们的后面。

师：哪边是南？哪边是北？

此时学生有的说左边是南，右边是北；有的说左边是北，右边是南。

（这一环节，因为学生还不能明确东南西北的位置关系，容易指错，所以，可结合语文课上学过的儿歌《东南西北》，借助原有的知识经验帮助他们辨认南北方向。）

2. 玩一玩。

明确了实际中的方向，老师和孩子们一起做游戏，让孩子们在游戏中辨认方向。第一个游戏——"我说你做"，老师说口令，学生做动作；第二个游戏——四人活动，一人拿方向牌先定位，其余3人再找自己的方向和位置；第三个游戏——全班活动，每人各拿一张方向卡片，老师说开始时，每个人根据方向卡片找自己的位置。

（玩一玩中的三个小游戏，主要是让孩子们在活动中感受东南西北的位置关系，初步培养先定一个方向，再认自己的方向的意识。）

三、了解地图的方向规定并制作校园小地图

全班同学找到自己的位置后，请每个方向上的小朋友合作标出所在位置的方向图，观察方向图并说一说有什么发现。

生：每个方向图上的方向（位置）不一样。

师：为什么四个小组标的方向图会不一样呢？

生：因为四个小组的同学站的位置不一样。

学生发现问题后，老师引出地图方向，并借用中国地图体会地图方向。让孩子们在地图上指一指自己家乡的位置，说一说自己家乡的东南西北面有哪些省市。

（通过根据所在位置的方向，给方向图标方向的活动，让孩子了解统一地图方向的必要性，同时结合祖国的地图，了解地图方向规定，辨认方向。）

接着老师带领孩子们参观校园，看看教学楼的东南西北面各有什么。然后小组合作，通过标方向、贴图片，制作出校园小地图。再结合校园小地图说说校外典型建筑物——南油酒店、海晖大厦的方位，自己的家在哪里，回家时出校门往哪个方向走。

（这是一次实践活动，让孩子们在活动中应用所了解的地图方向及实际中的方向，自己制作小地图，又结合小地图明确学校周边建筑的方位，从而让孩子们从生活走向数学世界，又从数学世界回到生活中。）

四、寻宝游戏

老师课前将宝物(指南针、树叶、纸做的月亮、北极星模型)藏于操场四周,让孩子们根据寻宝锦囊所示的寻宝路线图找宝物。找到宝物后,全班一起探讨宝物的作用。

师(拿着学生找到的指南针):这是什么?你们知道指南针有什么作用吗?

生:指南针能指出哪里是南,哪里是北。

师:知道了南和北,怎么判断哪儿是东,哪儿是西呢?

生(边做边说):用"上北下南,左西右东"来判断。

师(手举树叶):咦,树叶怎么会是宝物呢?

生:我知道!树叶也能告诉我们方向。树叶多的是南方,树叶少的是北方……

(寻宝活动,是旨在通过有趣、带有神秘色彩的活动,让孩子们学会观看地图辨认生活情景中的方向,同时拓展知识,让孩子们了解、交流有关方向的一些自然现象知识。这也是多种学科结合的体现。)

五、质疑及课外活动

师:今天我们和"东南西北"交了朋友了,关于这个新朋友你们还有什么话要告诉大家的?或者有什么问题想问大家的吗?

(在这项活动中,孩子们可以提问题,也可以向大家介绍自己知道的小知识。这是前面探讨宝物作用活动的延伸,也是培养孩子们敢于质疑的学习态度的机会。)

课外活动——制作学生居住小区的小地图。

【活动评述】

对"东、南、西、北"这四个方向,学生在生活中有一定的了解,但辨认具体位置的方位,对于二年级学生来说是有相当难度的。本案例把学生从教室带入校园,充分唤起学生的原有经验,以校园这个现实场景开展了一系列实践活动,认一认(认操场四周的方向)、看一看(参观校园)、画一画(画校园的小地图)、找一找(根据线路图找宝物)等,在层层推进,充满童趣的活动中,学生积累了一定的活动经验,并获得了较为充分的活动体验。学生会认方向,并逐步掌握了确定方向的方法。更为难得的是,教师把学生的认识从认具体方向引入认地图,从校园内的方向扩展到校园外及住所、家乡的方位,学生的方向意识得到了培养,并充分感受到了数学知识与生活的联系。本案例在引导学生进行实践活动方面做出了有益的探索。

(深圳市南山区南油小学 陈健丽)

活动 互动 发展

——《角的认识》教学活动设计

【设计内容】

这是小学《数学》实验教材(北师大版)二年级上册第七单元《认识图形》中《认识角》的第一课时。它是角的初步认识。本设计通过"摸角,做角"等一系列的体验性活动贯穿全课。

【设计理念】

这部分教材主题是初步认识角。根据"初步认识"的特点和要求,在整个教学过程中,突出探究性活动,使学生亲历"做数学"的过程。本设计中注重学生的体验,结合具体的问题情境,引导学生用自己的语言表达对角及相关知识的理解。按照"由实物抽象出角并认识角——做角——玩角——感悟、比较角的大小"这个思路分层次组织教学,引导学生逐步深化对角的认识。

【活动目标】

1. 结合生活情景认识角,知道角的各部分名称,会用不同的方法做出角。
2. 知道角有大小,体会到角的大小跟什么有关,会想办法比较角的大小。
3. 在学生认识角的过程中,体会数学知识与生活的联系,增强数学学习的兴趣。
4. 探索角的大小比较方法的过程中,发展数学思维能力。

【活动准备】

课件、两根小棒、圆形纸、硬纸条、图钉、正方形纸。

【活动过程】

一、触摸猜想,引入"角"

结合学生的生活经验和已有知识,借助熟悉的图形,利用"猜想"这一有趣的形式导入新课。

做一个有趣的实验,每一小组的礼品袋里藏着一些图形,有圆形、三角形、五角形等。要求学生闭着眼睛摸一摸,看能不能根据摸的情况猜出是什么图形。

首先请一个同学示范一次,然后分组进行。同学们边摸边猜,有的说,哈,我摸到了一个圆形;有的说,这肯定是一个三角形。最后全班交流,要求学生说说刚才自己的体会。再请同学上来摸老师口袋里的图形,并说出来可能是什么图形。

(师生交流)是什么图形?(三角形)你怎么知道的?(因为我感觉它周围有三个尖尖的角,板书:角)拿出来看看。

再摸一个,是什么图形?(一颗星星)仔细摸一下有几个角?(五个)拿出来看看。最后摸一个,是什么图形?(圆)为什么?(因为周围很圆滑,没有尖尖的角)

(引出课题)今天,我们就来认识"角",这个"角"不是元、角、分中的角,也不是动物头上长的角,而是数学中的一种平面图形。

(将新知识的学习建立在学生原有的生活经验和知识背景之上,学生感到熟悉、亲切,激发了学生参与学习的欲望。)

二、借助实物,认识"角"

学生在生活中对角已经有了初步的了解,积累了一些经验,但还不认识角的几何图形。为此先让学生在实物上找角,在直观认识的基础上逐步抽象出角的图形,最后又回归生活,从周围事物中找角。

1. 想象一下"角"这种图形会是什么样子?请把你想象的角的样子画下来。在画想象中的角时,有的学生开始一下还愣住了,有的学生根据自己的想象和生活经验画出了一些角,老师一一进行展示(如图一)。展示完后,我没有肯定也没有否定,只说这些同学真不错,画出了自己想象中的角。

图一

2. 看到这些各种各样的"角",学生觉得有点奇怪了。那到底什么样的图形才是角呢?带着这种强烈的好奇心,我要求学生看屏幕:这里有剪刀、三角尺、钟面等物品,其实它们的面上都有"角"。

剪刀上的角在哪里呢?请学生找一找。有学生找到剪刀把上弯弯的地方,老师给予纠正并示范正确的指角方法:在有角的地方画一条弯弯的弧线,表示这个地方是角。如果把这个角从剪刀上搬下来画在纸上会是什么样子呢?(课件演示)

三角尺上的角在哪里呢?请指出来。有的学生这时能把三角形上的三个角都找到。再把其中的一个角画下来。(课件演示)

钟面上有角吗?谁来指出钟面上的角。钟面上的时针和分针组成了一个角,把这个角画下来。(课件演示)这些图形都是角。

3. 我在黑板上画一个角,(先画顶点再画两边)通过刚才的移角、画角,学生对角这种几何图形有了初步的认识。

这些角有相同的地方,请仔细观察,找一找,每个角都是由哪几部分组成的?学生通过自己的观察、交流后发现:每个角都有两条直直的线,这两条直直的线叫做角的"边"(板书"边"),两条边相交的地方有一个尖尖的点,这个点叫做角的"顶点"(板书"顶点")一个顶点两条边便组成了一个角。

再请学生指出屏幕上每个角的顶点和边。

4. 再次展示学生画的角,刚才同学们画的这些都是角吗?有了刚才的认识,现在学生能说出哪些是角,哪些不是角了,并且能说出理由。

在此基础上再要求学生画一个比较标准的角,并找出它的顶点和边。在画的过程中,学生有的借助直尺画两根相交的直线,就成了一个角;有的用三角板上的角比着去画。最后我对学生画的角给予简单的评价。

5. 我们认识了角,找找图中有哪些角?(出示书本上的主题图)你还能在周围物体的面上找到角吗?在找角时,学生找到了桌面、书本封面、窗户玻璃、黑板上面等许多地方的角。这里引导学生指角时要求规范,而不是随意地指着某个尖尖的地方就说是角。

(由实物到图形再到生活,由直观到抽象,符合学生的认知规律,丰富了学生对角的表像的积累,进一步感受数学知识与生活的紧密联系。)

三、提供材料,动手做角

通过折一折、拼一拼、搭一搭,让学生在动手实践、自主探索、合作交流中进一步认识角,并丰富学生进行数学活动的经验。

刚才我们从一些物品上认识了角,现在,桌上有一些材料——圆形纸、两根小棒、能变化长短的两根硬纸条、图钉,小组合作,想办法做一些角。学生以小组为单位,将所做的角展示给大家。

1. 用圆形纸折角。用圆形纸折角时,学生用不同的方法折出了大小不一的角,有的是对折,有的是把圆形纸的边卷起来。

2. 用两根小棒搭角。学生想出了不同的办法。

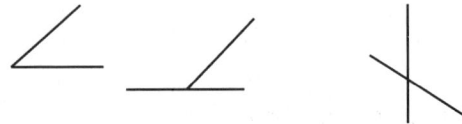

3. 用两根硬纸条钉在一起做成活动角。

(以小组为单位做角,展示角,让学生参与合作与交流的活动,在交流中学生认识到做角的方法是多种多样的,初步体验了解决问题策略的多样性。)

四、实践操作,感悟角的大小

引导学生动手操作,感悟角有大小。然后制造认知冲突,想办法比较两个大小不明显的角。

1. 通过玩角,体会角有大小。

把做好的活动角举起来,想一想:要让角大一些,应该怎么办?用自己做的活动角去试一试。如果要让角小一些,又应该怎么办呢?

通过操作学生知道角的大小与角的两边张口的大小有关,角的两边张口越大,角越大;角的两边张口越小,角越小。

把活动角的两边拉长,角的大小变化了吗?(没有)把活动角的两边缩短,角的大小变了吗?(没有)角的大小与角的两边所画的长短无关。再让学生自己随意玩玩活动角。这一简单的游戏,我发现学生玩得非常有趣,他们和同桌一起比角的大小,或者比边的长短,还有的同学拿出大小不同的两个三角板,问我:"老师,这两个三角板上的三个角大小分别一样吗?"这是个很有价值的问题,我要求同学们先猜猜看,然后想办法证明。有的说不一样,大三角板上的角大,小三角板上的角小;有的说一样,比一比就知道了。我要求说一样的同学上来比一比。学生把两个角叠在一起,说它们张开得一样宽,只是边的长短不同。通过这一活动过程,学生更加深刻地认识到了角的大小跟两边张口有关,跟两边长短无关。

2. 学会比较角的大小。

课件出示四个大小不同的角,你能一眼看出哪个角最大哪个角最小吗?(第一个角最大,第三个角最小)

剩下的两个角哪个大哪个小呢?你们能想办法比出它们的大小吗?

学生汇报交流时出现了以下情况:

生1:用纸描一个与第一个角同样大的角,把它放到第二个角上比出大小。

生2:用直尺去比每个角同样的地方张开的宽度,哪个角张得宽哪个角就大。

生3:用活动角去比,将活动角拉成与第一个角一样大的角,再把它放到第二个角上,就能看出哪个角大哪个角小了。

生4:用三角板上的角去比。

再用课件演示教材所示的比较过程。

你还有什么办法可以比较角的大小吗?请想一想,试一试。

3. 用纸折出大小不同的角,比比它们的大小,并说说比较的结果和方法。

(一系列的活动,让学生互相取长补短,大胆交流自己的办法,使学生获得了成功的体验。)

五、拓展练习,应用提高

通过练习,让学生在应用中进一步深化知识,学会用所学知识解决实际问题。

1. 下面的图形中各有几个角?

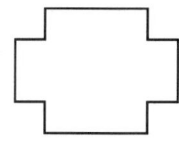  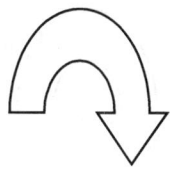 

2. 下面的图形各是几边形?各有几个角?

  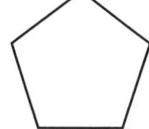

(　　)边形　　　(　　)边形　　　(　　)边形
(　　)个角　　　(　　)个角　　　(　　)个角

你发现了什么?你知道八边形有几条边几个角吗?

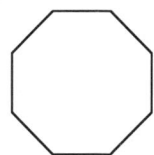　　(　　)条边
　　　　　　(　　)个角

3. 一张正方形纸,有几个角?(4个)这4个角大小一样吗?剪去一个角,剩下几个角?请动手剪一剪。

4. 今天认识了角,数一数"角"这个字中有多少个角?学生之间有不同的意见,有的认为这个地方是角,那个地方不是角。学生在争执的过程中进一步明白了角的含义。

5. 数学游戏

用一个可以放大10倍的放大镜去观察一个角。

小明说:这个角放大了10倍。

小军说:这个角和原来一样大。

你同意谁的看法?

6. 总结

大家通过观察和操作认识了角,你了解了哪些有关角的知识?在以后的学习中,你还想了解有关角的哪些知识?

(认识角后充分挖掘教材资源,组织多样化的活动,使学生在轻松愉快的氛围中巩固了知识,积累了活动经验,拓展了视野。)

【活动评述】

本节课中,教师是按照"由实物抽象出图形并认识图形——做角并认识角的大小——体会角的大小与两条边叉开的大小有关,与两条边的长短无关——会用重叠的方法比较角的大小"这个思路来分层次组织教学的,思路清晰,有条有理,引导学生逐步深化对角的认识。

教师把教具演示和学具操作有机结合起来,共同促进学生对角的认识,根据活动内容的特点和意图选择合理的方式。在整个教学过程中,注重结合学生年龄特征,创设情境,让学生产生探究的欲望;注重动手操作,自主探索,合作交流,让学生经历探究过程;注重运用多媒体,化难为易,让学生的空间观念和思维能力得到发展,使学生学得轻松,学得愉快。

(深圳市南山区沙河小学　莫纯英)

做游戏　悟数学
——《辨认方向》的教学活动设计

【设计内容】

这是小学《数学》实验教材(北师大版)二年级下册第三单元《方向与路线》的内容。本设计通过"我来做导游"这一教学活动,使学生在已有的对东南西北方向认知的基础上,学会辨认实际生活中的八个方向(东、南、西、北、东南、西南、东北、西北)。

【设计理念】

根据新课标提出的"数学知识源于生活,用于生活"的理念,本节课结合学生的学习生活的实际环境,利用学校正在修建新教学大楼这一主题引入,并通过设计"我来做导游"这一系列的教学活动贯穿整节课,让学生在活动中充分感知,在活动中领悟,从而培养正确的方向感。

【活动目标】

1. 结合具体情境给定一个方向(东、南、西或北),能辨认其余的七个方向,并能用这些方位词语描述物体所在的位置,体验数学与现实生活的密切联系。

2. 通过学生亲自经历辨认方向的活动,来进一步发展其空间观念。

【活动准备】

1. 全班同学分为 8 组,以"米"字形的形式,各组同学分坐在各个方位角上。

2. 每个同学发一张方位板(如书 p.21)。每组发一张学校新建教学大楼的设计图,及一些绿化设施和活动器材的图片。

3. 准备学校大楼及周边环境的 CAI。

【活动过程】

活动一　情境导入:我来做导游

根据学校实际情况(学校正在新建教学大楼,原来的教学大门改道了),问学生现在教学楼的门开在什么方向？很自然地复习过去所学的四个方位:东、南、西、北。接着通过让学生做小导游的游戏,介绍学校四周建筑物。在游戏中引导学生学习另几个方位。

出示 CAI,创设淘气来学校参观的情境,让学生介绍学校周围有哪些建筑物？讨论:

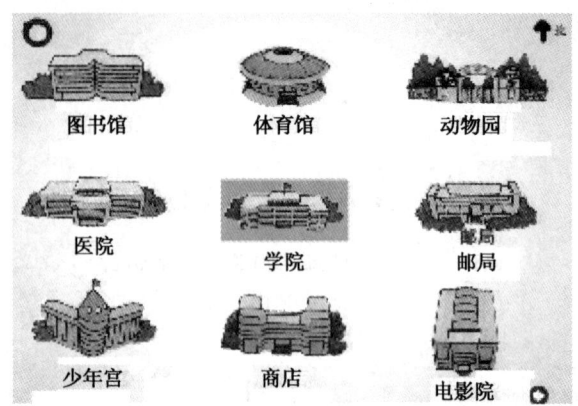

1. 先介绍学校的东、南、西、北方向上各是什么建筑物。
2. 还有些建筑物各在学校的什么方向。以学校为中心准确辨认东北、西北、东南、西南各个方向。

学生分角色扮演：

A. 两人小组，一人扮演参观的老师，另一人扮演小导游为客人介绍学校周围的建筑物。

B. 请几个学生上台模仿小导游先为大家介绍学校周围的建筑物。评选出最佳小导游。

（从学生熟悉的校园环境引入，很自然地复习过去所学的知识，引入新的知识点。学生在做导游的过程中，初步从图中认识和感受"东南、东北、西南、西北"这几个方向。"小导游"活动的设计让原本较难、枯燥的方位知识，在学生的头脑中鲜活起来了。）

活动二 实践活动：我也来认一认

刚才所学的8个方位，仅仅是书本上的，而学生要真正能在生活中辨认出这些方位，才能真正体现数学用于生活。

先让学生试着找一找教室中的8个方位，当学生在辨认这些方向遇到困难的时候，引入方向板。

首先，指导学生制作方向板。接着让学生借助方向板，在教室自由活动，辨认教室中的8个方向。

（把课本所学的知识用于真正的生活实践中，让学生在实践活动中，巩固对8个方向的认识，建立数学模型。然而要在教室中真正学会辨认这些方向还是有一点难度，所以要借助方向板来辨认。制作方向板，对学生来讲是比较简单的，但在使用的过程中学生还是碰到困难，所以在这个环节中老师必须给学生充裕的时间，让学生自主探索。）

活动三 师生游戏活动

这一游戏活动的设计，用来加深学生对实际生活中8个方位的准确认识。

教师站在"米"字中间发口令,学生以小组形式进行活动,再次体验教室中的 8 个方向。(请坐在老师东面同学排成一队站在老师旁边……请站在老师南面的同学回位……)

(老师所设计的游戏活动,效果非常好。学生在轻松愉快的环境中准确地找到教室中的 8 个方向。课堂气氛活跃。)

活动四　动手操作:我来做个小小设计师

在这个活动的设计中,充分体现学以致用这一理念,让学生用在课堂所学的知识为学校设计布置一些绿化、一些活动器械。学生非常乐意接受这个任务。在这个活动中,学生小组合作,设计最佳方案,并推选本组一名同学上台汇报。

教师布置任务:我们新建的教学大楼周围要设计些什么?(学生会建议布置一些绿化、一些活动器械,如滑梯、单杠等。)请你们利用所学的知识为学校新教学楼设计绿化和活动场地。

小组讨论设计方案,小组同学一起剪贴。作品完成后,小组汇报,每组派一名同学上来展示作品,用所学的方位词向大家汇报设计方案。最后评选出最佳的方案提交学校。

(将所学的知识应用在实际生活中,能帮助学校设计方案是学生很乐意做的事情。而在这活动中,培养了学生解决实际问题的能力,培养学生小组合作的精神。)

活动五　游戏结束整节课

根据教师的口令离开教室。(老师站在"米"字中间。请坐在老师西南方向的同学离开教室……请坐在老师东面的同学离开教室……)

(别具一格的课堂结束,再次复习了本节课的内容,课程在游戏中结束。一堂精彩的课结束了,但学生还乐在其中。)

【活动评述】

1. 本节课教师根据教材的特点,首先对学生在教室的座位进行了精心安排。把全班同学分成 8 组,让每小组同学以"米"字形坐在教室中。教师的这一安排别具匠心,特别是在师生共同做游戏时,学生无意间慢慢地体会到,他们今天的座位就是按照这 8 个方向来坐的,从而更加深了他们对这 8 个方向的认识。

2. 教师在整节课的设计中,首先从学生熟悉的环境入手,先让学生找出学校周围 4 个方向的建筑物,复习以前所学的东、南、西、北 4 个方向;再让学生回到图中学习找出另外 4 个方向(东南、东北、西南、西北。)接着通过"我来做导游"这一活动,准确辨认图中的 8 个方向。

3. 学生能在图中准确辨认 8 个方向后,要求学生能在具体的生活环境中找出这些方向。其实这对于二年级的学生来讲是有一定难度的。但通过借助方向板,以及形式多样的游戏活动学生能较好地掌握这一内容。

整节课教学活动设计合理,设计活动一环扣一环,学生在轻松、愉快的环境下自主学习。教师的教学活动设计充分体现了生活中处处有数学,学好数学可以用之于生活这一理念。

(深圳市南山区育才一小　杨　晰)

在操作活动中感悟、构建知识
——《铅笔有多长》教学活动设计

【设计内容】

这是小学《数学》实验教材（北师大版）二年级下册第五单元《测量》第一课时的内容——《铅笔有多长》。这节课主要是分米、毫米的认识。本设计通过"估一估、量一量"等一系列的体验性活动贯穿全课。

【设计理念】

新课标中指出，空间与图形的教学，应注重所学知识与日常生活的密切联系；应注重学生在观察、操作等活动中获得直观经验，建立初步的空间观念。本节课在这一思想的指导下，将学生引入熟悉的生活情境中，利用身边的物品，设计了一系列观察、估计、测量活动，让学生在操作、体验活动中感悟和构建知识。

【活动目标】

1. 在具体情境中体会长度单位分米、毫米的意义。
2. 借助具体的测量活动建立1毫米和1分米的长度概念，认识米、分米、厘米、毫米四个长度单位之间的关系，进一步发展空间观念和动手操作能力。
3. 培养学生估测的方法和习惯。

【活动准备】

学生每人自备学生直尺、一张光盘，教师准备课件、每组一把米尺、一些大约1毫米和1分米长的物品。

【活动过程】

活动一 铅笔有多长

安排老师估，学生量，学生考老师的游戏活动，使学生对老师为什么能估得那么准确充满好奇，激发他们探究的兴趣。由于铅笔比1厘米长多了，又比1米短多了，由这个游戏活动，为引入分米做铺垫。

同学们我们学过什么长度单位？某某请你边说边比划给大家看看。（教师同时写出单位及字母并画出线段）

它们之间有什么关系？（教师板书关系）

老师和你们玩一个"铅笔有多长"的游戏。(出示课题：铅笔有多长)你们随便拿一枝铅笔考老师,我来估估它的长度,然后你们再量量,如果你们认为老师估得比较准,就请给老师一点掌声,好吗？(学生的积极性非常高,纷纷拿出自己的铅笔。教师选择了短、中、长三枝铅笔,以10厘米手势作标准进行估测)

这枝笔长大约8厘米。学生量出长度并报给大家听,全班同学响起掌声。

这枝笔长16厘米左右。……

这枝笔长接近20厘米。……

你们猜猜老师估的时候有什么小窍门？由于教师估测时用手势作了示范,学生很快地说出了：用10厘米长去估计的。

("铅笔有多长"的游戏活动既激发了学生兴趣,又为新授知识做好铺垫。在游戏中,教师起了最好的示范作用,让学生在游戏中不知不觉地掌握了估测方法和语言表达方式。)

活动二　我的新朋友(一分米、一毫米)

通过在尺子上找、在生活中找、比划长度单位,估一估、量一量等一系列的体验活动,使学生对长度单位分米和毫米形成鲜明的印象,并深刻理解所学的几个长度单位之间的关系。

一、认识分米

1. 在生活中由于人们经常要以10厘米为标准去估计、度量一些物品的长度,所以人们把10厘米变成了一个新的长度单位：分米(dm),即1分米＝10厘米。

2. 拿出你的尺子,找到1分米用手掐一掐。把你掐出的一分米举起来给大家看看,大家互相看看一分米大约有多长。这就是你身边的尺子。

3. 我们来找一找生活中哪些物体大约1分米长？(如：开关板的边长、3寸照片的宽、新华字典的宽、小影集的宽、小水彩笔长。学生说完后,教师展示几种物品)

4. 数学书长大约是几分米,宽又大约是几分米呢？下面同桌一起先不用尺子估一估,估完后再量一量。(学生活动、汇报)

5. 米尺上有多少分米呢？组长拿出米尺和同学们一起找一找。

学生汇报,得出1米＝10分米

6. 我们的课桌高大约是几分米呢？小组同学先商量商量,你们打算怎样估？你们能想出不同的估测方法吗？(让学生说说再进行估测)有的组想出的办法是：我们组用我们身边的1分米长的尺子(做手势)去估量；还有的组想出的办法是：我们和1米的尺子做比较去估计,1米是10分米,我们看大约少了几分米。

师：同学们真会动脑筋,就用你们想到的办法先估一估吧！(学生汇报)

师：组长再带领同学们量一量。

汇报：课桌高大约几分米

二、认识毫米

1. 请同学们拿出自己带的光盘,量一量它有多厚？(由此引入毫米)

当学生说到1毫米时,教师接过话:毫米这个单位我们以前没学过,你能向同学们介绍一下吗?(投影学生尺)

学生说完后,教师强化:1毫米这么小,比1厘米小多了。

2. 那1厘米里有多少毫米呢?

学生回答后,教师有意引着学生数:1,2,3……10。1厘米是10毫米

3. 光盘的厚度是1毫米,用手捏一捏,再把光盘移出来。

4. 在生活中找一找哪些物体的厚度大约是1毫米?(如:IC卡、笔尖、光盘等,学生说完后,让学生量一量笔尖)

(把学生放在最熟悉的生活情境中,利用身边的东西,让学生进行了一系列的操作、体验活动,主动参与知识构建的全过程。)

三、我会运用知识了

练习的第二、第三题使学生进一步形成分米和毫米的观念。第四题丰富学生的解题策略,进行知识的延伸和拓展。

1. 这节课我们新学了哪两个长度单位?我们再来做一个游戏,老师说一个长度,你就比划出来,比一比谁比划得又准又快。

这些长度单位之间又有什么关系,我们一起来读一读。

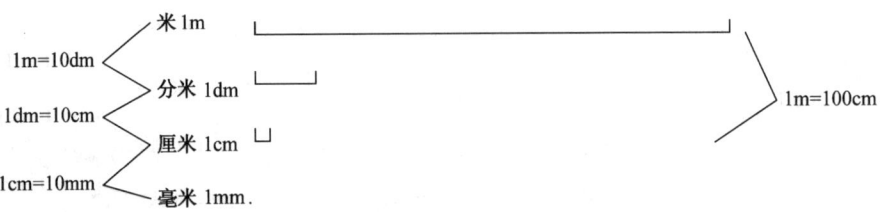

师:现在我们用学的这些知识来解决一些问题。

2. 填合适的长度单位(m 、dm 、cm 、mm)

(1) 家里房门高约2(　　)。

(2) 1枝铅笔的长度是18(　　)。

(3) 文具盒长2(　　)。

(4) 小明高1(　　)35(　　)。

(5) 光碟厚度为1(　　)。

(6) 课桌高为7(　　)。

3. 比较小虎家谁最高?谁最矮?

90厘米　　　　1米　　　　12分米
妈妈　　　　　爸爸　　　　小虎

师:你是怎样比较的?(课件中先盖动物图像,学生回答完后露出小虎一家站在同一水平线上的图像。)

4. 老师要做一条裤子,裁缝师傅说要告诉他我的腰围是多少。

(1) 老师来考考你们的眼力:你们猜老师的腰围是多少厘米?
(2) 估得准不准,还得动手量一量才知道,但今天老师这里只有直尺,没有卷尺,怎么办?
(3) 比较一下:哪种方法比较简单又更准确呢?
(4) 谁估得最准,给同学们介绍一下你的经验。

5. 结束语

(设计的小虎家谁最高、谁最矮和为老师量腰围的问题,学生感到非常有趣,学习热情和兴趣持续高涨,直至下课,仍感意犹未尽。)

【活动评述】

1. 整堂课以学生的操作活动为主线,使每个学生都能主动参与学习。通过生生间的协作,提高学生学习的主动性、能动性,让学生在实际操作中获得新知、掌握新知、运用新知。

2. 课堂教学中注重师生情感交流,使学生在身心愉悦的环境中,通过手、眼、脑协同合作,轻松而又牢固地掌握了所学知识。

(北师大深圳市南山附属小学　王　冰)

操作 体验 发现
——《长方形与正方形的认识》活动设计

【设计内容】

这是小学《数学》实验教材(北师大版)二年级下册第七单元《认识图形》第四课时的内容——《长方形与正方形》(p.70~71)。这节课主要是认识长方形与正方形的特征。本设计以师生互动式的活动激趣引入,充分调动学生已有的知识和生活经验,让学生在动手操作和思维冲突活动中感悟和提炼出长方形与正方形的特征。

【设计理念】

改变学生的学习方式,是新的教学改革中的一个重要的方面。为了激发学生主动探究的兴趣,充分发挥学生的主体作用,本课通过"设疑、探究、合作"的方式,让学生在活动中主动探索发现长方形和正方形的特征,充分感受数学图形的奥妙。同时培养学生的合作精神,使学生体验合作学习的乐趣和成功的快乐。

【活动目标】

1. 通过描述——发现冲突——动手操作——观察等活动,运用自己的智慧,发现和归纳出长方形和正方形的特征。

2. 培养用数学语言准确地表达自己的数学思维的能力,同时培养学生的合作意识。

3. 学会相互欣赏,体验成功,培养美好情感。

【活动过程】

活动一 "我做小指挥官"——说说自己知道的长方形

(设计意图:针对学生在一年级下册已初步感知长方形和正方形,认为自己已了解和掌握了这两种图形,因而不太感兴趣的现状而设计的一个互动激趣的活动,使学生能够在师生互动中获取更多的数学信息,从而正确地认识和归纳长方形和正方形的特征。)

上课伊始,老师就开门见山,提出课题:今天,咱们一起来研究研究长方形和正方形。有一大部分学生马上就说:我知道。

老师要及时肯定:很好。看来,我们许多小朋友知道长方形是什么样子的。那今天我们就一起做一个游戏:"演双簧"。你们来指挥,我来画长方形,如何?

(学生的好奇心开始被调动起来了。)

这时,教师说出规则:请同学说出自己认为的长方形是什么样子,老师照着他的描述来画长方形,看画的好不好。(这样的活动很少有,学生会非常兴奋,跃跃欲试)

在这个环节,学生会有多种描述,但叙述一般都比较片面。例如:有的学生会说:两条线相等。老师就按照他的描述画出两条一样长的线段,但两条线相交。学生肯定会着急地说:不是,应该是平行的。老师再按照他的说法画出两条平行、相等,但不完全相对的线段。学生还会说出许多种,例如:有四条线,有四个直角……但是根据他们的描述,可能会画出许多不是长方形的图形来。按照他们的要求,不断地修修改改,直到真正画出长方形来(或者干脆画不出来,都没有关系)。

学生一定会想:这是怎么回事呢? 那么,长方形到底具有什么样的特征呢?

(本活动的设计为学生创设了一个已有的认知与新的要求产生了明显差距的情境。在认知的思维碰撞过程中,学生的情绪已完全调动起来,想一知究竟的欲望很强烈,已进入急于探究的状态之中。此时,如果教师不失时机地引导学生进行探索活动,肯定事半功倍。)

活动二 "我是小探索者"——操作感悟长方形的特征

教师给每个小组发一张长方形的纸,请同学们自己想办法去研究,去发现。同学们拿到长方形纸之后,立刻就行动起来。……

小组操作结束,开始汇报自己小组的发现:

生1:我们用量的方法。长方形有四条边,我们都量出长度,记录下来,发现有两条长一些的边是一样长的,两条短些的边也是一样长的。

生2:我们还发现:长方形有四个角,都是直角。

生3:我们是用折的方法。我们是这样折的(如图)。我们发现:长方形对着的两条边是一样长的。(此时,老师可以适当地进行规范:我们可以简单地说"对边相等")

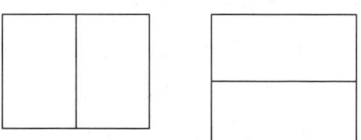

马上就有反应快的同学接着说:对,长方形有四条边,它的对边相等,四个角都是直角。这时,老师可以接着问了:那刚才为什么老师画的图形不符合同学们心里想的? 同学们就会笑了:"是我们刚才说的长方形的特征不完整,所以画出来的图形不符合长方形的要求"。

(必须承认,孩子们的认知潜力是无限的。这里的设计给了他们自由的空间,让他们的思维得以充分的发挥,通过亲手操作和研究,把抽象的概念转化为形象的感受,自己得出了结论。这样的学习方式,不仅使孩子们轻松地学会了,而且还体验到了成功的快乐。)

活动三 "我发现了新的奥秘!"——对比区分长方形与正方形的特征

老师再请同学们用一张正方形的纸试一试,探索正方形的特征,对比长方形与正方形。由于有前面的操作铺垫,利用知识的迁移,学生很快就可以找到合适的方法得到结论。

生1:我是对边折的,发现它的对边也相等,而且感觉好像四个边都差不多,所以我们就又量了一量,发现原来四条边确实是一样长的。

生2:我们的方法是先对角折一下,折成一个三角形,再对角折一下,成了一个更小的三角形。这样正方形的四条边就重叠在一起了,他们是一样长的。

教师要投以非常欣赏的目光,说:你是怎样想出这么巧妙的方法的?

生3:平时做手工折纸的时候,会折出这样的形状,我就记住了。

老师要及时地给予评价:说明你平时很爱观察,善于积累,多好哇!同时要露出很赞赏的眼神。同学们也会投以佩服的眼神。(孩子得到欣赏,心里多美呀!美好的体验和良好的情感油然而生。这正是我们新课标所倡导的。)

另一个小组的孩子:我们发现,正方形和长方形的角都是一样的,都是四个直角;我们也发现了,正方形四条边都是相等的,而长方形只有对边是相等的……

在轻松、热烈的气氛中,孩子们学到了知识,感受到了学习的成功和乐趣!

(让孩子们在动手做和合作探究中用自己喜欢的方法,提炼和归纳出长方形与正方形的特征,并能用自己的语言描述出来。把比较枯燥的知识的传授变成具有激发性的知识的冲突,从而使孩子们充满了好奇和不服输的精神,把学习当成了一种主动的探索和游戏,轻松地学会了知识。)

【活动评述】

本活动片断一反常规,首先把问题提出,并且利用学生已有的生活经验和知识储备,通过师生互动的活动,使学生产生认知的冲突,从而激发出学生想探究、想学习、想通过自己的研究来发现事物的内在的动力。这种动力是多么难得,它可以使学生充分发挥作为学习主体的潜在能力。

改变学生的学习方式,引导学生主动地学习、主动地探究,是新一轮课改的一个重要的方面。本课例的设计,能充分地激发学生学习的兴趣,使他们真正成为学习的主人,使学习的目标得到充分的落实,学习的效果得到整体的提高。

(深圳市南山外国语学校 李 皓)

疑中求思　动中求学

——《长方形与正方形的特征》教学活动设计

【设计内容】

这是小学《数学》实验教材(北师大版)二年级下册第七单元《认识图形》中的内容——《长方形与正方形的认识》，本节课主要是认识长方形和正方形的基本特征。

【设计理念】

学生在一年级时已经直观地认识了长方形、正方形。在此基础上，为了让学生学得更主动也更有效，本设计紧密结合学生的生活实际，做了这样的安排：第一个环节是通过自己动手操作，小组合作共同探索长方形、正方形的特征，再通过动手画图形进一步巩固对图形特征的认识；第二个环节是通过动态的学习材料，让学生亲自动手操作、观察、比较，使学生在头脑中建立这些图形之间的联系，再动手折一折，在长方形里折出一个最大的正方形。在这些过程中应尽量给足学生空间和时间，让学生充分去活动，从而让学生在活动中有所得。

【活动目标】

1. 通过操作、比较、归纳，感知长方形和正方形的特征。
2. 能根据它们的特征从具体的情境中辨别出长方形或正方形。
3. 能按要求在方格纸上画长方形和正方形。
4. 在实际操作活动中体验学习数学的乐趣，激发积极探索新知和学好数学的欲望，渗透"事物之间是相互联系的"辩证唯物主义观点。

【活动准备】

1. 长方形、正方形的纸、三角尺、直尺、剪刀等。
2. 里面放一张长方形彩纸的信封。
3. 每人一张边长是一厘米的正方形的方格纸。

【活动过程】

一、折一折、说一说——创设情境，探索长方形和正方形的特征

安排长方形和正方形的再认识，目的在于让学生通过亲自动手量一量、折一折，发现并尝试归纳出长方形、正方形的特征，充分发挥学生的创造性。学生可以用尺量，或用对折的方法发现长方形的对边相等、正方形的四条边相等等特征。考虑到一些学生在探索正方形的四条边相等时，往往只进行横竖对折，就认为四边相等了，所以我在教学中做了这样的安排：

上课之前,先让学生在众多的图形中找出长方形、正方形。学生比较容易找到。这时,老师从身后变出一个图形。"同学们!看看这是什么图形?老师一时看不出来,你们能帮帮老师,给我一个答案吗?"

学生们先是齐声回答是正方形。不一会儿,有个别学生提出疑问:可能是长方形吧?持不同观点的学生争执不下,气氛特别热烈。这时,老师抓住时机:"看来我们不能有一个统一的答案。那么它到底是什么图形呢?我们要想个办法来鉴别。"

"我们每个小组的组长手里都有一个和老师完全一样的图形,请同学们四人一个小组共同研究,看你发现了什么?"

学生们马上积极行动起来,探索长方形和正方形的特征。同学们讨论得特别热烈。有的在折,有的在量,有的说量一条就行,有的说四条都要量。给学生充足的时间去研究,而不是走马观花。当有了讨论结果后,学生以小组为单位汇报本小组的研究结果。

有的学生说,我们小组是用尺子量的,量的结果是长方形,因为这个图形只是对边相等,而正方形是四条边都相等。

有的学生说,我们小组是用"折一折"的方法,证明这个图形是长方形。

"我们是这样折的,先把这个图形横、竖分别对折,发现两组对边分别相等;邻边对折,发现两组长度不同。正方形是四条边都相等,所以我们认为这个图形是长方形。"

有的说:"我们还用三角尺量出这个图形的四个角都是直角。"

这个小组同学说,我们和他们的想法不同,我是拿一个正方形来比一比,发现两边剩余的部分不一样,一面多一些,一面少一些,说明它是长方形。

在学生回答中,长方形、正方形的特征已总结出来,是那么自然,水到渠成。学生在动中发现了问题,解决了问题。

(一开课,教师就为学生创设悬念,激发学生学习的兴趣,使学生有一种想要探究知识、找到答案的欲望,在疑问中思考,在思考中寻找答案,学生学习积极性特别高涨。)

二、画一画、剪一剪——体会长方形和正方形的特征

安排这一环节的目的是让学生进一步掌握长方形和正方形的特征。学生只要在方格纸上按要求画出图形就可以达到基本要求了。根据学生实际情况,教师可对学生提出不同层次的要求,如要求某些学生在同一小组中所画长、正方形的大小各不相同即可;而对另一些学生可以提高一些要求。如,画的图应精细,摆放位置适中,设计美观等。在教学中我是这样安排的。

"刚才我们通过量一量、折一折等方法知道什么样的图形是正方形和长方形。我们不但要认识它们,还要会画出来。看谁画的最准确。下面请同学们拿出老师发给你们的表格纸。每个小格都是边长一厘米的正方形,请同学们在方格内画出一个边长是3厘米的正方形,一个长是12厘米、宽是8厘米的长方形,并标出长方形的长和宽。看看你该怎么画呢?"

学生有的说,我用数格子的方法。正方形边长是3厘米,横着数3个格子,竖着也要数3个格子,这样才是正方形,因为正方形四条边相等。

有的学生说,画长方形的方法一样,横着数12个小格,竖着数8个小格一画就可以了。可有的学生说,我不一样,我是横着数8个,竖着数12个,我画的也是长方形呀!我们的长方形方向不同。

"好！同学们说的都很正确,下面请同学们动手剪一剪,把你画的长方形剪下来。看谁是心灵手巧的学生。看哪组剪得好！"

（学生在学中动,在动中学。通过剪一剪、画一画使学生对正方形和长方形的特征有了进一步的理解。在学生的头脑中已形成表象,概念自然形成,同时也锻炼学生的动手能力。）

三、玩一玩、猜一猜——通过小游戏探索长方形和正方形之间的关系

这一活动是让学生了解长方形和正方形之间的联系。通过组织学生活动,让学生用自己的语言说一说发现了什么。这个游戏是这样进行的。

同学们下面我们来做一个小游戏,看老师手里有一个信封,里面装着一张彩色纸。猜一猜它是什么形状的?

有的学生说是长方形,有的说是正方形。老师对学生的答案并没有加以评判,而是神秘地对同学们说:我们每个小组也有一个这样的信封,下面我们来玩变魔术的游戏,请同学们慢慢的拉一拉彩纸,看你发现了什么?学生分组开始活动,兴趣特别得浓厚。有的学生慢慢地拉出来,又推进去;有的学生就特别性急,一下子拉出来看是什么形状。这都不要紧,这完全符合学生的好奇心,关键是老师如何引导。于是,我引导学生知道是什么形状后,再把它放进去,慢慢的推一推,看发现了什么?学生有的说,先是长方形然后是正方形最后又是长方形啦！"为什么会这样呢?你发现了什么?"同桌互相说一说想法。

通过热烈的讨论学生得出结论:当长方形的宽越来越长,变得和长一样长的时候,就是正方形啦！有的学生高兴地说,长方形和正方形会变的,真好玩！

看！学生通过游戏,在玩中发现了长方形和正方形的关系。这比老师枯燥的讲解生动有趣得多。

（教师通过抽拉的小游戏中,让学生在玩中发现问题,为什么图形会变呢？在通过玩、通过观察让学生感知长方形与正方形的关系。教师注重培养学生知识形成的过程,让学生在实践中解惑。）

四、折一折、数一数——进一步感受长方形和正方形的联系

通过上面的游戏,学生对长方形和正方形的关系有了初步的感性认识,但只是模糊的表象,只停留在潜意识当中。为了让学生更进一步地了解长方形和正方形的关系,我安排了下面的活动。

"请同学们拿出你刚才剪下来的长方形。在这个长方形里面折一个正方形。请同学们边折边想一想,折出的正方形怎样才能保证最大？它的边长是几厘米？"折好后鼓励学生互相交流:"你是怎么折的？猜想一下剩下的部分至少还能折几个正方形,再折一折,看你的猜想是否正确。"

学生们想的方法真多！有的说是数小格子,因为正方形四条边都一样长,所以这个正方形的边长是8厘米;有的是用对折的方法,折出一个最大的正方形。

我没有局限于课本,而是提出了更高的要求。

请同学们猜想一下剩下的部分可以再折几个正方形？动手折一折,看你猜的是否正确。（可以折出2个正方形）

师:你能说出它的边长是多少厘米吗？（边长是4厘米）

有的学生说还可以折6个,边长是2厘米的正方形。还有的说可以折32个边长是1厘米的正方形。学生的思维一下子开阔了,智慧的火花已经点燃!

学生借助方格能很快地知道这个正方形的边长是几厘米,这为以后高年级学习求图形面积打下良好的基础。

(在这个环节中,教师充分发挥学生的创造力,不但巩固了所学的知识,还大胆提出更深更难的问题。由于教师前面已为学生做好了铺垫,学生们并没有感到有多大的难度,反而发言是争先恐后,跃跃欲试。)

【活动评述】

新课标中明确地指出数学教学是数学活动的教学,所以我们数学教师应以激发学生的学习积极性、参与性为自己教学的重要任务之一,不断地向学生提供充分从事数学活动的机会,借助儿童的生活背景开展生动、直观的数学活动,丰富学生对数学知识的认识和体验,增强儿童的感性认识。本案例与以上所述一脉相承,充分尊重学生课堂生命力,促进学生积极主动地发展,用一个肉眼不能准确判断的图形,开启了孩子们的兴趣与智慧之门。其间学生的"争先恐后"让每个人的个性得到充分的张扬和展示,师生互动、生生互动,使教学的高潮恰到好处地落在运用所学知识来解决问题上。给学生充分的活动的空间,让学生自己去探索、体验和发现,让学生高高兴兴地进入数学世界,如在长方形里折出一个最大的正方形。教师设计巧妙,不拘泥于课本上的问题,而是进行适当的扩展再提高。学生动手去折,所以回答起来应付自如,并且为以后学习图形面积内容打下了良好的基础。

(深圳市南山区育才一小　郭集琴)

在活动中探索　在活动中发展
——《角的认识》教学活动设计

【设计内容】

这是小学《数学》实验教材(北师大版)二年级下册第七单元《认识图形》第一课时的内容——《角的认识》。本活动设计主要是以学生动手操作、自主探究的活动贯穿整个教学过程,让学生在活动中探索新知,在活动中发展空间观念和推理能力。

【设计理念】

新的课程标准提出,动手实践、自主探索与合作学习是学生学习数学的重要方式。因此,本节课根据低年级学生的认知特点,从学生熟知的生活情景出发,让学生通过找一找、折一折、摸一摸、比一比等一系列活动,亲身经历从现实空间抽象出角的过程,探索角的特性,构建新的知识体系。

【活动目标】

1. 结合生活情境,认识到生活中处处有角,体验数学知识与生活的密切联系。
2. 通过找一找、折一折、摸一摸、比一比等活动,认识角的各部分名称;知道角的大小跟两边张口有关,与边的长短无关;会比较角的大小。
3. 培养学生的合作意识和创新意识,发展学生的空间想象能力。

【活动准备】

教师准备:课件、一副教学三角板。

学生准备:一张圆形纸、活动角(两根不定长度的硬纸条和图钉)、一副三角板。

【活动过程】

一、找朋友——在生活情境中认识角

学生在日常生活中,对角已有初步的认识。本课通过展示日常生活中的一幅画面,设计了"找朋友"(找角)这一充满童趣的观察活动,激发学生强烈的学习兴趣和探究欲望。

1. 谈话引入:同学们,你们见过交警叔叔在十字路口指挥交通吗(课件展示情境)? 在这里面,藏着一些数学朋友,它们的名字都叫做"角",你能把它们找出来吗?

学生兴趣盎然,踊跃发言,有的说屋顶、窗户有角,有的说人行横道标志线有角,有的说交警所做的手势有角等等。课件随着学生的回答在有角的地方闪烁变化。

2. 那么在生活中,你还能在哪些地方发现这些朋友呢?学生纷纷回答,五角星有角、三角板有角、数学书有角……

（创设生动活泼的情境，从学生的生活经验出发，引导学生认真观察、仔细思考，体会数学与生活的密切联系。）

二、折一折，摸一摸——构建角的数学模型

把现实生活中的角抽象为空间图形的角，学生较难理解。在这个活动环节的设计上，通过折角、摸角的动手实践活动来体验角的特征。

1. 教师对学生给予肯定评价，用激励的语言再次调动学生的积极性：你们观察得真仔细！那么你们能不能用自己的话说一说"角"这个朋友到底长得怎么样？学生连比带划，有的说角尖尖的，摸起来挺扎手；有的说角是由两条直线夹起来的；有的说两条线交叉就生成了角等等，兴奋之情溢于言表。

2. 那你们会不会把你们认识的这个朋友折出来？（学生满怀信心地大声说："会！"）请你们用课前准备好的圆形纸折出一个角，并且摸一摸，同桌互相说一说，看看是不是像上面所说的，有没有新的发现。

3. 学生展示并介绍自己所折的角，教师粘贴，在粘贴时故意把角的开口朝不同的方向摆，并且把大小差别较大的角摆在一起，为下一活动做铺垫。

师：在这个过程中，你们还发现了什么？

学生想了想，盯着黑板兴奋地说，角的尖尖可以朝着不同的方向，有的说角旋转了一下还是角，有的说角还有大小……

4. 老师也折了一个角，请同学们看一看。用课件展示由圆形纸折出的一个角，再用不同颜色描出角的顶点和边，引导学生一起认识角的各部分名称，角的表示方法和读写法。

5. 学生反馈活动：用短弧线符号标出自己折的角，并命名，再同桌互相介绍自己的角的顶点和边。学生很有成就感，不仅积极、热情地介绍自己的"作品"，还互相评点一番。

（让学生动手实践、自主探索是新课标倡导的学习方式，在这一活动中，学生经历了从现实空间中抽象出几何图形的过程，并通过同桌间的合作交流，总结归纳出角的特征，从而获得鲜明、生动而形象的认识。）

三、比一比——比较角的大小

角有大小，怎样比较角的大小？角有大小，角的大小跟什么有关？很多学生对这样的问题怀着浓厚的兴趣，具有强烈的求知欲望。

1. 我们已经认识了"角"这个朋友，你还想知道它的什么情况吗？

学生对拟人化的提法非常感兴趣，积极地提出：角有大小吗？怎样比较角的大小？角的大小跟什么有关？……

2. 同学们提出的问题都很有意义，下面，让我们利用活动角学具和三角板，小组合作、自主探索，看看能解决上面提出的什么问题。

学生以小组为单位汇报本小组的研究结果。教师、学生应注意倾听，并发表或补充意见。

小组1：我们是利用活动角来研究的，当活动角的边拉得越开，角就越大；当活动角的边拉得越近，角就越小。（师生共识：角的张口越大，角就越大；角的张口越小，角就越小。）

小组2：我们是利用两个活动角来研究的，一个活动角的边长一些，另一个活动角的边短一些，但它们可以拉出一样大的角，说明边的长短跟角的大小没有关系。（师生共识：角的大小跟边的长短无关。）

小组3：我们也是利用活动角来研究的，我们把活动角的边折短一点，活动角的大小没有改变，也说明边的长短跟角的大小没有关系。（师生共识：角的大小跟边的长短无关。）

小组4：我们是利用一副三角板来研究怎样比较两个角的大小的，先找出两个角，把它们的顶点合在一起，再把其中的一边对齐，这时只要比较另外一条边就可以了，哪一个角的另一边在外头，那个角就比较大；反之，哪一个角的另一边在里面，那个角就比较小。（师生共识：可采用重叠的方法来比较角的大小：点对点，边对边。）

小组5：我们是利用两块大小不一样，但形状相同的三角板来研究的，我们用上一组所说的重叠的方法，发现它们的边虽然不一样长，但是它们相对应的角却是相等的，说明角的大小跟边的长短无关。（师生共识：角的大小跟边的长短无关。）

（在学生共同参与、自主探究、合作交流的过程中，每个学生都能对其中的一些问题给出自己的想法，获得成功的体验，激发了学生的探究欲望，触发学生的灵感，使不同学生都能得到不同的发展。）

【活动评述】

新课标提出学生是数学学习的主人，而教师是数学学习的组织者、引导者与合作者。在本案例中，教师创设了找一找、折一折、摸一摸、比一比等四个步骤，通过新颖有趣、层层递进的数学活动方式，使学生轻松地进入学数学的环境中，改变了传统数学教学中学生过分紧张、呆板的教学方法，为学生学习数学创造了良好的课堂教学环境。教师在问题解决的过程中不断激发学生的探究欲望和学习兴趣，让学生在学习过程中，充分动手实践、自主学习、合作探究，既动手动嘴又动脑，使不同的学生在活动中得到了不同的体验和发展，很好地落实了新课标的要求。

（深圳市南山外国语学校　王秀容）

放手实践　自主探究

——《角的分类》教学活动设计

【设计内容】

这是小学《数学》实验教材(北师大版)二年级下册第七单元第二课时的内容——《角的分类》。本课主要是通过给角分类来了解不同的角的特点。在教学中教师设计了如下活动：学生自己提出问题——学生讨论问题——全班交流方法——解决问题并运用知识——联系实际找出生活中角的用途等。

【设计理念】

学生学习数学的最好方法就是通过活动来学习，即让学生有亲身实践的机会，让学生置身于问题情境之中，积极地参与探究发现活动，通过亲身经历探究的活动过程，提高主动获取知识解决问题的能力。教师要在课堂中放手让学生收集关于角的种类的信息，提出角的有多少种，如何进行分类等问题，通过同学之间的讨论分析出角的分法，解决生活中关于角的一些特殊用途问题，从而使学生真正投入到课堂中学习角的相关知识。

【活动目标】

1. 在说一说、写一写等各种形式灵活的活动中运用角的知识。

2. 知道角的分类，可以借助三角尺判断角的类型。

3. 培养学生的口头表达能力，通过实际的操作激发学生的求知欲，从而给学生更多的思考和探索的机会，以及运用知识探索规律解决问题的能力。

【活动准备】

多媒体课件，三角尺，挂图。

【活动过程】

一、放手让学生收集信息、提出问题

在教学中，我们力求从学生熟悉的生活情境与童话世界出发，从学生身边选择他们感兴趣的事物，创设出一个与角的分类有关的情境，进而放手让学生收集数学信息，提出数学问题，以激发学生学习的兴趣。

师：今天我们有一位小动物要盖新房子，小熊正赶去帮忙呢！

多媒体课件：一只小熊开汽车到小兔家帮忙盖房子的情景。在路上，小熊累了，停下来休息，并调整汽车椅子的角度成为钝角来休息。

学生自然地了解到角的大小跟角度有些关系，但是学生还不能具体地表达出来。此时通过教师的提问让学生了解角的大小是与什么有关的。

师：你们知道为什么小熊要把椅子调整成这个样子？

生1：这个样子比较舒服。

生2：椅子靠背调整成很开就很舒服。

多媒体课件：小熊后来想要开车时将椅子调错了变成一个锐角，卡到了；好不容易才把椅子调整成直角来开车。

学生自由说一说看到了什么，如"它被椅子夹到了"，"它调的角度太小了"。

多媒体课件：三种不同角度。

师：你能把你看到的东西告诉我们？

生：小熊不小心调得太小了，变成锐角，就不能开车了。

生：小熊刚刚调椅子时调出了三种不同的角，我知道是直角、钝角、锐角。

（学生提出有几种不同的角引出学习的内容，使学生成为课堂教学的主持人，较好地实现了师生的角色互换。学生对这样的教学活动兴趣极高，参与面很广，学习的热情达到了高潮。）

二、放手让学生合作学习、交流方法

部分学生对于角的分类已经有了一定的认识，通过小组中的互相介绍、学习，这些都为学生积极思考与合作交流提供了广阔的空间。教师通过指导学生观察、实验、操作、推理与交流，使学生对提出的数学问题进行分析，并将自己所了解的知识在小组或全班交流，让每个学生都能获得成功的情感体验。

1. 小组内学生互动学习锐角、直角、钝角之间的区别。

小组内互相学习，把自己知道的告诉你的同桌，然后在通过小组汇报的形式了解学生学习角的分类的情况。

生：直角我们可以用三角尺的直角来比一比。教师出示直角的挂图及板书。

学生对于老师的直角挂图都不是很认同，纷纷提出用自己手中的三角尺来比一比。学生在有了"动"的想法时教师就应给出时间，让他们带着老师的问题自己来比一比。

学生得出结论：锐角是比较小的角，也可以用三角尺来比一比，只要比直角小的角就是了。教师出示锐角的挂图及板书。

"钝角是比较大的角，也可以用三角尺来比一比，只要比直角大的角就是了。"教师出示钝角的挂图及板书。

2. 通过动手折一折，进一步体会三种角的大小与区别。

师：你们都已经认识了这三种角的大小。你可以用手上的这张纸折出其中的一种角吗？然后再和同桌比一比谁折的角比较大。

生：我折的角比他大。

师：你怎么知道你折的角比他呢？

生：我把两个角叠在一起比较的。

接着让大家把自己折的角和前后的同学再用这种方法比一比，让学生自己总结出比较角的大小的方法。

生1：有一些可以用眼睛看出来。

生2：一定要其中的一条边叠在一起比较。

生3：光边重叠不行，顶点还要重合。

（通过学生已有的经验进行教学，有效实现了师生之间、生生之间、个体与群体之间的多向交流与合作，使每个学生都成了学习的主人，可以说，小组学习提高了学生学习的效率。）

三、放手让学生自己提出问题、解决问题

应用所学的数学知识解决实际问题是数学教学的重点。教材在"小兔的新房子"一课中设计了多种角与学生的"生活世界"联系起来,使学生感受到数学就在身边,这为学生自己应用角的知识营造了良好的环境。

1. 找出小兔家的角。

师:看小兔的新房子已经建好了,这里也有我们刚刚学习过的角,你可以找出来吗?

学生通过观察课件"小兔盖房子"找出不同的角,并且进一步了解可以借助三角尺来判断角的类型。

通过同桌同学之间的相互说一说,进一步了解找出不同角的方法。

个别学生到讲台上比一比、量一量,向同学说出测量方法。

2. 小兔考考你。

多媒体:(1)找直角的练习,学生抢答并且说出想法。
　　　　(2)小组讨论完成数有多少个直角的练习(有一定的难度),再汇报结果。

(学生通过参与实践式数学情境,自然而然地认识到生活中除了房子里的角,还有很多地方运用到不同的角,从而喜欢学习数学,培养了学生应用数学的意识。)

四、放手让学生亲身经历体验的过程

"体验",就是指学生在实际的生活情境中去感受、去验证、去应用、去实践。这种体验是学生发挥多种感官的协同作用参与学习活动的过程,就是让学生亲自体验问题情境,获得丰富的直接经验,以达到理解问题的目的。学生对角的分类基本上可以理解,但是较少联系到身边的事物。我设计了用身体的语言来表示不同的角,然后再展开联想深入生活。

1. 师:其实不光在房子里有角,就连我们身上也有角,你知道吗?

多媒体:少先队员敬礼时手可以组成角。

让学生自己试一试用手、用脚等身体语言来表示不同的角。

2. 学生浏览教师收集的相关课件及图片(桥、飞机、风筝等),再联系实际说一说还有什么地方用到角的知识。

3. 师:你能用我们今天学习过的角,设计一张贺卡送给小兔做礼物吗?

学生设计完后展示部分作品,并且介绍自己什么地方用到了什么角。全班同学评出杰出设计师。

(随着运用身体语言来进一步体会角的大小及角的不同分类的活动,学生的动手动脑的能力得到了提高,这是传统的教学无法实现的。通过亲身体验,增强了学生的实践能力。)

【活动评述】

在本节教学中,学生成为数学活动的主人。主要表现在:1. 教师放手让学生参与数学学习的各个环节,以实现数学课堂教学效率的最优化。2. 在教师的指导下,放手让学生收集信息、提出问题、分析问题、解决问题,从而使学生真正成为课堂学习的主体。3. 教师引导得法,放得适度,最大限度地引发学生学习数学的动力,增强学生在教学过程中的自主性和创造性,达到真正提高学生数学能力的目的。

(深圳市南山区前海小学　冯霞辉)

在互动中体验,在活动中学习

——《认识角》的教学活动设计

【设计内容】

《认识角》是小学《数学》实验教材(北师大版)二年级下册第七单元"认识图形"的第一课时,主要是让学生了解有关角的知识。本设计通过"拼一拼"、"摸一摸"等一系列的体验性活动贯穿全课。

【设计理念】

新课标指出,学生的数学学习内容应当是现实的、有意义的、富有挑战性的。从教学内容来看角的认识并不是纯粹的知识性学习,而是一种体验性的活动,包含了丰富的过程性的学习目标。所以本篇教学活动设计以教材为基础,结合学生实际,提供具体有趣的素材,引导学生进行体验性活动。本节课分为初步感知——直观体验——操作练习——发展新知这几个层次来设计教学活动。

【活动目标】

1. 通过大量的动手操作活动让学生感知角的特点,同时体会到角来源于生活并无处不在。

2. 在互动体验和小组活动中引导学生探索角的大小和哪些因素有关,又与哪些因素无关,从而培养学生初步的观察能力、动手能力、探索意识和合作精神。

【活动过程】

活动一 拼图游戏,引入"角"

游戏是孩子们的天性,抓住孩子喜欢游戏的心理设计拼图游戏这一环节,为的是充分调动起孩子们学习的积极性,同时让学生在动手拼图的过程中自然地引出"角"的图形。

上课伊始,先让学生做一个"拼图游戏":分别用两根、三根、四根小棒随意拼图形。当他们用两根小棒拼的时候,很多学生都能拼出角来,老师在实物投影上展示并顺势揭示:像这样的图形,我们就把它叫做角。

(学生在动手操作中自己拼出了角的图形,使知识的引入自然流畅,同时为下面学习角的各部分名称做好了铺垫。)

活动二 说一说、剪一剪、摸一摸，体验角的特点

为了让学生更进一步体会角的特点，感受角来源于生活，并且在生活中无处不在，我设计了如下的实践操作活动：

1. 引导学生回忆生活中他们都在哪些物体的表面上见过角，让他们自由地交流，并且强调角一定是在物体的表面上的。例如，黑板的表面上有角，同时可以用手顺势摸一摸黑板的表面，暗示学生，角是两条边中间所夹的部分。

2. 出示五角星、三角板的图片，让学生找一找这些图片上的角，将这些图形从纸上剪下来然后摸一摸他们上面的角，并让他们交流剪、摸、看的感受。引导学生观察和比较，然后归纳出角的特点：角有两条直直的边，一个尖尖的顶点。同时向学生介绍表示角大小的弧线符号：通常我们会从角的一边画一条弧线画到角的另一边，用这个记号来表示角张开的大小。

3. 在生活中寻找角。学生找角的范围很广：文具、书籍，教室里的各种事物。找到这些角后还可以引导学生摸一摸两条边中间所夹的部分。

（在这整个过程中无论是角摸起来的感觉还是角的特点，都是学生自己通过操作活动从实践中得出，并用自己的语言总结出来的，教师只是活动的组织者、引导者与点拨者。）

活动三 做角、玩活动角，体会角的大小变化

形象、生动的活动能够帮助学生对知识的理解，设计这一环节是希望在操作活动中挖掘和培养学生的想象力和创造能力。比如用肢体动作强化对角的感知；在玩活动角的过程中让学生自主探索角变大变小的奥秘。我是这样设计的：

1. 让学生用身体的某一部分来表示角。学生都有很强的表演欲望，因而兴致勃勃，每人都想上台一展自己的创意。他们运用自己的腿、手臂、躯干、手等表示出了五花八门的"角"。（当然在这个环节需要向学生强调的是：我们的活动只是一个形象的表示，并不是严格遵循角的定义，而且生活中很多"角"都是这样，因为客观需要而有所"变形"，例如桌角为了避免大家受伤就不能做得太尖。）

2. 引导学生借助一定的工具做角。我们可以用上自制的学具——活动角，让学生用活动角做一个角，然后想办法让角变大、变小，引导学生交流并用自己的语言描述一下角是如何变大变小的。小组展开讨论：角的大小和什么有关？最后进行归纳、总结：角的大小与两边叉开的大小有关系。

（让学生自己动手表示角、制作角的活动，既培养了学生的操作能力，又加深了学生对角的大小变化的认识，直观感知角的大小与两边叉开的大小有关系，为今后从运动的观点理解、掌握角的本质做好铺垫。）

活动四　学习画角，探索角的大小与边无关

在这一环节希望学生掌握正确的画角方法，通过尝试延长、缩短角的两边探索角的大小与边的关系，这也是本课的一个难点。

引导学生发挥想象力按照自己的感觉去画一个角，然后通过课件演示规范的画角步骤和方法，并指导学生按照正确的方法自己动手画一个角，标清楚角的各部分名称。

教师在黑板上分别加长角的两边，抛出问题，引发学生思考：老师把边加长以后，这个角的大小改变了吗？让持有不同观点的学生们自由辩论，认为角变大了说说你的理由；认为角的大小不变也要拿出有力的理论去与之辩驳。最后引导学生发现结论：角的大小与边长无关。

（在这一环节教师为学生创设了一个"冲突"，从而自然地引发了学生的争论，而争论的过程实际上也是探索真知的过程。学生在这种讨论过程中闪现出来的用建立模型的方法佐证自己观点的意识是非常难得的。）

活动五　拓展欣赏，体会生活中的数学

这一环节的设计主要是让学生感受角在生活中无处不在，同时深深地体会到在生活中学数学、用数学的乐趣。

最后在课件中展示生活中的事物：剪刀、皮箱、时钟、房顶、家具。让学生们找出这些藏在生活中的角，同时布置给学生一个课后的实践活动：回家以后把自己在生活中见过的、听过的角都记录下来，名字就叫做：我所知道的角。鼓励学生只要留心观察生活，一定会有收获！

（拓宽视野，丰富感知，培养学生在生活中学数学、用数学的意识。）

【活动评述】

这个案例的精彩之处在于以下几个方面。1. 它将所有的知识学习自然地融于各项活动中。2. 各项活动的设计紧紧地贴近生活，使学生真正体会在生活中学数学、用数学的乐趣。3. 整个知识的获取、探索过程都是在学生自主学习的氛围中进行。4. 整个设计既能营造出活跃的课堂气氛，又能引发学生深层次地思考，将动静结合得很自如。

（深圳市南山区华侨城小学　韩　娟）

实践出真知，放手任翱翔

——《长方形与正方形》的教学活动设计

【设计内容】

这是小学《数学》实验教材（北师大版）二年级下册第七单元《认识图形》中的内容——《长方形与正方形》，主要是初步了解长方形和正方形的特征。本设计以动手操作及探索活动贯穿全课。通过学生拼组藏宝图，逐步按照智慧爷爷神秘信封上的指示完成一个又一个的学习内容。

【设计理念】

数学学习不只是知识的学习，更重要的是过程的学习，我们一直在思索着如何能在教学活动中体现数学学科的科学性、实践性。学生动手能力和探索精神的养成，是教会学生追求真知的法宝。本节课的设计就是以学生探索学习、动手操作、发现事实、得出初步结论为线索，进而总结长方形和正方形特征来进行的。

【活动目标】

1. 通过操作、比较、归纳，能够用自己的语言描述长方形、正方形的特征，充分发挥学生的学习主动性。

2. 通过拼组图形等游戏，激发学生积极探索的学习兴趣，并获得研究图形的经验，发展学生的空间观念。

【活动过程】

一、游戏引入，初步建立长方形和正方形的大小空间概念

通过拼补残缺的藏宝图，激发学生学习兴趣的同时，让学生初步感受图形有形状之分、大小之分，形成初步的图形空间感，为后面的教学做好铺垫。

引入：智慧爷爷听说小朋友们非常聪明，想让我们帮他解决一个问题：他有一张藏宝图和四个信封，小朋友们打开藏宝图后，按照四个信封中的要求去做，就会发现其中的大秘密。让我们一起用我们的智慧帮助智慧爷爷解开这个秘密好吗？

游戏：拼补藏宝图。老师准备的是一幅残缺不全的藏宝图，首先出示藏宝图的反面（有色纸板），其中缺少的部分分别为长方形、正方形和三角形。让学生从一大堆大大小小形状各异的图片中选择适当的进行拼补。拼补完成后问学生：为什么要选择这个图片？然后，将藏宝图正面转过来，经过拼补后的纸板上画有完整的两个图形——长方形、正方形。我们的探索就由这两个图形展开。

这个游戏的设计是为了让学生能从一堆不同的图形中选出与残缺部分的形状、大小相同的图形补上,初步建立学生的空间感。

二、打开第一个信封:你能分别找到藏宝图中长方形的长和宽吗?正方形的边呢?

这个环节就是要让学生自己探索认识长方形的长和宽、正方形的边,以及它们的特征,让学生学会学习的方法,在实践中体会学习知识的乐趣。

教师活动	学生活动	活动反馈
1. 指导学生讨论。 2. 参与并指导小组活动。 3. 听汇报,做指导并板书。	1. 认识长方形的长和宽,正方形的边。 2. 分组活动:(1)讨论研究长方形的长和宽、正方形的边及它们的角分别有什么特点。(2)实践操作。 3. 交流、汇报。	学生积极地猜测,认真地实践,大胆地发现,使整个过程跌宕起伏,师生在共同探索、交流中完成了各自的任务。

(通过自己的动手实践去发现长方形和正方形的特征,这种教学方式突破了平时教师灌输概念的形式,让学生更加积极主动地参与到学习中来,更加注重学习过程的参与和学生情感态度价值观的培养。)

三、魔术:探索长方形和正方形之间的关系

这个环节主要是通过猜测、实验让学生感受、了解长方形与正方形之间的关系。

教师拿出第二个信封,慢慢抽出信封中的纸板(信):请同学们看看老师抽出来的部分是什么形状?

教师拉出的纸板先是长方形,后又变成正方形,让学生感受长方形到正方形之间的变化。学生表现得非常积极,此时教师马上接着问:为什么一会儿是长方形?一会儿又是正方形呢?

让学生先纷纷发表自己的意见,然后鼓励学生亲自动手来验证,小组讨论出原因,全班交流得出结论:长方形的宽与长相同时就变成了正方形。

(魔术的神秘感,增强了学生学习的积极性,同时为学生大胆的猜想提供了一个良好的机会,充分体现了学习的趣味性和开放性。学生分组动手操作,进一步观察感受长方形和正方形之间的变换,了解它们之间的关系。)

四、拆开第二个信封:加一条线段,在长方形中画出一个正方形,在正方形中画出一个长方形

这实际上是一个变式练习,目的是让学生进一步理解长方形和正方形之间的联系,以及长方形中边和宽的变化。

第二个信封要求我们用一条线段,在长方形中画出一个正方形,在正方形中画出一个长方形。

让学生自己动手画一画,然后小组交流。

请个别同学展示汇报,进一步提问:怎样画的方法才好?

讨论这个问题时可引导学生回想刚才长方形变成正方形的过程。

(学生动手操作,亲身的体验,比老师单纯的讲解效果好得多。要使学生积极动脑,充分调动思维,学能活用。)

五、拆开第三个信封:将长方形中的正方形涂色,请你数一数,这个正方形中有几

个正方形

这个环节的设计是为了让学生在认识单一图形后,对相对复杂的图形能够有一定的了解,这里之所以要涂色,是为了让事先用蜡笔画的痕迹显露出来,使原来还是一个大正方形的图纸经过涂色后分成了许多小的正方形(这个原理大家都知道,上课时也没有必要向学生解释)。

教师活动	学生活动	活动反馈
1. 指导练习数正方形。	1. 数一数。	大多数学生能较准确地数出图中正方形的个数,说明学习效果不错。

(让学生接触更多的图形,能够应用学过的知识,使学习不再局限于书本,而是将他们的思路打开,能够更多更全面地了解图形。)

六、拆开第四个信封:你今天学会了什么?

这是对本课知识的总结。

(让学生自己三言两语地说说自己的收获,老师只稍做语言指导,这样比由老师不停地强调效果好很多。)

七、知识的升华:今天同学们找到宝物了吗?

40分钟过去了,我们找到了秘密吗?

1. 这是知识的升华,对学生情感价值观的培养。

2. 同学们表现积极,从不同角度理解这个问题。有的认为秘密是认识了图形,有的认为秘密是找图形,有的却认为秘密就是学会探索……

(这个发问是引导学生通过今天的学习,认识到不仅学到了很多知识,同时也学会了学习的方法,更是激发了自己勇于探索、追求真理的精神,这就是我们今天找到的宝物。)

【活动评述】

这是一节创新的数学课,不论是对学生动手能力还是情感价值观的培养都充分体现了新课改带给给教学带来的新气象。通过修补藏宝图、寻找秘密、变魔术以及后面教师用蜡笔做的"机关",这样一个个具有神秘色彩的情节,始终引领学生感受着知识的魅力,成为激发学生不断向前探究的动力。

本节课几个新的亮点在于以下几个方面:1. 尊重学生学习的方式。让学生通过大胆的猜想、大量的亲身实验证明长方形和正方形的特征,尊重了他们学习的自主性。2. 关注学生学习的趣味性。将全课的设计以寻宝这样一个神秘的话题贯穿,激发学生学习的积极性,也增加了学习的气氛。3. 注重学生情感价值观的培养。通过一系列的实践探索活动让学生初步了解学习数学就是要善于动手动脑、实事求是、勤于实践、勇于探索。

(深圳市南山外国语学校 粟 芳)

开放的课堂充满活力

——《对称图形》的教学活动设计

【设计内容】

这是小学《数学》实验教材（北师大版）三年级下册第二单元《对称、平移和旋转》第一课时《对称图形》的内容。本节课主要是认识对称图形、体会对称图形的基本特点。

【设计理念】

为了更好地达到本节课的学习目标，在教学过程中安排了动手操作的活动，让学生在活动中逐步感知、逐步体验。通过师生、生生之间的互动来逐步完成本节课的学习。具体采用了"动手实践——观察比较——归纳特征——观察操作——联系生活——应用拓展——欣赏创造"的教学程序。

【活动目标】

1. 通过观察与操作，认识轴对称图形，理解对称轴的含义，学会画对称图形的对称轴。

2. 通过观察、操作、交流、欣赏、创造、应用等活动，感受图形对称的美，感悟数学知识的魅力。

【活动准备】

课件、剪刀、彩纸等。

【活动过程】

一、观察操作、归纳特征——认识对称图形及其特征

教材一开始是让学生欣赏美丽的剪纸图案，这些图案都是对称的。但是在实际生活中，有许多剪纸图案并不对称。为了避免学生出现这一定势思维，让学生对对称图形有更深刻的认识，所以课刚开始的时候就让学生自由剪纸。

教师谈话：同学们喜欢剪纸吗？那给你们三分钟时间，剪一个你喜欢的图形。

学生动手操作，剪完的学生将作品展示在黑板上。（这里学生有可能会对折以后再剪，也有可能随意剪，也有可能在纸上画好图案再剪，甚至还有可能在纸上用尺子画出几何图形再剪，如正方形）

学生汇报自己剪的方法。（这里是挑几种具有代表性的，例如对折后再剪的、画好后再剪的、随意剪的，让学生上台说自己剪纸的方法。）

教师引导学生根据剪的时候是否对折将展示的图形分为两类：这些剪纸图案有的是对折以后再剪的，而有的没有对折就剪的，那你能根据剪的时候是否对折给黑板上的这些图形分分类吗?

分类后,学生先观察比较对折以后的图形有什么共同特点?小组进行讨论,从而认识对称图形及对称轴。

学生认识对称图形及对称轴后,再通过找出对折以后再剪的图形的对称轴的活动,进一步强化对对称图形的认识。

由于有些没有经过对折、而用尺子画出的几何图形也是对称图形,所以这里可让学生用对称图形的判断方法检验黑板上另一类图形是否是对称图形,学生的认识在这里得到了更进一步的深化。最后再根据对称图形的特征将黑板上的图形重新分类。

(以开放的剪纸活动作为主线,给学生提供了广阔的空间,激发了学生的兴趣,活跃了课堂的气氛。学生从自己喜爱的、轻松愉快的活动中不经意地掌握了新知识。)

二、联系生活、目标融合——认识生活中的对称物体

在学生认识了对称图形及对称轴,并且通过一组练习加以强化之后。为了让学生充分感受数学知识的魅力及其与现实生活的密切联系,我特意设计了下面的环节。

教师让学生谈谈对对称图形的感受:刚才同学们真了不起,发现了这么多的轴对称图形!你们看了这么多的对称图形以后感觉怎样?

学生可能会说美。当学生说到美的时候,教师给予肯定并出示一个剪好的对称的"美"字说道:"就像春天一样美!"并随即出示一首描写春天景色的古诗:村居(高鼎)草长莺飞二月天,拂堤杨柳醉春烟。儿童散学归来早,忙趁东风放纸鸢。并配有一幅美丽的春景图作为背景,画面上蝴蝶飞舞,小鸟歌唱,儿童在兴高采烈地放风筝,长长的柳条垂到了地上,呈现出一幅春意盎然的景象。让学生读这首诗。

接着让学生说一说这首诗具体描写了春天的哪些景?学生可能会一一列出他所看到的景象,这时可引导学生结合本节课的内容看看有什么新发现,学生可能在这幅图中能找到人体、树叶、风筝、蝴蝶、小鸟等许许多多的对称物体,使学生对于轴对称有了更进一步的认识。

为了巩固学生的认识,紧接着可以让学生判断一组物体是否是对称物体,并且举例说一说周围有哪些物体是轴对称图形?由于学生在前面对轴对称有了比较充分的感性和理性认识,因此能举出大量的实例。

(本环节的设计打破了学科本位,充分体现了学科之间的整合,使学生进一步感受到了数学美。并且通过列举生活中的实例,使学生深深地体会到数学来源于生活,同时又服务于生活,增进了学生对数学的理解,激发了学生学习数学的热情。)

三、深化拓展、提升认识——欣赏并创造美丽的对称图形

学生此时对对称图形已经有了一个清晰的认识,为了让学生对对称图形的体验进一步得到升华,我设计了让学生欣赏生活中的对称图形或物体,而且为了让学生更好地体会对称的美与其必要性,我将这些素材分类呈现给学生。

伴随着优美的乐曲,课件分别出示:

第一类:自然美(不少植物、动物都有自己的对称形式)。动物、植物等图片。

第二类:艺术美(对称也是艺术家们创造的重要准则)。剪纸、京剧脸谱、建筑等图片。

第三类：均衡美（对称不仅美观，还能使物体保持平衡）。飞机、汽车等图片。

随着课件的出示，播放录音：人类渴望安定、追求和谐，"对称"也是人类自身的需要，是人类从自然界和社会实践中提炼出来的，已被广泛应用于生产、生活的各个领域，我们今天要学习的课题"对称"，显然是一个很值得研究而且非常有趣的课题。

在学生进一步感受到对称的美之后，我让学生充分发挥自己的想象力和创造力，设计一个美丽的轴对称图形，并且要求边做边想：怎样证明自己创作的图形是轴对称图形？学生可以用剪的方法，也可以采取在方格纸上画等其他方法进行创作，之后再在全班展示交流。

（通过分类欣赏生活中的对称图形，使学生进一步提升了对对称图形的认识，并通过学生的独立创作，超越了新知，使每个学生在数学上得到了不同程度的发展，从而享受到了成功的喜悦。）

【活动评述】

本节课自始至终给学生创设了开放的、活动化的情境，利用学生已有的观察物体的基本方法，引导学生在自主探究中感受对称、在动手操作中感受对称、在列举实例中感受对称、在欣赏中感受对称、在创造中感受对称。教学中充分相信每一位学生都能学好数学，最大限度地让学生动手操作、自主探究、合作交流，尽可能地调动学生的手、耳、脑、口等多种感官协同学习，融剪纸、观察、折纸、画画于新知探索，引讨论、归纳、猜想、欣赏于认知发现，使得整个课堂充满了生机与活力。

（中央教育科学研究所南山附属学校　邬群峰）

在活动中建构概念

——《面积的初步认识》教学活动设计

【设计内容】

这是小学《数学》实验教材（北师大版）三年级下册第四单元《面积》第一课时第42～44页的内容。本节课主要是让学生在活动中体验、感悟什么是"面积"，在活动中探索比较图形"面积"大小的策略。

【设计理念】

数学学习内容的呈现应采用不同的形式，以满足多样化的学习要求。有效的数学学习活动应建立在学生的认知水平和已有的知识经验基础上，给学生创造动手实践、自主探索与合作交流的机会。"面积"对于学生来说并不陌生，他们有的在家庭购房时听说过，有的从媒体广告中听说过。但是，他们的认识仅仅是"物化式"的感性认识。因此，本课通过摸、比、描、贴等系列活动，从"生活中的面积——实物中的面积——图形中的面积——图式中的面积——生活中的面积"，来引导学生实现"面积"的知识建构，实现从实物到抽象的认识过渡，建立"面积"的空间观念，经历比较两个图形面积大小的过程，体验比较策略的多样性。

【活动目标】

1. 结合实例和贴图等活动，认识图形面积的含义。
2. 经历比较两个图形面积大小的过程，体验比较策略的多样性。
3. 进一步培养和发展学生的空间观念，培养学生解决问题的策略意识。

【活动准备】

教师准备：教学课件、每个小组2个信封（1个装军营地图和士兵图片，1个装长、正方形各3个）。

学生准备：每人1张格子纸、1张白纸、文具盒、数学书、本子、胶水、彩笔，每个小组1把剪刀。

【活动过程】

一、唤起经验——引出面积，认识面积

1. 从生活引入，调动学生学习面积的积极性

教师为学生介绍一位新朋友——小美，并提议参观小美的新家，从小美妈妈想为餐桌配一块合适餐台垫的生活问题中引出"面积"。接着问：你们听说过面积吗？在什么时候听说过呢？

（这一环节旨在从生活问题中引入"面积"，通过交流调动学生学习"面积"的积极性。）

2. 认识物体表面的面积

(1) 摸一摸：摸一摸课桌面、数学书的封面、铅笔盒的面，再摸摸自己的脸、手掌面。

师：我们刚才摸的这些，都是物体的表面。

(2) 比一比：比一比身边两个物体的表面的大小。并和小伙伴比比手掌面的大小。

(3) 说一说：通过刚才的比较，我们发现了物体的表面有的……有的……（师做手势）物体表面有大有小。物体表面的大小，我们就叫做它们的……（面积）。（出示面积的部分含义）

师：谁来说说你刚才比较的结果？

3. 认识图形的面积

(1) 描一描：选一样刚才摸过的物体，把它的面描在白纸上。

师：（找出学生描的几个图形，贴在黑板上）我们把这些物体的表面描在纸上，就成了图形了。咦，这些图形有的大，有的小，图形也有大小，我们把图形的大小叫做它们的什么？（面积）

(2) 比一比：出示两组平面图形，让学生比一比面积的大小。

(3) 说一说：现在谁能用自己的话说说什么叫做面积？

（这一环节主要是结合实例和操作活动，实现学生从具体形象的实物面积过渡到抽象的平面面积的认识，理解面积的含义。）

二、游戏活动——进一步比较、感悟图形面积的大小

游戏1：抢占敌人营地

游戏规则：这是敌人的营地，我们把士兵图贴在上面，表示这小块地被我们占领了。哪个小组占领营地面积最大，哪个小组就获胜。明白了吗？

学生以四人为一小组合作贴图。然后请小组长数一数小组占领的营地面积并作汇报。教师根据贴图面积的大小宣布哪个小组取胜。

（这一环节旨在让学生在贴图活动中进一步了解面积、领悟面积的含义。同时在此项活动中学生使用了比较面积大小的工具——士兵图，为下面的学习做了一个铺垫。）

游戏2：抓住敌人的首领

课件播放小美的声音：紧急情报！紧急情报！敌人的首领还没有抓到！据可靠消息，他藏在下面两个营地中面积较大的营地里！

师：你们猜，敌人的首领可能藏在哪个营地里？

揭示矛盾：大家的意见不一致，看来这两个营地面积的大小，我们光靠观察不能比较出来。怎么办呢？（出示信封）信封里有这两个营地的平面图，（师拿出图来）你们能想办法比较出这两个图形的大小，找出敌人的首领藏在哪儿吗？请四人为一小组的同学一起动脑筋想办法。

学生在小组内进行操作，教师巡视，及时了解学生想到的方法，接着小组代表进行汇报。学生想到的方法各异，他们想到的方法，都是他们原有认知的迁移、发展，或是从长辈口中获悉的结论。

有的学生说：我们小组想到了两种办法。第一种办法是用尺子量。我们量了1号图形的周长是32厘米，2号图形的周长是34厘米，所以我们认为2号图形的面积大。

第二种方法是把图形放在方格纸上比一比。1号图形占了64个格子，2号图形占了66个格子，所以2号图形的面积大。有的说：把这两个图形对齐叠在一起，看剩下的部分谁大。有的说：我还有别的办法，我不用剪，把这两个图形叠在一起，折出多的部分，再（把多的部分）叠在一起再比，再折出多的部分再比。有的说：我还有一种简单一点的方法，但不知道可不可以？把这两个图形对齐叠在一起，剩下部分量一下周长，周长长的面积大。有的甚至提出疑问：刚才我们小组想到的第二种方法是用方格纸来量，如果没有方格纸，怎么办呢？

学生提到的方法中，有的是合理正确的，也有不科学的。教师引导学生给予评价与验证，得出正确的方法和结论。

（这一环节通过游戏情景创设，激发学生的探索欲望，通过他们的实践探索活动，经历两个图形的面积的大小比较过程，体验比较策略的多样性。）

三、激疑解惑——巩固、拓展对面积的认识

播放课件，小美说：你们真能干！我画了两幅画挂在墙上，请看！你知道谁的面积大吗？（点击出现两个图案）

再次播放课件，小美说：你们真会动脑筋！我还有几个难题，你们能帮我解决吗？

1. 请你比较下面三个国家的土地面积的大小。

2. 我的房间和妈妈的房间分别用下面两种瓷砖贴的，两个房间都用了100块瓷砖，这两个房间的面积一样大吗？

3. 妈妈量了餐桌的桌面面积是36个小垫子的大小，爸爸拿着这个垫子去买了一块面积也是36个小垫子大小的餐台垫，拿回家一配却不合适。你们知道为什么吗？

四、欣赏活动——回归生活，领略"面积"在生活中的重要作用

播放蔚蓝海岸社区、南油小学、深圳世界之窗的图片及相关面积介绍

师：现在，你们想跟我说说什么呢？在今天的学习中，你们有什么收获吗？你们还有什么疑问吗？

（这一环节让孩子们从虚拟的生活情境回到现实的生活情境中，感受到面积在生活中——特别是建筑中的重大作用，进而更深地体会到数学的有用性和它的重要地位。）

五、创意设计——体会面积单位的作用，形状不同的图形面积可以相同

在方格纸上设计3个面积等于12个方格的美丽图案，下一次课在班上进行交流展示。

【活动评述】

本案例以参观小美新家为情境主线，通过不同层次的活动，使学生从"生活中的面积——实物中的面积——图形中的面积——图式中的面积——生活中的面积"实现对"面积"的知识建构，逐步建立面积的空间观念。学生在活动中体验、感悟、自主探索，在活动中，学生认识事物的朴素思想自然而然地流露与呈现，他们对"面积"的认识实现了从一维到二维的质变。

（深圳市南山区南油小学　陈健丽）

操作中发现,运用中深化
——《长方形和正方形的面积计算》活动设计

【设计内容】

这是小学《数学》实验教材(北师大版)三年级下册第四单元《面积》中《摆一摆》第一课时的内容,它主要讲的是关于长方形和正方形面积的计算方法。本设计通过人人动手摆小正方形和人人动手去测量身边的长方形和正方形等操作活动展开教学,让学生在操作中体悟长方形和正方形面积的计算方法。

【设计理念】

新一轮基础教育课程改革的核心理念是促进师生的共同发展,先进的理念只有付诸于教师的行动中才能落到实处。因此,在本节课的设计中,着力于围绕着教学内容给学生创设适于自主探究、合作交流的教学情境,让学生在探究中体验长方形面积公式的形成过程。数学来源于生活,生活中处处有数学。基于该理念,本节课首先创设了一个完整的模拟生活情境——帮小熊一家解决问题。同时,还创设了让学生找出教室里的长方形和正方形并量一量,然后算出它们的面积的真实情境。让学生真正感受到:数学来源于生活,又回归生活中去。

【活动目标】

1. 引导学生探究长方形和正方形面积公式的形成过程并理解算理。
2. 掌握长方形和正方形的面积公式,并运用公式解决一些简单的实际问题。
3. 在教学活动中渗透操作、发现、验证的学习方法,使学生养成严谨的科学态度。

【活动准备】

教师准备:课件和1平方厘米的正方形若干。

学生准备:制作20个1平方厘米的正方形、大小不同的长方形、直尺、卷尺。

【活动过程】

一、讲故事,提问题——激发情趣

学起于思,思源于疑。根据学生爱探究新异事物的好奇心理,创设短小有趣的故事问题情境,学生兴趣必然浓厚,注意力必然集中,以此来激发学生的求知欲。

教师用生动的语言拉开了这节课的序幕:熊家三兄妹听说本周是我们学校的环保周,他们也绿化了他们的家园。熊妹妹说:"我绿化的比你们的多。"熊弟弟说:"不对,不对,我的才比你们的大。"熊哥哥说:"你们说得都不对。"他们为此争论不休,到底谁的绿化面积大呢?你们有什么好办法,帮他们解决这个难题?(教师一边讲述一边用电

脑展示出第48页的三个图形)

学生听得津津有味,教室里很安静。听完故事,学生们纷纷举起小手,个个跃跃欲试。印证了"故事是儿童的第一需要"这句话,故事里生动的情节,丰富的感情,激发了学生浓厚的兴趣,调动了学生强烈的求知欲望。

二、组织活动,建构新知——探究长方形面积的计算方法

为了进一步培养学生的估算意识和初步的空间想象力,在教学过程中我安排了这样的活动:

活动一 观察图形,培养估算能力

用电脑出示第48页的三个长方形:长4厘米,宽3厘米;长5厘米宽2厘米;长6厘米宽4厘米,让学生估算三个图形的面积,并把部分学生的估算值写在黑板上,同时要求学生记录自己的估算值,便于和后面的准确答案比较。

(通过估算活动,学生知道估算不仅用于计算中,在图形中也同样用到,增强了学生的估算意识。)

活动二 动手操作,解决问题

(根据建构主义的思想,设计一个开放性问题,既复习前面学过的知识,又让学生在已有知识和经验的基础上探究出长方形面积的计算方法。)

1. 分工合作,测出面积

师:这三个长方形的实际面积是多少?你们有办法知道吗?请学生说自己的想法。

接下来学生分组操作并完成第48页的统计表。

电脑显示活动要求:

第一、测出三个图形的面积。

第二、小组长要进行合理分工。

第三、在书上做好记录。

第四、确定好发言人。

(通过小组合作进行操作,既充分发挥了学生的主体性,增强了学生的合作意识,又使教师有充分的个别指导的时间,参与学生的活动。)

2. 全班汇报,完成统计表

	长(厘米)	宽(厘米)	面积(平方厘米)
图①	4	3	12
图②	5	2	10
图③	6	4	24

3. 展示方法,发现计算长方形面积的方法

(通过学生说自己喜欢的方法,从而发现更简便计算长方形面积的方法。)

师:你们是怎么得到图①的数据的?

生1:一个一个摆出来的。我和同桌一个摆,一个数,用了12个小正方形,因而是12平方厘米。其中沿着长一排刚好摆了4个,长是4厘米,沿着宽摆了3个,宽就是3厘米。

师:你们分工很合理。

生2:我们先用小正方形将图摆满,然后再来数个数,就知道是12平方厘米。

生3:我们的要比他简单一点,而且要快,因为我们没有摆满。我们沿着图①的长边摆了4个1平方厘米的小正方形,所以长4厘米,沿着宽摆了3个,宽3厘米。还看出可以摆3排,用二年级学的乘法可算出摆12个,也就知道了它的面积。

师:你们明白他的方法吗?

生4:沿着长方形的长摆了2排,刚好摆一半,用了6个,那我就预知还需要6个,共需要12个,也就是12平方厘米。还可以看出宽3厘米,长2×2=4厘米

生5:用小正方形来量,有点麻烦,我们先用尺子测量出它的长4厘米,宽3厘米。然后用长乘宽4×3=12平方厘米,就OK了。我们还用这个方法算了另两个图形,结果都一样。

师:用尺子能量出长度,可是怎样测量出它的面积呢,能说得具体一点吗?

生5:长4厘米可以沿长摆4个,因为小正方形的面积是1平方厘米,它的边长就是1厘米,4个小正方形刚好一排,合起来的长就刚好是4厘米;同样,宽3厘米就可以一列摆3个,还看出可以摆3排。一共摆12个,所以也就是12平方厘米。

接着让学生说自己喜欢的方法,经过交流,大多数都说生5的方法比较简单。然后归纳出生5的计算长方形面积的方法。

师:你们真了不起,通过自己操作发现了计算长方形面积的方法。但是这个方法正确吗?能不能用于所有的长方形?

(让学生自己去探究、发现更简便计算长方形面积的方法,无需教师强加。)

活动三 分组验证,确定计算方法

(渗透一种科学的学习方法,初步养成严谨的科学态度。)

1. 小组进行验证(教师提供的长方形)

请用刚才生5发现的方法计算出长方形的面积,再用学过的方法进行验证。

2. 让学生自己画一个长宽都是整厘米的长方形再进行验证并在小组交流。师生共同确定计算方法并板书。

3. 回顾这个方法是怎样找到的。

师:同学们,刚才我们是怎么找到长方形面积的计算方法?这里让师生一起回顾,并整理出"观察、操作、发现、验证"的学习方法。教师强调"观察、操作、发现、验证"这种学习方法对我们的学习有很大的帮助,学习新本领时应常想起它。

(给学生渗透一种观察、操作、发现、验证的学习方法,使学生从小养成严谨的科学

态度。)

三、联系生活,拓展应用

(这是一个模拟的生活情境——"小熊的家",先用电脑展示小熊的家,再按照下面的问题,一个一个地展示图片。主要是巩固并运用长方形面积的计算方法来解决问题,同时让学生从长方形面积的计算方法推出正方形面积的计算方法。)

师:小熊一家看到你们解决了他们的问题,特别开心,还想让你们帮他们家解决几个问题,你们愿意吗?

熊爸爸说:"你们真是爱动脑筋的孩子,那帮我算算客厅的面积吧!长5米,宽3米。"

熊妈妈说:"你们太棒了!我正想买一块桌布,可我不知该买多大,帮我算算吧!饭桌长15分米,宽10分米。"

熊哥哥说:"这个问题好像不能用刚才学过的方法解决,你们能算出椅子坐板的面积有多大吗?这是一个正方形的面,边长是40厘米。"

学生汇报椅子坐板的面积:

有少数学生的答案:40×4=160(平方厘米)

大多数学生的答案:40×40=1600(平方厘米)

个别学生不知如何下手。

师:认为面积是160平方厘米的同学,说一说它们各表示什么意思。

生:40是这个正方形的边长,4表示4条边一样长,160……

师:160是四条边的和,是正方形的什么?

生:周长。

师:这里要计算的是什么?

生:面积!所以不对。

师:认为面积是1600平方厘米的同学说一说是怎样想的。

生:正方形是一种特殊的长方形,只不过长和宽都一样,长方形面积等于长乘宽,那正方形面积就改成边长乘边长。

师:你们同意吗?(同意)

师:说说正方形面积的计算方法。(板书)

熊弟弟说:"帮我算算我的小床吧,床面的面积200平方分米,宽10分米,长多少?"

熊妹妹说:"我最喜欢看大风车,帮我算电视屏幕的大小,长65厘米,宽48厘米。"

师:帮"小熊一家"解决了问题,你们真了不起,我替"小熊一家"谢谢你们。

(通过帮"小熊一家"解决问题,巩固了本节课的知识,也体会到数学为生活服务。)

四、实践活动——实际测量,巩固深化

(让学生体会到生活中处处有数学。)

师:在小熊家里,发现房子里到处是长方形和正方形。其实在我们的身边也有不少长方形和正方形,比如黑板的面、门等,因为长方形和正方形是一种常见图形,比较实用。你们想知道在我们身边的一些长方形和正方形的面积吗?

活动要求:

1. 同桌合作测量。 2. 把结果写在黑板上。 3. 相互评价。

（为学生提供了一个真实的生活情境,让学生就身边的长方形和正方形,进行测量、计算,大大提高了学习的积极性,让他们真正体会到数学来源于生活,又回归生活。在实践活动中,让知识进一步深化,同时经历了生生之间和师生之间相互评价的过程。）

五、小结

喜欢这种形式的课吗？

【活动评述】

这是一个典型的自主探究、合作交流的课例。在本节课的教学中,教师以饱满的激情和丰富的肢体语言感染了学生,通过创设问题情境激发了他们的兴趣。学生们以积极的态度去探究计算长方形和正方形面积的公式,经历了探究的过程,体验了面积公式的形成的过程；并以极大的热情帮小熊家解决问题,使知识和方法在运用中巩固、在巩固中内化,也体会到数学与日常生活的密切联系,体会到数学来源于生活、生活中离不开数学。又通过实践活动,让学生在参与中运用所学知识,使知识内化为学生的能力。

(深圳市南山区学府小学 汪国庆)

动手操作　经历过程

——《长方形面积计算》教学活动设计

【设计内容】

这是小学《数学》实验教材(北师大版)三年级下册第四单元《面积》中《摆一摆》的第一课时的内容,它是关于长方形面积的计算方法。本节课通过《摆一摆》的系列活动,让学生经历长方形面积计算公式的探究过程。

【设计理念】

活动教学理论十分强调:让每位学生通过动手、观察、动脑、讨论、试验,亲身体验数学知识的形成和发展过程,让每位学生在愉悦的体验中身心得到全面和谐的发展。本节课通过学生动手、填表、观察、讨论等活动,刺激学生的各种感官,激活思维,使学生真正经历推导长方形面积计算公式的过程,并渗透数学探究的方法:"实验——猜想(发现)——验证"。

【活动目标】

1. 通过活动使学生经历发现长方形面积计算公式的过程,理解长方形面积公式的由来,掌握长方形面积计算的方法,并能解决一些简单的实际问题。

2. 在活动过程中培养学生的观察、分析、抽象概括和动手操作能力。

【活动准备】

1. 每组有20个1平方厘米的正方形,每人准备一把尺子。

2. 下面三张表格:表1、表2是每个小组一份,表3是每人一份。

3. 课件。

【活动过程】

一、生活与问题

数学源于生活。这里我从生活实际问题的解决中,寻找知识的滋生点,引导学生发现问题,提出问题,寻找解决问题的办法。由此,激发学生的探究欲望。

1. 如果要分别测量数学练习本的面积、课桌面的面积、教室的面积,应该如何操作?

生1:用面积是1平方厘米的小正方形摆满数学练习本的封面,一共有多少个小正方形,练习本就是多少平方厘米。

生2:那样很麻烦,可以先横着摆,看可以摆几个,再竖着摆,看能摆几个,然后把横着摆的个数和竖着摆的个数相乘是多少,就是多少平方厘米。

生3：如果用1平方厘米的小正方形去摆桌面太小，应该用面积是1平方分米的小正方形，在课桌上先横着摆，看可以摆几个，然后……

2．课件展示：足球场、高楼、果园等画面。提问：想一想如果用面积单位测量它们的面积会怎样？让学生议一议、说一说。

生1：无法用小正方形去测高楼侧面的面积，因为高楼竖着可以摆多少个小正方形很难测。

生2：果园面积无法用小正方形测，因为果园里果树占了很大的面积。

生3：那该怎么办呢？

那么今天我们就要寻找一种更好、更简便的方法来计算面积，这节课我们就来学习长方形面积的计算。

（这一过程使学生理解知识产生的背景——生活的需要，并通过问题激发了学生的探究欲望。）

二、操作与计算

通过动手实践活动，引导学生形成合作交流的习惯、培养学生的发散思维能力，为进一步讨论、收集数据做好充分的准备。

活动要求：

1. 用桌面上20个1平方厘米的小正方形来摆长方形。
2. 想用多少个小正方形来摆都可以，只要摆出来是长方形就可以了。各小组根据摆出的长方形填写表1。（课件展示表1）
3. 各小组必须分工合作，一个同学负责填写，其他同学负责摆。

学生摆出来的长方形有：

（在摆长方形的过程中充分调动了学生学习的主动性，并给学生创造性思维提供了足够的时间和空间，通过填表加深了学生对面积概念的理解。）

三、探索与讨论

通过学生的观察、分析、讨论和抽象概括，让学生亲身经历长方形面积计算公式的推导过程，并渗透对结论检验的科学方法。

1．推导长方形面积的公式。

（1）小组讨论：根据表1，你们发现了什么？长方形的面积与它的什么有关？是什么关系？请把讨论的结果填在表1"我发现"一栏里。

学生填写的表1如下：

长方形序号	摆了几排	每排摆小正方形个数	长（厘米）	宽（厘米）	面积（平方厘米）
1	1	5	5	1	5
2	2	10	10	2	20
3	2	5	5	2	10
4	2	4	4	2	8
5	2	3	3	2	6
6	3	5	5	3	15
7	1	2	2	1	2

我发现：1. 每排小正方形的个数和长一样。
　　　　2. 排数和宽一样。
　　　　3. 长方形的面积＝长×宽
　　　　4. 面积÷长＝宽
　　　　5. 面积÷宽＝长

(2) 学生填完后，请各组代表上来发言，说说你们组发现了什么？（投影仪展示表格）

生：每排小正方形的个数和长一样。

生：排数和宽一样。

生：长方形的面积＝长×宽

生：面积÷长＝宽

生：面积÷宽＝长

你们是如何得到：长方形的面积＝长×宽？

生：长方形的面积和小正方形的个数一样，小正方形的个数等于每排的个数乘排数，每排的个数等于长方形的长，排数等于长方形的宽，所以：长方形的面积＝长×宽。

师：长方形的面积＝长×宽，这种关系是不是对所有的长方形都可以用，还是只对这些长方形有用？如果都可以，那又如何来验证对所有的长方形都可以用？

2. 验证长方形面积的公式。

(1) 如何验证我们得到的长方形的面积公式是正确的？

生1：我们先用小正方形量长方形的面积，然后再用"长方形的面积＝长×宽"计算，看两个结果是不是一样，如果一样就说明长方形的面积公式是正确的。

生2：那要把所有的长方形都用这两种方法计算，长方形有无数个怎么办呀？

生3：我有办法，可以随便写一个长和宽，看是不是正确！（学生只会用小数表示元、角、分，因此不会出现小数，所以都可以用小正方形量）

师：大家觉得他的方法可以吗？那么现在我们就按他的方法来检验。

按要求小组内完成表2：

① 在表格中任写出长方形的长和宽。
② 用得到的长方形公式计算。
③ 画出表中的两个长方形,再用合适的面积单位测量。

长方形	长(厘米)	宽(厘米)	面积(平方厘米)
1			
2			

公式计算:1.   2.
画图测量:1.   2.
结论:长方形的面积公式是正确的。

(2) 现在我们已经验证到:长方形的面积=长×宽。(板书:长方形的面积=长×宽)那以后我们如何计算长方形的面积?
生:只要知道长方形的长和宽就可以求出长方形的面积了。好方便呀!
生:量出长方形的长和宽就可以算面积了。
(在此活动中,知识形成的全过程活生生地展现在了学生的面前,真正达到让学生经历过程的目标,同时还合理地渗透了"猜想——验证"的科学思想。)

四、拓展与应用

体验长方形面积公式的方便性和实用性,知道计算长方形面积的必需条件。

1. 电脑出示开始时的果园、足球场和高楼。
师:现在该如何计算?
生:现在可以计算果园的面积,只要量出它的长和宽。
生:高楼的侧面面积也可以算了,只要测出侧面高和侧面宽。

2. 实际应用。

每位同学带上自己的测量工具和表3,可以离开自己的座位,测量教室里表面是长方形的事物的面积,并填在表3中。

物体的表面	长	宽	面积

(计算果园等的面积与开头呼应,使问题得到解决,让学生体验到成功的喜悦。让学生测身边物体表面的面积,充分体现了"人人学有用的数学"。)

五、总结与反思

学完这节课有什么要说的?
生:我和同学合作很高兴!

生：知道了长方形的长和宽就可以计算它的面积。

生：当我用"长方形面积＝长×宽"计算果园面积时，我很兴奋。

（体现了教师对学生的人文关怀，让学生在轻松、快乐的氛围中结束课堂的学习。）

【活动评述】

1. 本节课一系列活动设计给予学生充足的用眼看、用手做、用耳听、用嘴说、用脑想的时间和空间，让学生尽情的表现、发现，真正成为课堂的主人。

2. 通过知识的再创造，让每一位学生都能够真正地经历知识的形成过程，从而理解并掌握新知识。

3. 本节课的活动和情境创设都能够从学生的生活经历出发，让学生体验到数学的有用性，更重要的是从中渗透了科学研究问题的方法："实验——猜想——验证"。

（深圳市南山区白芒小学　解战国）

让学生经历、体验数学学习过程
——《比一比》教学活动设计

【设计内容】

这是小学《数学》实验教材(北师大版)三年级下册第四单元《面积》第一课时《比一比》的内容。它讲的是有关面积的概念和比较面积大小策略方面的知识。本节课设计通过创设学生熟悉的生活情境,以学生主动参与"比一比、说一说、摆一摆"等体验性活动贯穿全课。

【设计理念】

新课标指出,数学教学是数学活动的教学。这里所说的"数学活动"指的是数学观察、实验、猜测、验证、推理与交流、问题解决等思维、实践活动。关于空间与图形的学习,教材提供了很多直观形象、图文并茂、生动有趣的素材。但这只是重要的课程资源,而不是唯一资源。教学中,为了满足学习目标的需要,教师要结合学生的生活经验为学生创设活动情境,从而激发学生主动学习的愿望,达到本课所要求的学习效果。有这样一句话:"听见了,忘记了;看见了,记住了;体验了就理解了。"可见让学生感受数学、经历数学、体验数学是学习数学的最佳方式。本课就是通过抓住身边的事物,如比较手掌的大小和生日卡片,使学生初步感知面积的概念,再动手操作,探讨比较面积大小的策略,并利用多媒体课件的演示等途径,来实现让学生经历、体验数学学习的过程。

【活动目标】

1. 结合实例和具体活动使学生初步感知一个概念——面积。

2. 挖掘和利用身边丰富而有趣的实例,让学生充分感知物体面积的大小,发展学生的空间观念。

3. 通过具体的活动,探索比较物体面积大小的策略,体验比较策略的多样化,感受解决数学问题方法的多样性。

【活动准备】

课前每位学生从课本后面副页2剪下图5,并准备4个5角硬币和4个边长1厘米的正方形。

【活动过程】

一、创设活动情境,感知面积的含义

小学生认识数学往往是从身边的事物、从自身或他人的活动中,逐步形成数学概念的。大量的课堂实践也证明,一旦与学生讨论生活中的一些具体数学问题,每位学生都会津津有味地说出自己的看法。所以,我安排了下面的生活情境。

三八妇女节的前一天,刚好是星期日。这天,淘气和爸爸准备去选一套漂亮的房子买下来,然后把奶奶接过来一起住。两个人准备好了,淘气就拉着爸爸的手出门。这时,淘气突然发现,爸爸的手和自己的手不一样,其实这里存在着一个很重要的数学问题。你猜,哪里不一样呢?学生发言,师生合作表演,使学生发现:大人的手掌比小孩的手掌大。由于淘气很注意观察,并且爱动脑筋,所以他每次活动都能学到很多知识。

通过"比手掌"的活动,引起学生的思考,合理体现了教师(合作者)和学生(主体)的关系。

二、借助直观的活动素材,体会物体的面有大小之分

直观的活动素材都是学生能直接感受到的,他们有感性认识的基础,所以在分析这些数学问题时,很容易在他们头脑中激活已有的生活经验,也很容易使他们用积累的经验来感受并解决其中的数学问题。下面几个活动能让学生更好地经历、体验数学学习过程。

1. 爸爸和淘气的手掌大小不一样,在数学上我们这样说:手掌的面积不一样,或者说:爸爸的手掌面积比淘气的手掌面积大。

2. 出示实物:2张大小不同的生日卡片,语文书和数学书封面,教室前后两块黑板等。

　　看一看、摸一摸、比一比,想:这些面的大小叫做(　　　)

3. 举例说明身边物体的表面或图形的大小。

学生自己找身边的实物,介绍它的面积。可以个别汇报,也可以小组成员互相汇报。

(先充分利用学生身边熟悉的三个具体实例,通过看一看、摸一摸等独立活动,进一步感知面积的含义,领悟不同的面,它们的面积是有大小之分的。再把这些活动进行延伸,丰富学生对面积的感性认识,体现了从体验到理解的过程。)

4. 动手操作感悟比较面积大小的策略。

从副页2剪下一个正方形和一个长方形。

师:这两个图形,怎样比较面积的大小? 先想一想,再试一试。

话音刚落,教室里马上热闹起来,有的学生比比划划、有的开始议论……

如果有些学生还划不出什么名堂来,教师需赶紧提示:可利用你们带来的硬币和小正方形,组成四人小组一起研究,再把你们的比较方法记录下来。

大约过了五分钟,教室里慢慢安静下来,各小组长纷纷举手要求发言,于是汇报活动开始,教师负责板书:摆硬币,摆格子,剪贴法,叠放法。

在以上方法的启发下,又有学生想到更多的方法:数格子,折叠法,测量法。

为了进一步强化简单实用的比较方法,教师及时提问:这么多的方法,你最喜欢哪些? 请跟同学谈一谈。

(估测活动不仅是发展学生空间观念的载体,而且是发展学生解决问题策略的途径。借助工具进行比较,是一种有效可行的策略,这里通过组织学生小组合作、一起探究等一系列操作活动,研究出比较面积大小的多种方法,让学生充分体验比较面积大小策略的多样化。)

三、透过具体的生活素材,培养解决问题的能力

心理学研究表明,每位学生都有分析、解决问题和创造的潜能,关键是课程内容要提供好的素材,以促进学生这种潜能的发展。另外学生对数学知识的理解和运用并不是课堂一次能够完成的,而是需要逐步深化、提高。下面的内容是以上内容的发展和延伸,形成前后之间知识点的紧密联系。这样既有利于学生学得轻松、愉快,也有利于培养和提高学生解决问题的能力。

1. 淘气住的小区里,有两个不同形状的游泳池,哪一个面积大呢?课件展示(如图一)。

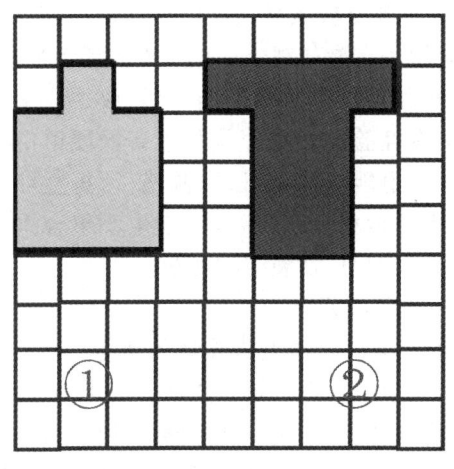
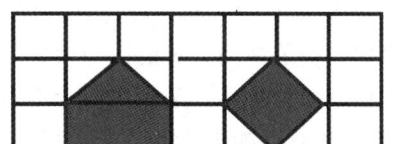

图一　　　　　　　　　　　　图二

2. 淘气家墙上挂了这样2张图画(如图二),它们的面积分别是多少个方格呢?

学生的回答大体有两种答案:第一种,两个图形面积都是4格;第二种,两个图形面积分别是3格和2格。

针对第一类学生的情况,教师只要直接在课件上操作,把两个半格拼在一起,凑成一格问题就可以解决。

(这一活动是通过"数格子",直观地让学生掌握数格子的正确方法,感受用数格子估测面积方法的广泛性,也把"数"和"空间图形"紧密联系起来,有力地促使学生对数学有一个整体认识。)

3. 结合前面买房子的事例,通过课件出示两套格局一样而面积不同的房子,开展一个小型辩论会:爸爸该挑哪一套房子?

课件出示两套格局一样而面积不同的房子,让学生观察之后开展一次小型的辩论会。学生的想法很多,也各有各的理由。

(小型的辩论会不仅使学生了解到实际中房子的大小是用房子的占地面积来表示的,而且还了解到经常用多少平方米来表示。)

4. 请画出面积是7个方格的图形。学生独立设计,画在课本上,并与同学分享。(播放音乐,学生画图,选优秀作品展示。)

(这个环节是凭借动手画一画的活动,从展示独特的作品中,开发学生的创造潜能,培养学生的空间想象能力,而且使学生体验到这样的一个数学事实:面积相同的图形,

形状不一定相同。)

【活动评述】

本节课以学生活动为基本形式,引导学生在参与活动中学习,突出一个"悟"字。主要体现于以下三点:

1. 借助生活化情境,感悟面积的含义。

"比较手掌大小"是小孩常做的游戏。比的时候他们会有所思考,需要有所表达,这是所谓的由境而悟。当他们表达时遇到障碍,他们就会产生一些猜测,在组织者的合理引导下,学生就会悟到正确的猜测结果,感知面积的含义。

2. 借助直观的活动素材,感悟面积的大小和比较策略。

教师准备了多种直观的活动素材,指导学生在参与观察和摸一摸的活动过程中,感悟面积是有大有小的。又通过两个不同形状和不同大小的平面图形,放手让学生小组活动,探讨比较面积大小的方法。在活动中有经验的学生很快从准备的硬币中得到启发,想到摆硬币的方法,受到启迪后,其他学生也能想出摆纸片、画格子、折叠等比较方法,突破了学生思维的局限。可见,合适的生活素材,不仅激发了学生小组合作的积极性,而且还有效培养学生的观察能力、动手操作能力,发展空间观念。

3. 借助现代化的媒体设备,解除学生感悟的障碍。

教学片段三,教师借助多媒体现代化设备,发挥了直观操作性的功能。利用课件的可操作性,把两个半格拼在一起,凑成一格,让学生直观掌握了数格子的正确方法,感受用数格子估测面积方法的广泛性。使用实物投影仪,真实地展示学生的优秀作品,调动了学生活动的积极性,从自己的经历过程中体验学习数学的乐趣并深刻掌握数学的一些规律。

(深圳市南山区珠光小学　林雪娟)

源于生活　用于生活
——《面积的单位换算与应用》的教学活动设计

【设计内容】

这是小学《数学》实验教材(北师大版)三年级下册第四单元《铺地面》第一课时的内容。它主要是关于面积单位换算的知识。本设计通过探索掌握"面积单位的换算"来解决生活实际问题——铺地面需要多少块地砖。

【设计理念】

数学来源于生活。本着"人人学有价值的数学,并把数学应用于生活"的思想,我们应该激发学生学习的积极性,给学生提供充分的参与数学活动的机会,让学生成为学习的主人,使学生在数学活动中体会数学的价值,培养其应用意识。因此本节课通过创设具体的生活情境,让学生认识"面积单位换算"并用以解决"铺地面需要多少块地砖"等实际问题的重要性,促使他们积极探索解决问题的方法,从而初步形成一种解决问题的策略意识。

【活动目标】

1. 让学生在具体的问题情境中,体会面积单位换算的必要性,同时了解面积单位之间的关系,并且能正确地进行简单的面积单位的换算。
2. 培养学生解决一些简单的实际问题的能力。

【活动准备】

1. 课前让学生了解自己家中客厅的面积和地砖的规格(长和宽各是多少)。
2. 面积单位(平方分米与平方厘米)换算的课件(演示)。

【活动过程】

一、体会面积单位换算的必要性

活动一开始,教师创设具体的生活情境,让学生通过思考发现问题,并认识解决问题的重要性,激发学生的求知欲。

故事导入:一个叫小明的男孩,他很热爱劳动,每天下午放学回到家,就去浇花。有一个星期天,他看见花的叶子上粘了很多灰尘,于是想把整个花盆端到卫生间去洗一洗,一不小心,把花盆摔在地上,卫生间的一块地砖被损坏了。同学们,怎么办呢?(要修补)可是,小明家的卫生间原来的地砖长和宽都是5分米的,而现在市场上没有同样大小的地砖卖,小明的爸爸只好买了面积是25平方厘米的地砖,小明想:需要多少块才能修补好?同学们,谁能帮帮小明呢?(板书课题:铺地面)接着,课件出示题目:小明家卫生间有一块长5分米、宽5分米的地面损坏了,需要多少块面积是25平方厘米的地砖才能修补好?

当问题提出以后,请学生认真思考。一会儿,有个学生举手了。

师:"你算出来了吗?"

生:"老师,损坏的地砖长宽都是5分米的,买回来的地砖面积是25平方厘米的,单位不一样,怎么算呀?"

师:"你读题真仔细!"

这样,让学生去发现面积单位不一样,从中体会面积单位换算的必要性。

(通过故事的导入,激发了学生的学习兴趣,潜意识地对学生进行了品德教育,从而促使学生积极地思考问题和主动地发现问题,并且明显地表现出他们在数学活动的情感与态度。)

二、理解面积的单位换算与应用

通过课件演示,启发学生的空间想象,让学生探究并理解"平方分米"与"平方厘米"之间的关系,从而把地面的面积和地砖的面积变成相同的单位,再算出铺地面需要多少块地砖。

师:刚才那个同学说得非常正确,单位不一样就不能计算。那么,我们有办法变成同样的单位吗?(出示课件:边长是1分米的正方形和边长是1厘米的正方形)边长是1分米的正方形里面有多少个边长是1厘米的正方形?

先让学生独立思考,然后进行交流、讨论,最后派代表汇报。

生:有100个边长是1厘米的正方形。

师:你是怎么知道的?把算法告诉大家。

生:在边长是1分米的正方形里面,每一行可以摆10个边长是1厘米的正方形,一共可以摆10行,就有100个边长是1厘米的正方形。

教师一边听,一边演示课件。从而引出"1平方分米等于多少平方厘米?"这个问题,组织学生展开讨论。

生:1平方分米等于100平方厘米。

师:你又是怎么知道的?

生1:边长是1分米的正方形,面积就是1平方分米;边长是1厘米的正方形,面积就是1平方厘米;在这个边长1分米的正方形里,有100个边长是1厘米的正方形,就是1平方分米的正方形里有100个1平方厘米,100个1平方厘米就是100平方厘米。

师:你说得真棒!(板书:1平方分米=100平方厘米)

生2:边长是1分米,就是10厘米,根据正方形的面积=边长×边长,即是$10×10=100$(平方厘米)。所以,1平方分米=100平方厘米。

教师边听边演示课件:边长1分米=10厘米[板书:$10×10=100$(平方厘米)]。就这样,把问题抛给学生,把时间和空间留给学生,让学生自己去思考、去交流、去讨论、去表现,成为学习的主人。

练习:5平方分米 =(　　)平方厘米　　800平方厘米=(　　)平方分米

学生已经知道1平方分米=100平方厘米,并懂得了平方分米和平方厘米的换算方法,便可以探究"小明家的卫生间需要多少块面积是25平方厘米的地砖才能修好?"这个问题。适当提示:要算出"需要多少块地砖?"就要先知道什么条件?同样,先让学生独立思考,再分组交流、讨论。让学生自己理解:先算出卫生间地面损坏的面积5×5=25(平方分米),再算25平方分米是多少平方厘米?25×100=2500(平方厘米)。因为2500平方厘米里面有100个25平方厘米,所以小明家卫生间损坏的地面需要100块25平方厘米的地砖才能修补好。学生讨论后汇报时,教师一边听一边板书。学生没有想到其他的算法,教师就引导学生:面积是25平方厘米的地砖边长是多少?(5厘米)卫生间被损坏的地面是什么形状的?(正方形)每一行能摆多少块面积是25平方厘米的方砖?一共可以摆多少行?再让学生讨论。

通过讨论得出:损坏的地面每一行能摆10块面积是25平方厘米的方砖,一共可以摆10行。那么,10×10=100(块),损坏的地面需要100块面积是25平方厘米的地砖才能修补好。

小结:要算出铺地面需要多少块地砖时,就要知道哪些条件?(地面的面积和地砖的面积)如果单位不一样呢?(要进行换算,单位统一后再进行计算。)

(教师向学生提供充分从事数学活动的机会,学生对自己发现的问题,通过独立思考、合作交流,探究面积单位换算的过程,理解和掌握基本的数学知识与技能、数学思想与方法,这样充分体现了学生学习的自主性。)

三、掌握面积的单位换算及应用

学生在理解"平方分米"与"平方厘米"之间的关系的基础上,运用迁移的方法理解"平方米"与"平方分米"之间的关系,并能正确地进行"平方米"与"平方分米"的换算,进一步应用所学的知识解决生活中的实际问题,培养学生解决问题的能力。

1. 学生懂得了平方分米与平方厘米之间的关系的基础上,运用同样的思维方法理解平方米与平方分米之间的关系,可以让学生独立思考:1平方米等于多少平方分米?这样的迁移方法,一般学生都会运用。从而得出:1平方米=100平方分米(板书)。

练习: 2平方米=(   )平方分米   30米^2=(   )平方分米

2. 根据学生自己课前了解到家中客厅的面积和地砖的规格,让他们各自算出自己家中的客厅大约需要多少块地砖。教师在巡视的过程中对有困难的学生,适当给予指导,并让学生在小组内交流各自的思考过程。通过交流,又可以使学生更熟练地应用所学的知识。

(学生在理解和掌握了基本的数学知识与技能、数学思想与方法的基础上进行迁移应用,解决生活中的实际问题,从中体会自己学的是生活中有价值的数学。)

【活动评述】

这节教学活动计划,从生活实际出发,先让学生了解家中客厅的面积和地砖的规格,使学生初步感知数学与生活密切联系。然后,以故事导入,创设生活情境,有效地激发了学生的学习兴趣。面积单位之间的关系,通过课件演示,既形象又直观,使学生容易理解,并能运用知识的迁移方法,进行简单的面积单位的换算。最后根据学生自己了解到家中客厅的面积和地砖的规格,运用所学的知识算出客厅所需地砖的块数,使学生更能体会到:数学——源于生活、用于生活。

整个教学活动,很有层次感、有坡度,学生所学的知识能得到提升。教师把充足的时间和空间留给学生,让学生独立思考、交流讨论,充分体现了教学的人本性。

(深圳市南山区前海小学   陈   红)

统计与概率

"统计与概率"在日常生活中的应用越来越广泛,传统《大纲》中安排的有关统计内容,已经不能适应时代发展。因此《标准》对原有统计内容作了调整,将学习统计知识的时间提前到起始年级,注重统计的必要性、过程性和实用性,并增加了有关概率的内容,它所提供的"运用数据进行推断"的思考方法是学生未来学习、工作和生活所必须具备的基本素养。因此"统计与概率"的教学应该着眼于生活问题的探索,使学生在解决问题的过程中,体会"统计与概率"在日常生活中的应用,认识到学习"统计与概率"知识的必要性,逐渐形成统计观念,这也是义务教育小学阶段学生学习统计的核心目标。小学生要形成一定的统计观念并非一蹴而就的,那么如何把握"统计与概率"教学中的"度"?传统教学中,统计的重点是通过计算解决各种各样的问题,通过书面测试容易评价,现在把统计数学的重点转移到统计观念上,应该采取什么方式对学生进行评价?此外,在利用统计的结果进行简单预测的活动中,又该如何处理"统计预测"和学生"直观感知"的矛盾?这都是一线教师在实验过程中要面对的问题,这些问题也值得每一位数学教师深思。我们借这些案例抛砖引玉,希望对实践新课程有所启迪!

发挥网络优势,提高教学效果
——《分类》教学活动设计

【设计内容】

这是小学《数学》实验教材(北师大版)一年级上册第四单元的《分类》第 52 页～53 页的内容《整理房间》。它主要是让学生学会在生活中能按一定标准或自定标准进行分类的有关知识。本设计通过以"欢乐世界"的模拟情境为主线的实践性分类活动贯穿全课。

【设计理念】

新课标指出,学生的数学活动应该是生动活泼、主动和富有个性的过程。从这一理念出发,本设计结合学生熟悉的事物,对教材进行了创造性地处理,并利用网络教学资源的优势,充分为学生提供大量的信息,努力创设一个广阔的活动空间、研究空间,让学生经历分类的过程。在一系列活动中,让学生进行自主合作、协商交流,解决生活中的问题,感受分类在生活中的用途,体现数学学习的实际价值。

【活动目标】

1. 引导学生观察商场实物摆放情况,初步感知分类的意义;通过操作,学会按一定标准或自定标准进行分类。

2. 培养学生积极主动探究的精神和合作交流的能力。

3. 让学生进一步体会生活中处处有数学,学会用学到的知识解决实际问题,初步养成有条理地整理事物的习惯。

【活动准备】

1. 一段关于物品分类摆放的录像。

2. 课前训练学生计算机的使用,熟练地在多媒体网络室中进行学习。

3. 专门为本课制作的 Flash 网络课件。

【活动过程】

活动一 情境引入,感知分类

观看一段关于物品分类摆放整齐的录像,让学生感知分类使生活更方便了,同时感受到我们的生活处处有数学,激发学习兴趣。

新课伊始,教师与学生进行了这样的谈话:同学们,你们喜不喜欢跟父母一起去逛商场?今天,康老师带大家去商场看一看,好吗?听说去商场,学生们顿时兴奋起来,异口同声地说:好!于是,学生观看一段各类物品摆放整齐的录像。学生边观看,教师边提问:仔细观察,你看到了什么?你发现了什么?学生思考一会,说出了糖果、饼干等许多物品。教师追问道:这么多的物品是怎样摆放的?这样摆放有什么好处呢?学生表现积极,进行了思考回答。根据学生的回答,教师小结并引入课题:在商店、菜市场里,为了购买方便,把各种东西分类放好,摆放整齐。这节课我们就来学习分类。(板书课题:分类)

(从生活引入,创设情境,使学生产生亲切感,为学生积极主动地投入到学习之中积蓄了不竭的动力。)

活动二 自主操作,体验分类

进入"欢乐世界"情境。通过学生自己动手操作,把丽丽花店的东西分类摆整齐,在体验中感知分类的方法。

从学生喜欢的充满童话色彩的故事情境入手,教师边打开网络课件"欢乐世界"让学生观察,边说:欢乐世界开业了,大家一起到里面玩吧。里面分别有欢欢玩具店、喜喜服装店、乐乐文具店、星星超市、动物乐园、丽丽花店。学生被这一漂亮的画面吸引住了,接着出示丽丽花店运来了许多花的画面。师:请你帮帮忙,把花儿分类放整齐。教师的话音刚落,学生便参与到自主操作的活动中。

根据自己的生活经验,一会儿功夫,学生已迅速地完成了任务,开始踊跃发言。这时,教师不失时机地追问:你为什么这样分?还有别的分法吗?学生不仅能说出自己的方法,还能说出分的依据。教师根据学生说的方法进行板书,如按颜色分,按花的大小分,按是否有叶子来分,按是否有花盆来分,按好不好来分,按花的多少来分。学生的方法只要合理,教师就一一作出肯定。

(为学生提供"做"的机会,引导学生通过自己的动手实践,自主探索出分类的标准,从而增强学习的乐趣。)

活动三 以赛激趣,巩固分类

以比赛激趣,让学生当小店员,把欢欢玩具店的玩具分类放好。"看哪个组想的方法多",调动学生主动参与的积极性,进一步感知分类的思想和方法。

转到欢欢玩具店又运来一批玩具的画面。师:请你们当小店员,把玩具分类放好。有了刚才的体验,这下学生们就更有信心完成此项任务了。于是,教师提出一些要求:小组合作交流,分成哪几类?你是按什么分的?看哪个小组想的方法多。做得最快的小组有奖励,想到方法跟别的组不同的也有奖励。

小组内学生们都跃跃欲试,纷纷议论着。但"时间不等人",时间一到,还要说的学生也只能到此罢休了。教师把时间交给小组汇报,演示成果,并根据他们的回答给予奖励。

　　方法1：按大小分的。
　　方法2：按会滚和不会滚分的。
　　方法3：按木做和不是木做分的。
　　方法4：按有盒子和没有盒子分的。
　　方法5：按好玩和不好玩分的。
　　（小组活动，不仅让学生体验成功，更培养出学生合作交流的意识。）

活动四　拓展创新，按不同标准分类

　　这是本节课的重点环节。给学生时间和空间，让学生选择自己喜欢的地点，对物体进行分类，交流中发现多种分类的方法。

　　教师为学生的各抒己见、创意方法感动了：同学们，真聪明！想到这么多的方法，你还想到哪里玩？再一次呈现"欢乐世界"画面：选择你喜欢的地方，请把你所看到的物体分分类，创造出美丽的图画。完成后，可与你周围的同学交流分享。

　　学生又一次自主操作，又一次为之兴奋。每个人都不知不觉地交流自己的"绝妙"方法。当学生汇报、展示作品时，又一次令教师感动不已。学生的智慧不能小看！他们想出了：

　　生1：我把星星超市里的物品按食品和生活用品分。
　　生2：食品还分饮料、蔬菜、水果、甜食和肉类。
　　生3：我把喜喜服装店里的衣服按大人衣服和小孩衣服分。
　　生4：我把动物乐园里的动物按天空飞、路上走和水上游分的。
　　生5：我把乐乐文具店里的物品按有笔和没有笔分的。

　　（在学生学会分类的基础上，让学生在自主探究过程中拓展思路，有利于创新能力的培养。）

活动五　总结反思，回顾分类

　　将学习与生活紧密结合起来，回顾分类的用途，帮助学生养成良好的生活习惯。

　　课快要结束了。这时，教师让学生谈谈自己的一些收获，在生活中你是否能运用分类来整理物品，并举个例子。通过这节课的学习，学生有了不少收获：

　　生1：分类摆放能给我们带来许多便利，同时使我们生活变得整洁。
　　生2：对。我家的书柜就是按大人的书和小孩的书摆放的。
　　生3：我家房间里的东西也是分类放的，衣服放衣柜、鞋子放鞋柜、玩具放玩具柜。

　　最后，接着学生们的话，教师寄予了一些希望：咱们学了分类，我们就用分类的方法整理书包、整理房间，养成好习惯，做个勤劳的好孩子，好吗？

　　（进一步理解分类在生活中的运用，使学生成为学习和生活的主人。）

【活动评述】
　　整节课以虚拟的"欢乐世界"情境为主线，为学生提供3次体验分类的机会，在网络

中让学生进行分类,通过自主探索、合作交流,进而探索出分类的方法,这一设计很好地凸显了新的课改理念,同时收到了较好地教学效果。具体阐述如下:

1. 课堂中,教师注意保持和学生融洽的关系,始终相信学生,大胆放手让学生去探索、去尝试,尊重学生的每一个想法,让他们获得更多的成功体验,由此激发学生的创造欲望和潜能,并且给予他们充分展示自我的时间和空间,让学生的个性在活动中得到充分的发展。

2. 在创新练习的环节,"你还想到哪里玩？选择你想去的地方……"教师鼓励学生根据自己的爱好选择地方,让学生再次上机操作,体验分类的过程。只要学生想的方法合理,教师都给予肯定。于是,学生想到的分类方法也越来越多了。

3. 进行网络教学,学生参与学习的激情高,思维异常活跃,能够主动地建构新知,同时又能加大课堂教学的密度,提高教学效率。这节课上下来,是较为成功的。信息技术作为学生学习的工具,作为数学活动的工具来探索数学知识,能更好地创造独立思考、动手实践、自主探索的条件,让学生在"玩"中学知识、在"悟"中明方法、在操作中自主探索。学生学得生动、教师教得轻松,静止的课堂变得生动起来。这种事半功倍的教学效果是"千言万语"也难以达到的。

(深圳市南山区沙河小学 康 健)

创设情境，体验分类
——《分类》教学活动设计

【设计内容】

这是小学《数学》实验教材（北师大版）一年级上册第四单元的《分类》第一课时第52页～53页的内容《整理房间》。它主要是让学生学会在生活中能按一定标准或自定标准进行分类的有关知识。本课通过"去淘气家做客"的模拟情境为主线，设计了一系列的分类活动，让学生在情境中动手操作，体验分类。

【设计理念】

1. 联系学生生活实际学习数学。本设计创设了"去淘气家做客"的生活情境，学生通过"整理房间"、"给动物分类"等活动，体会到分类就在生活中、生活中处处需要分类。

2. 学生的学习活动应当是一个生动活泼的、主动的和富有个性的过程。本设计充分重视学生的学习过程，让学生亲身经历分类的活动，在活动中体会分类的思想和含义，并充分展现学生的个性。

3. 在各种具体的分类活动中，渗透品德教育，促进学生情感、态度和价值观的发展。

【活动目标】

1. 让学生通过活动，经历分类的过程，学会按一定标准或自定标准进行分类。
2. 通过实践活动，初步培养学生有条理地整理事物的习惯。
3. 感受数学与生活的联系以及学习数学的愉悦。

【活动准备】

1. 为本课制作的交互性强的多媒体课件。
2. 课前训练学生熟练使用计算机。
3. 学生准备水果和蔬菜卡片。

【活动过程】

教材为学生提供了"整理房间"、"给动物分类"、"分蔬菜和水果"等分类活动，但这些分类活动是相对独立的、缺乏联系的，不利于教学的开展。为了激发学生的学习兴趣，有序地开展教学，我把这些分类活动用"去淘气家做客"这根主线串起来，让学生在生动有趣的活动情境中亲历分类过程。

课一开始创设情境:"今天,淘气邀请同学们去他家做客。你们想去吗?""想!"学生高兴地回答。接着,学生在教师的引导下,开展了以下分类活动。

(生动有趣的生活情境,容易激发学生学习的主动性和热情。)

活动一 感知分类——帮淘气整理房间

(画面出示淘气的家)淘气高兴地说:"欢迎同学们到我家做客!"接着,淘气领着同学们参观他家的房子。当屏幕上出现淘气的房间(比较乱)时,教师提出一个问题:"这是淘气的房间,看到他的房间,你想说什么?"

让学生自由说。

教师及时抓住时机问:"你愿意帮淘气整理房间吗?你准备怎样整理房间?"一石激起千层浪,学生七嘴八舌,积极地发表自己的意见。教师笑了笑:"别着急,每个同学都可以在电脑上帮淘气整理房间。"

生动有趣的课件马上吸引了学生的注意力。听,整个教室马上安静下来了;看,学生正兴致勃勃地拖动鼠标点击着,按着自己的想法帮淘气整理房间呢。每个同学都是那么的聚精会神,积极投入。

(教师设计了一个交互性强的多媒体课件。在课件中,学生可以通过拖动鼠标把房间里的物品任意摆放,克服了图片的局限性,让学生身临其境,兴趣盎然地亲历分类的过程。)

很快,学生整理完毕,他们举起小手急着向教师汇报,但教师没有让学生马上这样做,而是建议学生"在小组内说一说你是怎样整理的,为什么这样整理。"在小组内,每一个学生都有表达、交流的机会,他们谈得可热烈了。集体汇报时,学生叽叽喳喳,各抒己见。

生1:我把学习用的笔、本、书、文具盒都放在桌子上。

师:你为什么这样放?

生:因为它们都是学习用品。

生2:我把衣服和裤子都放在一起,因为它们都是穿的,剩下的物品放在一起。

生3:我把房间里的物品分成三类,分别是衣服、学习用品和玩具。

生4:我认为应该把玩具和球拍分开,因为球拍是体育用品。

生5:我也同意把物品分成四类。

学生说得真好啊!虽然分类方法不尽相同,但都能合理地解释自己的分类方法和理由,所以应该尊重每位学生的想法,教师对学生的回答都给予了肯定。更让教师欣喜的是有的学生还关注到分类以外的东西,比如:有的学生说要把分好类的物品摆放整齐,这样就能使整个房间变得美观整洁;有的说要把衣服挂起来,淘气用起来很方便;还有的提出要把体育用品放在床底下,这样可以使房间的空间变大。虽然他们的回答超出了教学预先设计的活动目标范围,但学生的想法是多么的独特和新奇,对于一年级小朋友来说也是多么的难能可贵啊!教师和学生都把热烈的掌声送给这几个学生。

师:"我们班的同学真棒,把淘气的房间整理得井井有条、整洁美观。淘气非常感谢大家,并懂得了'自己的事情自己做'这个道理。那同学们能不能做到呢?"学生都认真地点了点头。

（学生通过交流汇报，体会到不同的分类方法。更重要的是学生在实践中能自我挖掘德育内容，自我教育，这是难能可贵的。作为教师，没有因为学生"出格"的回答而否定，而是因势利导，对学生进行品德教育，使得数学课堂充满人文色彩。）

活动二　巩固分类——帮淘气分东西

1. 帮淘气分动物卡片。

"淘气有很多动物卡片，看一看，这些小动物你认识吗？请大家把会飞的动物涂上颜色，好吗？"（学生打开课本第52页，完成"练一练"第一题）学生对这些动物很感兴趣，很快就把会飞的动物全涂上颜色。

师："你都把哪些动物涂上颜色？为什么？"学生说出自己的理由。

2. 帮淘气分水果和蔬菜。

"淘气家的冰箱里有很多蔬菜和水果，你能把蔬菜和水果分开吗？"学生拿出水果和蔬菜卡片，在桌子上分类。分完后学生都在小组内交流并在班上汇报。

活动三　应用拓展——给教室里的人分类

在分类练习中，学生通过动手实践，进一步体验了分类的含义和方法。看来，按一定的标准进行分类对于他们来说并不难，是不是应该对学生提出更高的要求才能满足学生的学习热情？教师大胆尝试，让学生给教室里的人分类，初步体会分类标准的多样性。

师：你能根据今天所学的知识，把教室里的人分分类吗？

让学生按照不同标准来分，可以自由说，整个课堂顿时活跃起来。

（教师抓住时机，及时调整认知任务水平，让学生"跳一跳，摘到桃子"，这样能更好地促进儿童思维的发展，也为下一课时的教学做好铺垫。）

活动四　回顾反思——分类在生活中的用途

为了让学生体会分类在生活中的运用，教师让学生再次把学习与生活联系起来。

师：这节课你有什么体会？你准备怎样在生活中分类？

让学生说体会。

师小结：我们今天帮助淘气整理了房间，还学会给很多东西分类。以后我们就用分类的方法整理书包、整理房间，自己的事情自己做，你们能做到吗？

（引导学生联系生活实际，把分类的思想进一步运用于生活，体会分类在生活中的广泛用途，并促使学生自觉养成有条理地整理事物的习惯。）

【活动评述】

1. 以"去淘气家做客"为主线贯穿整节课,既能激发学生的好奇心和学习兴趣,又能感受到数学来源于生活。

2. 充分利用课件的优势突破教材的局限性,为学生提供生动、广阔的学习环境,在这个环境中,学生自主操作、合作交流,取得较好的效果。

3. 分类不是纯粹的知识性的学习,而是学生的一种体验性的活动。本设计充分让学生自主参与分类的实践活动,亲历分类的过程。教师在课堂上也充分关注了学生的学习要求,注重学生的真实体验和创新做法。

4. 渗透"自己的事情自己做"的品德教育,培养了学生学会有条理地整理事物的习惯。

(深圳市南山区海湾小学　罗冬玲)

自主整理 合作交流 共同发展
——《统计》的教学活动设计

【设计内容】

这是小学《数学》实验教材(北师大版)一年级上册第九单元《统计》的第一课时。它主要是让学生初步认识条形统计图和简单的统计表。这里设计的是学生经历、体验、探索统计知识的活动过程。

【设计理念】

新课标指出,有效的数学学习活动不能单纯地依赖模仿与记忆,动手实践、自主探索与合作交流是学生学习数学的重要方式。因此在这节课里为学生提供了一个个观察、整理、讨论、交流、合作的空间,让学生动口、动手、动脑,主动参与数学知识的发生、发展过程,进而在活动中理解和掌握数学思想、知识、方法,体验成功的喜悦,促进个性的发展。

【活动目标】

1. 借助有趣的童话情景,激发学生的求知欲望,培养学生的自主学习意识。

2. 组织学生对数据进行收集、整理、分析、讨论等实践活动,揭示知识本质,自主获取知识,培养学生探索学习能力。

3. 初步渗透统计的思想和方法,提高学生解决问题的能力,培养学生合作意识和创新能力。

【活动准备】

课件、小组活动的作业题、摸棋比赛的筒和棋子、胶水、金牌图片。

【活动过程】

一、创设课堂情景,激发学生求知欲

创设动物乐园要举行运动会的情境,引入新课。

师:听!小鸟兴奋地叫了起来:"好消息!好消息!动物乐园就要开运动会啦!大家快来报名呀!大家快来报名呀!"(课件出示)

师:同学们看看都来了哪些动物?(分批出示三批动物的课件)

师:报名参加运动会的动物多不多?

生:多!

师:太多了!小鸟都头疼了。它说:"好多运动员呀!参加哪种项目的运动员最多呢?哪种最少呢?"(课件出示)小鸟遇到了困难,同学们想不想去帮帮小鸟?

生：想！

师：你有什么办法呢？请同学们想一想，同桌的同学商量商量。

（看到一幅幅图文并茂的课件，同时借助小鸟的声音把问题提出，把学生引入参与问题解决的情景中，激发学生探索新知识的热情。）

二、亲历探索，理清知识脉络

问题提出来以后，通过学生的讨论、交流来认识图计表。

生：先将动物进行分类。（动物分成四堆的课件出示）

师：动物站得这么乱！同学们除了数数的方法，还有没有更好的方法一下子就可以看得出哪种动物最多哪种动物最少？

生：有！排队！

师：真聪明！我们可以让它们一个个排起队来。这样子就可以看得出哪种动物最多哪种动物最少。（出示动物排好队伍的课件）这就是我们要掌握的一项本领——统计。（板书课题）这一幅图就是统计图。

（对回答这个问题的学生所在的小组奖励一个智慧果。）

师：看着这个统计图同学们能不能很快数出这四种动物的只数？谁来说说你会怎么数？（让学生尽情发挥自己的想法）

教师根据学生的方法一个一个点击结果。

师：这就是统计表。

（学生讨论、分析、解决、探索新知，初步体验数据的整理过程，逐步构建统计的知识结构，培养学生学习知识的迁移意识。）

三、组织实践，自主获取知识

从"学有价值的数学"学习统计图、表，对人们有什么帮助呢？接下来就是解决这一问题。

师：看着统计图和统计表！我们除了知道小猴只数最多有10只，小熊只数最少有6只，我们还可以知道小猴只数比小熊多4只，反过来也就是小熊只数比小猴少4只。算式是："10－6＝4"。（学生回答）同学们想一想你还能提出哪些数学问题？（注意要有问就必须有答。可以让学生自问自答也可以找别人答。）

（学生根据统计图和统计表提出有关的数学问题，让学生在提出和解决问题中体验统计知识的本质，从而培养学生的自主学习意识。）

四、参与活动，自我发展

师：今天同学们表现得非常出色！我们再回到森林运动会，看看森林运动会有哪些比赛？瞧！有60米短跑、800米长跑、游泳、乒乓球等比赛。（课件出示）比赛结束了，同学们猜一猜，谁拿的金牌是最多呢？

师：小鸟也着急了，它也在想：到底是谁拿的金牌最多！（课件出示）同学们能不能用我们今天掌握的本领——统计的方法再帮帮小鸟？（能！）

请学生拿出信封，取出里面的东西（一张没完成的统计图、一些金牌、胶水）和同桌一起统计。

师：请听！（课件传出小鸟的宣布颁奖仪式的声音）

接着课件演示各项比赛的颁奖现场。

师：同学们看！这是什么比赛项目的颁奖仪式？（60米跑）谁拿了金牌？（出示动物在颁奖台的课件）我们应该在谁的位置上贴上金牌呢？

学生一个一个贴金牌进行统计。

师：谁拿的金牌最多？（学生齐说：猴子！）

展示学生记录结果。

（我在巡视时发现有个学生的记录是跳跃性的，金牌不是一个个的紧挨着贴起来的，而是有空白处。询问之下学生自豪地回答：这样我就能清楚每个动物是在哪次运动项目中拿到金牌。学生掌声一片。我们统计的目的是想一目了然地知道谁拿的金牌最多，而不是想知道谁在哪个运动项目中拿到金牌，虽然学生的目的搞混了，但学生的这种创新却是不可忽视的。）

教师及时进行评价和小结，同时完成统计表。

（这个教学环节实际就是知识的巩固，学生在实际的动手操作中进一步的对统计的知识结构得到更新、得到重建。培养小学生的初步创新能力，就要帮助学生不断完善与重组认知结构。）

五、营造协作学习气氛，培养协作学习意识

让学生亲自动手操作、实践，让他们经历收集信息、处理信息的统计过程。

师：动物乐园的运动会真有趣，同学们想不想也来一个有趣的比赛？

生：想！

师：我们玩一个摸棋比赛，看谁摸的白棋最多谁就赢。我们以四人为一个小组，选出一个同学做裁判，一个做记录员，另外两个同学先进行比赛，比赛结束后角色交换。注意比赛时每个同学只能摸6次棋，每次只许摸1个棋，而且摸出的棋子要放回去。这个时候裁判就要认真公平，注意比赛的同学摸棋的时候有没有偷看，是不是只摸了一个棋？摸出的棋有没有放回去？而记录员也要认真公平，因为你们的记录关系到谁赢谁输！想一想，你们在记录的时候应该怎样记才又快又对？（只记录白棋的数量）

好！请裁判员上来拿棋。

教师宣布比赛开始！学生兴趣盎然地边玩游戏边记录。

师：比赛结束！

师：请获胜的同学站起来！恭喜你们拿了第一名。输了的同学不要灰心，下次比赛我们再赢回来！

（这是这一节课的高潮，学生在游戏中应用统计的知识解决问题。同时也培养了学生的合作与竞争意识。）

六、拓展思维，引发创新

师：请同学们看黑板，今天得到智慧果最多的是哪一组？最少的是哪一组？希望下一节课你们认真听讲，相信你们组也能获得许多智慧果的。同学们看这幅图实际就是一个统计图。统计的作用可大了，像刚才同学们利用统计的本领帮助小鸟知道报名参加运动会的是哪一种动物最多，是谁拿的金牌最多等。在我们的生活中我们要会用这些本领进行统计，如哪种动物是最多人喜欢，哪种水果是最多人爱吃的等。我们都可以用统计的方法进行了解。同学们想统计什么呢？

（实践活动对于知识的掌握、理解和熟练应用起着重要的作用,任何知识只有亲身体验,才会理解深刻,运用自如。所以要培养学生应用数学知识的能力,还要加强活动的实践,因此我布置了一项实践活动——学生课外对自己喜欢的东西进行统计。把课堂的知识延伸到课外,加强学生经历、体验、探索统计知识的过程,拓展学生的无限思维,培养学生的创新能力。）

【活动评述】

教学过程以"运动会"为主题,激发了学生强烈的学习兴趣,通过小鸟的求助以及学生的帮助,学生把握了学习的主动权,成为学习的主人。在课堂内,教师只充当引导者的角色、充当启明灯的作用,学生在教师不经意的引导下乐此不疲地整理、讨论、探索,主动参与统计知识形成的过程。在摸棋比赛中学生的合作交流,让学生学会互相启发、互相激励,从而达到共同发展。

（深圳市南山区南油小学　黄咏红）

在活动中领悟统计

——《统计——最喜欢的水果》教学活动设计

【设计内容】

这是小学《数学》实验教材(北师大版)一年级上册第九单元《统计》中《最喜欢的水果》的内容。本教学活动设计,以学生的活动贯穿整个教学过程,让学生积极主动地投入学习,在学习中领悟如何对事物进行统计。

【设计理念】

本教学活动创设良好的学习情境,让学生从生活情境和感兴趣的事情出发进行统计活动,让学生经历收集信息、处理信息的过程,从而培养他们动手实践、自主探索与合作交流的能力,同时让他们充分感受到:数学来源于生活、生活离不开数学,数学就在每个人的身边,并使他们充分认识到学习数学的重要性。

【活动目标】

1. 借助有趣、真实的情境,激发学生参与统计活动的兴趣,培养学生初步的统计意识。

2. 初步体验数据的整理过程,认识象形统计图和简单的统计表。

【活动准备】

苹果、梨、香蕉、橘子等图片,多媒体课件。

【活动过程】

一、创设情境,引入新课

通过多媒体课件的演示,从学生身边熟悉的事情出发,引发学生在活动中探究,培养其解决问题的能力。

多媒体课件演示:超市里人来人往,货架上的商品琳琅满目,来到水果档旁,一排排的水果架上摆着各种各样的水果,看着这些诱人的水果,教师谈话:"你们喜欢吃水果吗?"他们不约而同地说:"喜欢。"学生都争着回答自己爱吃的是什么水果。

师:"明天是元旦,为了庆祝元旦,我们班将举行一次联欢会,既然大家都很喜欢吃水果,那么我们今天就来研究购买什么水果,为举行联欢会做准备,好吗?"学生都大喊:"好!"

(引出今天要活动的内容,把学生的积极性调动起来。)

二、各抒己见,难于定夺

通过让学生讨论,使学生通过自己的生活经历,从自己熟悉的生活出发,让他们明白数学就在我们身边,学好数学能为我们的生活服务。

"刚才你们说了各种各样的水果,那我们能不能每样水果都买呢?"学生一听,又纷纷表达了自己的看法:"不能。""为什么?"学生各自说出不能每种水果都购买的理由。

(虽然很多水果都是小朋友喜欢吃的,但他们却考虑到了各种因素,既考虑到了水果生长的季节性、又考虑到了价格的合理性、还考虑了食用的方便性、甚至还考虑到了环境的保护,从学生的这些回答,可以看出,学生很善于观察生活,学生深深地体验到了数学知识来源于生活、服务于生活的乐趣。)

"那老师给大家买什么水果呢?哪些水果可以多买一些?哪些水果买少一些?"学生争先恐后地发表自己的见解:"多买些橘子,我喜欢吃橘子。""多买些香蕉,香蕉好剥皮。""多买些苹果,苹果含丰富的维生素。"……学生早就忘记了这是在上数学课,都热烈地讨论起来了,连几个平时不爱回答老师问题的学生都不断地发表着自己的看法和意见。

(这里的讨论,学生都参与了,充分把学生的积极性调动起来,思维得到了不断的拓展。)

三、分组讨论,拿出方案

分组讨论,通过分组讨论培养了学生自主探索与合作交流的能力。

看着学生的高兴劲,我也不由自主地笑了,"你们这样你一言我一语的,老师能知道你们喜欢吃什么水果吗?能确定哪些水果多买些?哪些水果少买些吗?"

"你们认为我们就买苹果、香蕉、梨、橘子,好吗?"学生基本上都同意了这个方案。

"那各种水果买多少呢?哪种水果多买些?哪种水果少买些?"

一位学生提议道:"老师,你说水果的名称,我们举手,你数数谁爱吃什么水果,记下来,不就行了。"有人投反对票:"如果有的同学爱吃这种水果,又爱吃那种水果,他都举手,那怎么行呢?""你们考虑得真周到,谁能有更好的办法吗?你们可以每个组的同学讨论讨论。"学生开始进行了热烈的讨论。

分组讨论后有的学生提议:"把每位同学喜欢吃的水果画在纸上,由老师数出来就行了。"

我表扬了这位学生。同时提出了自己的看法:画出来的办法很好,但就是太花时间了,为了节约时间,老师把这四种水果的图片摆在讲台上,由每个小组的同学上来选取你喜欢吃的水果图片贴在黑板上,(把黑板分成了八大块,每组一块)然后我们看谁喜欢吃什么水果我们就买什么水果,你们认为如何?

(通过学生的讨论、交流,让学生从自己熟悉有趣的事情出发,从而引导学生主动参与学习活动,活跃了学生的思维。)

四、摆放学具,亲自实践

这里的活动设计,让学生通过把自己喜欢吃的水果图片贴在黑板上,使他们有了亲自动手操作、实践的机会,让他们经历了收集信息、处理信息的统计过程。

学生情绪高涨地进行了摆一摆活动。

每位学生到讲台上把自己喜欢吃的水果图片贴在自己所在组的位置上。

每个小组先统计出自己组最喜欢吃什么水果的人最多?最喜欢吃什么水果的人最少?

"看着你们贴的水果图片,你能估计一下我们班喜欢吃哪种水果的人最多?吃哪种水果的人最少?哪种水果多买些?哪种水果少买些?"

(根据自己组的情况,猜一猜,一方面调动了学生的学习积极性和主动性,另一方面又重视了学生的估算能力以及对数感的培养。)

"你认为这样摆放能很快数出每种水果需要买多少个吗?你认为如何摆放才能很快数出各种水果需要买多少个呢?小组先讨论。然后用你的学具,小组共同试着摆放。"

"请摆放完毕的小组派一名代表先说一说你们组的摆放方案,然后到黑板上调整刚才大家贴上去的水果图片。"

学生调整后的第一种摆法如下:

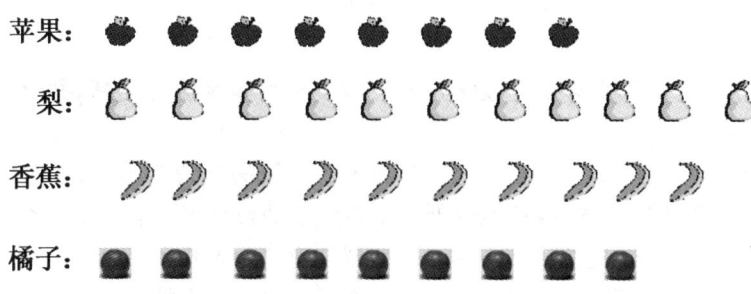

第二种摆法如下:

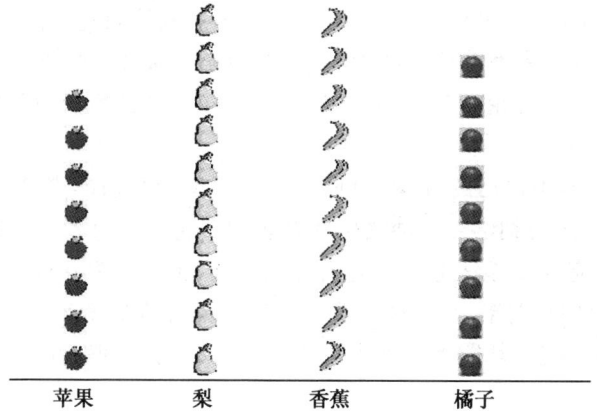

请学生说说同意哪一种摆法?你认为哪一种摆法容易数出各种水果的数量(个数)?贴得不符合要求的小组可以重新调整。

通过学生的摆放进行小结:通过不同的摆法你发现了什么?贴图片时要一边对齐,按种类顺序排列,左右也要对齐。

五、通过实践,学会统计

通过学生的亲自实践、收集、整理,他们学会了制作统计表,把以前的被动学习转变成了自主探索的学习过程。

通过统计图,学生制成了统计表,他们把最喜欢吃各种水果的人数填入了下表中。

![apple]	![pear]	![banana]	![grape]
（8）个	（11）个	（10）个	（9）个

"通过收集、整理数据,你们能知道我们班最喜欢吃什么水果的人最多?吃什么水果的人最少了吗?"学生纷纷表明自己的意见。我及时表扬了这些学生。

"我们现在可以确定明天要买哪些水果了,你们真是帮了老师的大忙。"

(这一教学活动的设计,让学生通过亲自动手操作经历了统计的全过程。先从探讨如何收集原始资料,紧接着收集好资料,再统计每组的结果,然后统计全班的结果,达到了活动的目的。使学生在动手实践、自主探究与合作交流中学到了知识,在积极主动学习的课堂环境中享受到了合作的欢乐和成功的愉悦。)

【活动评述】

这是一个以学生的活动贯穿整个教学过程的教学设计。其设计之精、教学之妙在于以下几个方面:

1. 对于刚刚入学的一年级小学生而言,学习带有浓厚的感情色彩,对于熟悉的情境,他们的知觉活动便能较自觉、顺利地开展。本教学活动设计据此创设了一个接近生活的情境,这不仅有利于学生理解生活中的数学问题,使学生体验生活中数学是无处不在的,而且使学生在活动中学会观察事物、思考事物、领悟事物,思维得到了发展。

2. 活动是儿童学习数学的一种最基本的方式,把"统计"这种比较抽象的教学内容设计成一次为了购买大家喜欢吃的水果的活动,把抽象的问题具体化,将复杂的问题简明化,通过参与这种具有教育价值的数学活动,使学生从被动听讲的位置变成主动的探索者。学生通过操作、讨论、交流活动,达到了"统计"的目的,领悟到了学习数学的奥妙。

3. "学习就是学生自己的事,教师只是一个组织者和引导者。"学习的效果最终取决于学生是否真正参与到学习活动当中和是否积极主动地思考。本教学活动给学生充足的探究时空,以充分发挥学生的主动性,让学生在活动中学习知识、领悟知识。

4. 本教学活动过程能面向全体学生。平时沉默寡言的学生都参与了进去,让所有学生在活动中都有收获、都能体验到成功的喜悦;同时,还创造条件让思维活跃的学生有了创新的机会。

(深圳市南山区向南小学　李　珍)

识数学与生活同在
——《统计》的教学活动设计

【设计内容】

这是小学《数学》实验教材(北师大版)的一年级下册的第八单元《统计与概率》第82页的内容——《买气球》。它主要讲的是有关条形统计图的知识。本课以庆祝六一联欢会的一系列活动贯穿全课。

【设计理念】

培养学生的统计意识是新课程标准中的一个重要目标,统计也是生活中广泛运用的一种数学方法。因此,教学时,重视创设良好的学习情境,让学生从熟悉的、与生活密切相关的事情出发进行统计活动,使学生在活动中感受统计的必要性,成为《统计》教学活动设计的重要目标。本课的教学正是本着这个宗旨而展开的。

【活动目标】

通过设计一系列与学生生活实际密切相关的活动,激发学生参与统计活动的兴趣,让学生在活动中初步体验数据的收集及整理过程,认识简单的条形统计图,能根据统计图解决一些简单的问题。

【活动准备】

白纸,米尺,水果图片。

【活动过程】

活动一 谈话引入庆六一

课一开始,创设庆祝六一儿童节的情境,提出学生感兴趣的话题——"怎样庆祝自己的节日",目的在于激发学生参与统计的兴趣。

"小朋友,再过一个多月有一个节日,你们知道是什么节吗?你打算怎么过呢?"(让学生说说自己的想法)

"我们首先把我们的教室打扮打扮!"

(创设良好的学习情境,让学生从熟悉有趣的庆六一开联欢会布置教室这件生活小事出发,引发学生对怎样布置教室进行讨论,也充分体现了学生的主人翁地位。)

活动二　统计气球颜色的数量

通过学生的讨论,一致决定买气球对教室进行装饰,从中引入"统计"知识,并抓住机会,组织学生探究多种统计方法。

1. 引出课题。

师:我们在教室里准备挂红、黄、蓝、绿四种颜色的气球,好吗?

生:好!

师:你们最喜欢什么颜色的气球呢?(学生发言)

师:大家都有自己喜欢的颜色,那你们说,老师该如何知道这4种气球的数量?

学生讨论,发表意见,得出结论:用统计的方法来解决。

教师板书课题:统计。

(这一环节的设计充分体现了学生的自主性和主人翁地位。)

2. 制作统计图。

(1) 师:用什么办法进行统计,能让大家清楚地看出喜欢哪种颜色气球的小朋友最多?(学生发言:举手表决,排队。最后一致统一用制作统计图的方法解决问题。)

(2) 制作统计图:每个学生只能选一种颜色进行统计。(师生一起制作统计图)

(3) 看统计图提问题:从统计图中,你们能发现什么?

(从学生对该买每种气球数量的多少的矛盾中,让学生通过讨论,取得共识:用统计的方法来解决。充分体会到统计的必要性,通过师生共同合作,制作统计图,让学生感受统计的必要性。)

活动三　统计最喜欢的水果

承接上个活动,运用统计的知识解决举办联欢会准备水果的问题,并引导学生认识、制作统计表,让学生进一步认识统计的必要性。

1. 提出问题。

(1) 师:六一儿童节那天,我们还要举行联欢会,要准备一些水果,你们最喜欢吃哪种水果?(学生发言)

(2) 选择其中三种:苹果、梨、香蕉。

师:该买哪种水果多些,哪种水果少些呢?

2. 解决问题。

(1) 学生讨论、发言,得出结论:通过制作统计图来决定。

(学生通过讨论,一致通过用统计的方法确定买水果,更进一步体会统计的必要性。)

(2) 小组制作统计图:小组里每人从三种水果中选一种最喜欢吃的进行统计。

(3) 统计图展示:哪组的统计图做得好,好在哪里?

通过统计图的点评,对学生制作统计图进行指导。

（小组合作制作统计图，在统计过程中不仅培养了学生的统计意识，经历了统计的过程，也培养了同学之间的合作精神。）

（4）制作统计表。

师：怎样才能更清楚地知道喜欢吃哪种水果的同学多？（学生发言，引出统计表）

填写统计表，得出结论。

（5）观察统计表。

师：你能看统计表提出一些数学问题吗？

（从统计图过渡到统计表，让学生更清楚地知道结论，并能根据统计表提出并回答一些简单的问题，培养学生提出数学问题的能力。）

【活动评述】

借助有趣、真实、有价值的情境，激发学生参与统计活动的兴趣，是本单元教学的首要目标。如何更好地激发学生参与的兴趣，这里面大有文章可做。本节课在这一点上做出了有益的尝试。

第一、问题情境的创设让学生充分体会统计的必要性。鼓励学生就买什么颜色的气球开展讨论，学生在讨论的基础上达成共识，利用统计来解决问题，体会到统计的必要性和作用。

第二、问题情境的创设真实、有趣、有价值。在小学生过第一个六一节的前夕教学本单元，对学生来说是有吸引力的。

第三、充分体现学生的自主性。教学过程中，让学生主动参与、独立思考、小组讨论，尽情地发表自己的看法。教师尊重学生个性化的表达，并适时引导到主题上来。

第四、环保教育在本节课得到了充分的体现。在课上，学生在第一个活动讨论时，更多的是注重了环保，如何使教室更加干净，在讨论买气球时，有学生甚至提出用家里的塑胶袋来代替气球，用以装饰教室。

（深圳市南山区南油小学　陈　晓）

快快乐乐学统计

——《条形统计图》的教学活动设计

【设计内容】

这是小学《数学》实验教材(北师大版)一年级下册第八单元《统计》第82页的内容——《组织比赛》。本课围绕为六一联欢会设计这样一个情境,安排了四个教学活动:1. 了解学生"想要表演的节目";2. 统计学生"最喜欢的食品";3. 统计学生"最喜欢的颜色";4. 统计"喜欢老师上的课吗"。目的是让每一位学生都亲身经历收集数据、处理数据的过程,并根据收集到的数据提出问题和解决问题。

【设计理念】

新课程标准要求,统计教学应让学生亲自经历统计的过程,体会到统计的必要性,发展统计意识,学会一些基本的统计方法,而不是单纯地把统计作为一个知识点去介绍。本活动设计力求从学生最喜欢的事情出发组织统计活动,让学生自己的想法在课堂上得以探讨与展开,在主动参与、独立思考、小组讨论中自主地获得新知,让他们在说一说、吃一吃、玩一玩中学习数学,体验学习的快乐。

【活动目标】

1. 围绕"设计六一联欢会"这一情境,组织、引导全体学生参与到实践活动之中,使学生初步体验数据的收集及整理的过程。

2. 在认识简单的条形统计图的基础上,能根据统计图提出并解决一些简单的问题。

3. 在活动的过程中初步体会统计的必要性,学会一些基本的统计方法。

【活动准备】

教师准备统计图表、教学课件、磁扣、巧克力、气球、袋子、贴上"笑脸"、"哭脸"、"平常脸"的罐子等。

【活动过程】

一、设计六一活动

上课了,我问学生:"再过十几天,就是小朋友最喜欢的什么节日呀?"学生异口同声地大声回答我:"六一儿童节!""六一节老师想要在咱们班开个联欢会,想请小朋友们帮忙设计设计,谁能说说,你想怎样设计呢?"

学生的想法可真多,有的说想准备一些吃的东西;有的说想把教室挂上美丽的气球和彩带;还有的说要表演节目等,课堂气氛非常活跃。

二、统计活动

活动一 了解学生"想要表演的节目"

学生的想法和我的教学设计正好吻合,我便问道:"小朋友们想法可真多,我们可以把我们的教室打扮得漂漂亮亮的,然后一边看节目,一边吃好吃的食品。说说看,在联欢会上,你想表演什么样的节目呢?"

(学生们非常兴奋,说了很多自己想要表演的节目,整个课堂轻松而愉快。)

活动二 统计学生"最喜欢的食品"

通过贴磁扣的活动,绘制条形统计图,让每一位学生都参与到数据的收集和整理活动中来,加深对统计过程的体验。

教师接着说:"节目想好了,该准备吃的了,想让老师准备些什么吃的呢?"学生的情绪很高,说了很多食品。根据学生说的,我选择了几种出现次数较多的食品进行板书:饼干、水果、饮料、薯条、巧克力、果冻。

怎样才能让学生想到用统计的方法来购买大家喜欢的这些食品呢?我接着问:"小朋友们说了这么多好吃的食品,但是我们知道每个人的口味是不太一样的,老师要为全班同学准备食品,万一小朋友们最喜欢吃的那种食品老师只买了一点点,那不就不够吃了吗?可是老师又不知道你们最喜欢吃什么,有什么办法能够知道什么食品要多买些,什么食品可以少买些吗?你们能替老师想个办法吗?"

"多买些薯条。"我问道:"如果很多同学都不喜欢吃薯条,那不是会剩下很多薯条?""我们班有 36 个同学,老师就把每种食品都买 36 份,不就可以了。"没等我开口,一个学生就举手说话了:"不行,如果每样都买 36 份,那样会很浪费的。""那怎么办?""我看我们可以进行统计。""统计什么呢?小组讨论一下吧!"

学生七嘴八舌地讨论开来,等交流汇报时,有的学生说:我们可以看看哪种食品大家比较喜欢吃,就把那种食品多买些,不喜欢的老师就可以少买些。还有的学生说:我们可以统计全班同学最喜欢吃的食品是什么。

(在学生讨论的基础上达成共识,利用统计来探讨和解决自己的问题,体会到统计的必要性和作用。)

"那我们就一起来统计一下大家'最喜欢吃的食品'吧。老师准备了黄色和蓝色两种颜色的磁扣,我想让每个小朋友选一种自己最喜欢的食品,然后在你选中的这一栏中贴上一个磁扣,男生拿黄色,女生拿蓝色,你们能完成这个任务吗?"

(两种颜色的磁扣是为了让学生在分析统计图时分辨出男女生人数的不同。)

统计图在黑板上贴好后,我让学生仔细观察,说说自己都发现了些什么。"我发现喜欢吃薯条的同学最多,喜欢吃雪糕的同学第二多,喜欢吃饼干的同学最少。""我发现喜欢吃薯条的同学比喜欢吃雪糕的同学多 1 人。"……

学生的发现很多,但是没有人发现两种不同颜色的磁扣有多有少,于是我就启发学生:"在每一种食品栏中,两种颜色的磁扣一样多吗?说明了什么呢?"

"说明喜欢吃这种食品的男孩和女孩的人数是不一样的。""根据我们统计的结果,你有什么建议要对老师说吗?""我希望老师多买些薯条,因为喜欢吃薯条的人最多。"

"少买些饼干,因为喜欢吃饼干的人数最少。"

"根据我们统计的数据,你还能提出什么数学问题吗?"

学生提了很多的问题,有"喜欢吃雪糕和薯条的一共有多少人?""喜欢吃雪糕的比喜欢吃饼干的多几个人?""喜欢喝饮料的男生比女生多几个人?"我选择了这几个有代表性的问题让学生进行了口头解答。

"刚才老师没有参与你们的统计,你们猜猜老师最喜欢吃什么,为什么呢?"

学生真有意思,他们猜了好些食品,而且都有自己的理由,让我不得不佩服他们的观察和想象能力。他们有的说:老师喜欢喝饮料,因为老师喜欢喝水,如果没有水的时候,你就会喝饮料。有的说:老师喜欢吃薯条,因为我们有很多同学喜欢吃薯条。还有的说:老师喜欢吃巧克力,因为我看到老师在办公室吃巧克力。

我乐呵呵地告诉他们:"老师最喜欢吃的真的是巧克力。今天我也给大家准备了吃的,因为老师最喜欢吃巧克力,所以就以为小朋友们也最喜欢,早知道你们最喜欢薯条,老师就买薯条了。唉!要是我早进行一下统计就好了。那这样吧!今天我们还是吃巧克力,开联欢会的时候老师多买些薯条好吗?但是薯条的热气大,同学们不能经常吃哟!请小组长来领巧克力,小朋友们吃的糖纸能乱放吗?为什么?那我们就把它放在桌子上,下课时老师再来收。"

(通过让学生观察统计图,说自己的发现,向教师提建议,提数学问题,猜一猜教师喜欢吃什么食品,给学生带食品吃,加深学生对统计过程的认识,体会统计的必要性。)

活动三　统计学生"最喜欢的颜色"

食品选好后,我又利用气球装饰教室来进行"最喜欢的颜色"的统计。"同学们要表演的节目想好了,需要准备的食品也选好了,接下来就要打扮我们的教室。小朋友们刚才说了很多办法,正好老师今天准备了很多气球,要给每个小朋友送一个作为六一的礼物,看来这个礼物还可以给大家用来装点教室了。气球的颜色有很多,你们猜老师带了什么颜色的气球呢?"

"大家看,老师带来的气球有红色、黄色、蓝色、绿色。我每种颜色都买了 36 个,知道是为什么吗?""因为老师不知道我们喜欢每种颜色的人有多少?""因为老师没有进行统计,不知道我们喜欢什么颜色。"看来学生已经感悟到统计的作用了。我装着很无奈地表情说:"是啊,因为我不知道小朋友们喜欢什么颜色的人数有多少,所以我只好每种颜色都买了 36 个。老师想请小朋友在小组里进行一下调查,把你们组同学最喜欢的颜色统计出来,再由小组长根据统计的结果到老师这来领大家喜欢的气球,好吗?"

我给每位学生都发了一张统计图,示范了统计的方法后,让他们在小组内进行"最喜欢的颜色"的统计活动。小组活动后,借助实物投影反馈每个小组统计的情况,根据反馈情况让小组长把气球分好,放在袋子里,拿下去,先不要发。

"我们统计了每个小组同学最喜欢的颜色,那我们全班小朋友最喜欢的是什么颜色呢?用个什么办法可以知道呢?"

"我们可以举手数一数。""还有别的办法吗?可不可以利用我们小组统计的结果呢?""我们可以把每个小组的人数加在一起,不就可以知道全班同学最喜欢的颜色是什么了吗?"这是个聪明的学生,一下子就想到汇总的方法,我激动地说:"你真是个了不起的孩子,那好,就请你来汇报每个小组统计的结果吧。"

电脑演示纵向条形统计图课件,学生汇报:喜欢什么颜色的有几个?教师就在那一栏里点击几下,课件由下往上一格一格涂上同种颜色。

一幅完整的条形统计图绘制出来了,让他们再一次说说自己的发现吧!

(通过"最喜欢的颜色"统计活动,让学生进一步体会统计的必要性。通过小组统计,再把小组统计的结果汇总的活动,让每一位学生都进行数据的收集、整理、绘制统计图、分析统计图,使学生经历一次完整的统计过程。)

活动四 统计"喜欢老师上的课吗"

我们的教学活动,总是教师评价学生,很少有学生评价教师的。我想,上课吃了的糖纸往哪放呢?何不利用回收糖纸的活动,给我自己的这节课做一个评价呢?既对学生进行了爱卫生的教育,又能让学生再一次体验统计的过程,而且也能看看自己的这节课受孩子喜欢的程度啊!所以我又设计了第四个教学活动。

"小朋友们,老师对大家在这节课上的表现非常满意,可我也很想知道小朋友们喜不喜欢老师上的这节课呀?我们也来做个统计吧!老师准备了三个盒子,如果你很喜欢老师上的这节课,那就把你的糖纸投到'笑脸'里,如果不太喜欢,那就投到'哭脸'里,如果觉得一般般,那就投到'平常脸'里。"为了结果的真实性,我又对学生说:"老师背对着大家,小朋友开始投票吧!"

学生把糖纸都投在了"笑脸"里。学生笑了,我也笑了。

"小朋友们,谢谢你们对老师的鼓励,我一定会继续努力,上更多、更好的数学课。老师预祝小朋友们六一快乐,同时也祝你们的六一联欢会取得成功。"

(设计的这一活动,又一次把课堂气氛推向了高潮。)

【活动评述】

统计是《标准》确定的重要的学习内容之一。它需要通过数据的收集整理和分析来提出和解决问题,并要让学生在学习的过程中体会到统计的必要性。本篇教学活动设计很好地体现了新课程标准对统计教学的一些要求。具体表现在:

1. 能从学生熟悉的、喜欢的、身边的事例中提炼数学问题,整合教学内容,有效地组织教学活动。学生自始至终都兴趣浓厚、积极主动、快快乐乐地参与学习过程。

2. 巧妙创设问题情境,提高学生的主动参与的面和质量。"让学生上黑板用磁扣选择自己喜欢的食品"、"让每一位学生填写自己小组中每个成员喜欢什么颜色的气球"等情境的创设,提高了学生的参与面。"看了这个统计图,你想说什么?"、"你能提出哪些数学问题?"、"猜一猜,老师喜欢吃什么?"、"你有什么好建议?"等一系列的有层次、又具开放性的问题,有效地提高了学生自主参与的质量。

3. 开放的评价方式,给课堂教学注入了新的活力。在结束教学前,教师请学生用巧克力糖纸(课堂中的奖励品)来评价这一节课(A 非常喜欢;B 比较喜欢;C 不太喜欢)。这是教学评价方式的大胆尝试和改革,呈现了一种崭新的课堂教学评价方式。

(北大附中深圳南山分校 邹玲珍)

在生活中感受统计

——《统计》教学活动设计

【设计内容】

这是小学《数学》实验教材(北师大版)二年级上册第九单元《统计》第90页的内容——《生日》。本设计注重让学生体验调查、收集和整理数据的过程,在活动过程中思考问题,通过思考提出问题,通过收集的数据解决问题。

【设计理念】

让学生说与别人不同的话,用与别人不同的方法,提与别人不同的问题,培养学生善于思考、勇于创新、举一反三、触类旁通的学习习惯与能力,这是我们在教学中应该好好把握的一项重要指标。在本课教学中就是通过创设贴近儿童生活的情境,引导学生凭借自己的智慧和能力,用不同的知识去剖析题目,扩展思维空间、拓宽解题思路,在求异中创新,选择最佳解法,培养思维的灵活性。

【活动目标】

1. 在具体的统计活动中,经历数据的调查、收集和整理的过程,并能根据数据思考、提出并解答一些问题。

2. 知道四季的划分,以及自己生日所在的季节。

3. 让学生体会统计在生活中起到的重要作用,从而激发学习数学的兴趣。

【活动准备】

1. 绿、红、黄、白色卡。

2. 红、黄、蓝三色球。

3. 装球的盒子。

4. 多媒体课件。

【活动过程】

一、激发好奇心,引导学生学习的兴趣

本节课是通过统计班级哪个季节过生日的人最多,来进一步让学生体验调查、收集和整理数据的过程,所以在这先让学生知道四季的划分,以及自己生日所在季节。

出示小女孩过生日的图片(幻灯片1),引导学生说出自己生日所在月份,并把学生的回答按顺序板书:

3、4、5

6、7、8

9、10、11

12、1、2

教师在此处设疑,请同学们猜一猜,为什么这样写?利用这个猜的活动引出春夏秋冬的划分。为了让学生感受大自然的美丽,在这里教师邀请学生来欣赏美图——"春夏秋冬"(幻灯片2)。要求学生一边欣赏一边思考:哪四种颜色最能代表春夏秋冬?并按学生过生日的季节把相应的色卡送给他们。

("四季"学生非常熟悉,在这里出示一组图片,把春、夏、秋、冬的美景展现在他们面前,他们眼睛看着、脑里想着、嘴里说着,这是多么美好的情感体验呀!而这时教师又不失时机地引出一个问题要学生思考,自然而然地使学生从情感体验过渡到理性思考。)

师:一年有几个月?一个季节有几个月?

生可能回答:一年有12个月,一个季节有3个月,因为12÷4=3。

师:怎样才能快速记住四季的划分呢?请在小组里交流,用你们喜欢的方法记忆四季的划分。(教师参与到小组活动中去,对活动有困难的小组进行个别辅导,力求每位学生都能够掌握四季的划分。)

(评析:学生们通过黑板上的资料,提出各自的认知方法在小组内交流,教师在有困难的小组里个别辅导。这个教学环节充分体现了生生互动、师生互动、自主探究、合作交流的《新课程》理念。)

二、循序渐进,探索统计的基本方法

创设情境,引出问题:老师想知道我们班在哪个季节过生日的人数最多?以这个问题为切入点,让学生经历统计的过程,并且能够根据收集的数据解决实际问题。

教师鼓励学生寻找统计方法:举手、画"正"字、贴色卡等。对于学生能够想到的方法给予认可。教师在征求学生同意后,选择贴色卡的方法完成生日统计。请全班学生按照春夏秋冬的顺序,分别把手中的色卡贴到黑板上。这时的黑板就是由全班学生共同制作的一张统计图,哪个季节过生日的人数最多,一目了然。

你还能提出什么数学问题?能解决吗?(小组活动,老师个别辅导)给学生提供自学机会,培养他们根据统计图收集数据、整理数据、提出问题、解决问题的能力。学生活动过后思考:如果我们班要转来一名新同学,他最有可能在哪个季节过生日呢?让学生能够根据统计结果进行合理猜测。课程到此,学生已经经历了一个完整的统计过程。

(统计的过程每位学生都参与其中。在整理数据和处理信息的过程中教师没有采取一问一答的方式,而是组织学生小组讨论,提出问题、解决问题,所有的结论都由学生提出,真正体现了自主探究、合作学习的教育方法。)

三、愉快教学,快乐中掌握枯燥的数理知识

三色球游戏:把红、黄、蓝三种颜色的球放在盒子里,教师每次从盒子里摸出一个球,学生根据教师摸出来的球的颜色进行记录,一边记录一边猜测教师下一次会摸出什么颜色的球。让学生感悟到数据越大,猜测的准确率越高,真正做到有根据的猜测。(学生可以用自己喜欢的方法统计,画"正"字、打钩、画五星……)

统计后回答:

1. (   )颜色的球拿出的次数最多。

2. 蓝球和黄球共拿出来了(   )次。

3. 如果再拿一次,你猜它会是( )颜色的。为什么?
4. 根据你的统计图还能提出什么数学问题?小组里互相考一考。
(一个简单的游戏,给每位学生都创造了感受统计过程的机会。)

新课最后让学生考虑,生活中还有哪些地方需要用到统计,进一步强调统计与我们的生活联系紧密。

板书:

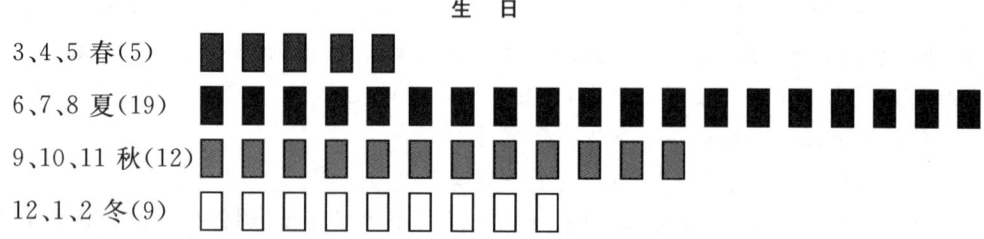

【活动评述】
这个活动设计的最大特点是使全班学生都动起来了,讨论起来了,学生亲身经历了收集信息、处理信息的过程。其间,课堂中每位学生都能全身心的投入,认真观察思考。他们能够根据自己统计的数据,互相讨论、互相交流、互相提问、互相解答。使他们在自身的基础上获得了成功的体验、培养了学习兴趣、提高了学习能力,这样的教学不仅仅关注了学生知识的掌握、能力的发展,而且对学生表现出来的情感、态度、价值观更给予了极大的关注,真正体现了面向全体的教育思想。

(深圳市南山区桃源小学 王冬梅)

亲历过程　直观体验

——《可能性》的教学活动设计

【设计内容】

这是小学《数学》实验教材(北师大版)二年级上册第九单元《统计与猜测》中的内容——《抛硬币》。本节课以抛硬币游戏活动将学生引入"可能性"问题的学习,让学生在有趣的游戏中体会事件发生的可能性,感受事件发生的确定性及不确定性。

【设计理念】

对数学的认识要从数学活动的亲身实践中去体验,数学学习要给学生充分开展活动的空间,数学活动要建立在学生原有的认识和生活经验基础上。基于以上的认识,本节课力图通过创设贴近学生生活且十分有趣的活动情境,让学生在猜测、实验、验证、交流等活动中亲身经历对不确定现象的探索与体验过程,积累活动经验,从而建立对不确定现象的初步认识,并从中获得积极的情感体验,感受数学的魅力。

【活动目标】

1. 在抛硬币、摸球等游戏活动中,体会事件发生的可能性,并进一步体会到事件的确定性和不确定性。

2. 经历猜测、实验、验证、交流等探索过程,养成尊重事实的科学探索精神与合作意识,初步形成统计意识。

3. 通过对日常生活事件确定性的描述,提高学生对生活现象的分析和判断力,激发学生应用数学的意识。

【活动过程】

一、创设生活情境,引发问题

抛硬币作为帮助人们作出两难选择时常用的方法,在生活中运用很广,从生活现象引入,将会激发学生的兴趣和好奇心,使学生产生想弄清抛硬币背后存在的数学事实的内在需求,从而自然而然地投入到对抛硬币的探索中。

借助课件,把学生带入生活现场:

1. 六一儿童节,淘气、笑笑两个好朋友高兴地参加学校组织的游艺活动。淘气说:"我们先去投球吧。"笑笑说:"我们还是先去猜谜语。"两个好朋友的意见不一致,到底该听谁的呢?这时淘气说:"我们抛硬币决定吧。如果正面朝上,就先去投球;如果反面朝上,就先去猜谜语。"

2. 足球场上,甲乙两个球队即将比赛,双方的场地如何确定呢?裁判拿出一枚硬币,向空中一抛。

师:在生活中经常出现这样的情况,遇到这样的情况人们常常用抛硬币的方法做决定。

引发问题:为什么用抛硬币的方法做决定呢?这样公平吗?

二、抛硬币实验活动,探讨问题——可能性

本节课是学生第一次在课堂学习中接触不确定现象,这对学生是一种全新的认识,必须让学生参与到活动中亲身感受,获得直观的体验。

在学生抛硬币活动前,先让学生进行猜测,让学生把他们原有的朴素认识表达出来,使活动循着学生的认识轨迹真实有效地展开。

1. 猜测:硬币落下后哪一面会朝上?

2. 实验探索:

小组活动:学生以四人小组开展抛硬币实验活动,每人抛 5 次(每组共抛 20 次),抛前可先进行猜测,结果在实验单上作好统计。先猜测,再实验,使学生在这个过程中充分感受到抛硬币结果的不确定性。

正面:☐☐☐☐☐☐☐☐☐☐☐☐☐☐☐☐☐☐☐☐
反面:☐☐☐☐☐☐☐☐☐☐☐☐☐☐☐☐☐☐☐☐

类别	正面	反面
次数		

3. 全班研讨:

(1)交流实验结果。

(2)讨论:在游戏中你发现了什么?

(3)小结:抛硬币,硬币落下后可能正面朝上,也可能反面朝上。(板书:可能)

(通过玩抛硬币游戏,先猜再抛,学生亲身体验抛硬币结果的不确定性,从学生的朴素语言中可以感受到学生对不确定现象有了初步直观的认识。)

三、猜谜语活动,承上启下

课件呈现情境:淘气、笑笑抛硬币,结果反面朝上,按约定两人先去猜谜语,笑笑邀请学生一起猜谜语。教师出示两个简单的关于水果的谜语让学生猜。

(这个活动费时不多,主要起着贯穿情境、承上启下的作用。)

四、摸球抽奖活动,进一步体验不确定与确定现象

在抛硬币活动中,学生对于不确定现象有了一定的认识,在此基础上,通过摸球活动,使学生进一步积累活动经验,丰富体验,深化认识。

师:同学们谜语猜对了,获得一次抽奖机会。

奖品:

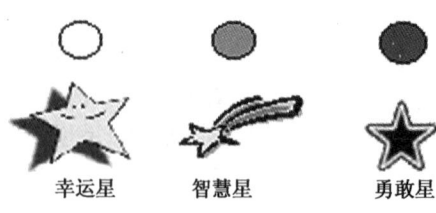

1. 幸运抽奖,感受不确定现象。

愿望:你最想得到哪种奖品?

观察:放到抽奖箱中的球。

(老师当着学生将 3 个白球、3 个黄球放入抽奖箱。)

预测:你能得到你最喜欢的奖品吗?

生:我想得到幸运星,我觉得我有可能得到,也可能得不到。

生:我想得到智慧星,我觉得我有可能得到。

生:我想得到勇敢星,我觉得我不可能得到。

(通过对结果的预测,了解学生直观经验的发展情况,引导学生养成理性思考,合理推测的好习惯。)

验证:学生在小组内进行摸球抽奖游戏进行验证。

统计:师生共同统计摸球情况。

讨论:

① 为什么有的同学摸中黄球,有的同学却摸中白球呢?

生:因为箱子里有白球,也有黄球。所以可能摸到白球,也可能摸到黄球。

② 为什么没有一个同学摸到红球呢?

生:箱子里没有红球,不可能摸到红球。(板书:不可能)

(全班没有一个学生摸到红球,从这个结果引发学生的思考,体会不可能现象。)

2. 开心抽奖,感受事件的确定性。

老师想得到智慧星,你们猜老师可以得到吗?(生猜可能得到,也可能得不到。)教师在另一个抽奖箱里摸球,结果真的摸到一个黄球。学生在下面叫起来:"老师运气真好。"这时教师请刚才想得到智慧星而没有抽到的学生到讲台上一一摸球,结果全都摸到黄球,学生露出不解的神情。

师:请同学们想一想为什么在这个箱子里每次都能摸到黄球?猜一猜盒子里装着什么颜色的球?

师:盒子里全是黄球,摸出来的一定是黄球,不可能摸到其他的球。

(板书:一定)

(开心抽奖的结果与学生原有的认识产生矛盾,抓住学生的疑惑和好奇,及时引导学生对"不可思议"的结果进行分析,学生通过理性的思维与分析,自己揭开了谜底,从而体会到确定性现象。)

3. 智慧抽奖:综合运用。

淘气最喜欢智慧星,笑笑最喜欢幸运星,你有办法使淘气、笑笑一定能得到他们最喜欢的奖品吗?

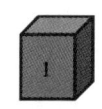
10个黄球

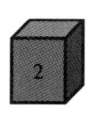
5个黄球
5个白球

10个白球

生:笑笑在3号箱里抽,一定可以抽到幸运星。

师：为什么？

生：3号箱子里全部都是白球，抽出来的一定是白球。

生：淘气在1号箱子里抽，一定抽出黄球，就可以得到他喜欢的智慧星。

师：为什么不在2号箱子里抽呢？

生：2号箱子里有白球，也有黄球，抽出来的可能是白球，也可能是黄球。

（多形式、多层次的抽奖游戏，不仅给学生提供了广阔的操作空间，而且给学生广泛的思考与交流的空间，让活动成为充满乐趣、充满挑战的过程。）

五、沟通生活，内化认识

回归生活，鼓励学生结合日常生活经验，分析生活中事件发生的可能性，从而内化认识、深化认识。

生活中有些事情的发生是确定的，有些事情的发生是不确定的，请你用"可能"、"不可能"、"一定"说说生活中的现象。

生：星期天爸爸可能会带我去公园玩。

生：太阳一定从东边升起，从西边落下。

生：人不可能活200岁。

【活动评述】

本教学设计以学生感兴趣的生活情境贯穿全课程，创设了生动、直观、有趣而有挑战性的数学活动，以"猜想——实验——验证——推测"为活动主线，给学生提供了充分的活动和交流的机会，让学生亲身经历对不确定现象的探索过程，从而让学生获得了许多直观的体验，也积累了丰富的活动经验。同时本节课的设计较好地体现了数学源于生活又回归生活的理念。

（深圳市南山区南油小学　项庆庆）

自主探究　感知数学
——《抛硬币》教学活动设计

【设计内容】

这是小学《数学》实验教材(北师大版)二年级上册第九单元《统计与猜测》第 92 页～93 页的内容——《抛硬币》。它是关于学生对数据的收集、整理、描述、分析、记录过程有所体验之后的猜测活动。这节课的学习可以使学生感受不确定现象,初步体验有些事件的发生是确定的,有些则是不确定的,有些则是不可能发生的。进而解决日常生活中的一些简单问题,为其他学科相关内容的学习打下基础。

【设计理念】

新的课改理念倡导让学生积极主动地探索,并发现问题、解决问题、发现数学的规律。按照这一理念,这节课的设计力求为学生提供自主探索的条件,让学生通过观察、操作、分析、讨论等思维活动,进行有效的学习。

【活动目标】

1. 以游戏引入对可能性问题的学习,让学生在有趣的游戏中体会事件发生的可能性及其大小。体验有些事件的发生是确定的,有些则是不确定的。

2. 能用"一定、可能、不可能"等词语描述事件发生的可能性。

3. 感受数学与日常生活的密切联系,发现和解决数学问题,从中获得成功的体验,树立起学习数学的信心。

【活动准备】

教师：多媒体课件、硬币、白球、黄球、盒子。

学生：硬币、白球、黄球、铅笔、盒子、统计表、水彩笔等学习用具。

【活动过程】

活动一　抛硬币活动——体验可能性现象

本节课的学习是为了使学生感受不确定现象,所以,在课一开始教师创设了一个抛硬币的教学情境,通过操作、猜测等学习活动激发学生的学习兴趣,为学生感受不确定现象奠定一定的基础。

师：今天我想用硬币来和大家做个猜一猜的游戏,你们想不想参加?

师：我现在把这个硬币轻轻地向上抛，大家把眼睛闭上，猜猜看，硬币落地后哪面朝上？（让学生猜）

师：到底谁猜得对呢？这节课我们就来学习猜测。（板书：抛硬币）

（猜一猜的游戏，既有趣又生动，贴近学生生活，同时又巧妙的引入课题，体现了数学学习的趣味性。这样安排容易激发学生的好奇心，引发学生学习的兴趣与热情。）

师：在你们每人的课桌右上角，有一枚硬币，你来试试看，将硬币轻轻向上抛一抛，落在桌面上（或地上）后，你再观察，看是哪面朝上？

（学生动手抛硬币）

师：通过刚才的活动，你有什么收获？你抛的硬币落地后是哪面朝上？谁愿意说给大家听听？

让学生自由说。

师：那大家再次来猜猜我刚才抛的硬币到底是哪面朝上，谁来猜？

师：其实我也不知道到底是哪面朝上，要看一看才知道。也就是说正面、反面的可能性都有。

（通过抛硬币的游戏，提高了学生对可能性问题的认识，感受到数学与日常生活的密切联系，并让学生从实践中认识并深刻体会到事物发生的多样性与可能性。）

活动二 摸球游戏——体验不确定性现象

安排这一环节的目的是让学生进一步感受不确定现象，通过动手操作体验有些事件的发生是确定的，有些则是不确定的，有些则是不可能发生的。

1. 摸球。

教师出示一个纸盒。

师：我这个纸盒中装有3个黄球和3个白球。我现在从纸盒中摸出一个球（边说边伸手往盒中去摸），大家来猜一猜，我摸出的会是什么颜色的球？

（学生议论纷纷：我猜是白球；我猜是黄球。）

师：大家争执不下，这样吧，你们的桌上有一张统计表，同桌两人为一组分工动手操作。一人摸出球，一人用水彩笔做记录。多试几次，并将每次摸的结果记录下来。

（学生活动后，各小组汇报结果，并将填写好的统计表张贴在黑板上。）

师：现在你们猜得到我手中摸到的是什么颜色的球吗？

生：出现的结果有两种可能：一种是白球，一种是黄球。

师：可能摸到黑球吗？

生：不可能是黑球。

师：可能摸到除黄球和白球以外颜色的球吗？说说你是怎么想的？

（指名学生回答。）

师：还是这个纸盒，我现在要摸出2个球，大家猜一猜，我摸出的会是什么颜色的球？大家讨论一下，再动手试一试，看自己摸出的球与自己猜的结果是否一样。

（学生讨论，并动手操作。）

师：现在谁来猜猜我手中两个球是什么颜色的球？

生1：可能都是黄球。

生2：可能都是白球。

生3：可能是一个白球，一个黄球。

师：可能会是别的颜色吗？比如黑色、红色？

生：不可能！

（通过学生自主动手、合作讨论、游戏反馈等学习方式，让学生理解事物发生的可能性及其大小，同时培养学生自主探索问题与合作交流的能力，并从中获得成功的体验，树立起学习数学的信心。）

2．连一连。

师：大家真聪明！（出示课件）请看，淘气、笑笑、机灵狗来了，它们说：我们也出了一道题让你们猜一猜，猜对了，我们就做好朋友。大家可要加油！

师：你们想和它们交朋友吗？（想！）

课件出示第93页连一连：从下面3个盒子中，分别摸出1个球。（学生讨论）

指名学生回答，并说一说想法。

活动三　设计游戏——进一步体验不确定性

让学生先自主设计摸球方案，根据摸球的结果来设置各种颜色的球应如何放置在几个不同的空盒内。再自主动手进行实验求证，把"猜想——验证"的活动自主权完全交给学生，体现"以人为本"。

师：我们现在来做个游戏（出示3个空纸盒，和许多颜色的球放在桌面上），我这儿有3个空纸盒，大家的桌面上也有3个空纸盒。游戏规则是：第一个纸盒要放的是"任意摸一个球，一定是白球"，应该怎么办？

学生分组活动、讨论，然后分小组汇报，并说一说想法，集体评议。

师：第二个纸盒要放的是"任意摸一个球，不可能是白球"，应该怎么放？

学生分四人为一组活动，然后指名学生上台操作，并说说想法。

师：第三个纸盒要放的是"任意摸一个球，可能是白球"，怎么放？

学生分组活动，然后指名学生上台操作，并说说想法。

活动四　说生活中的不确定现象

通过学生从自己的生活中所发现的问题，证实事件的发生有多种结果，有些事件的发生是确定的，有些则是不确定的，有些则是不可能发生的。从而利用所学知识去解决日常生活中的一些简单问题。

师：刚才同学们表现得真棒！现在请大家闭上眼睛，想一想：在日常生活中，什么事情一定会发生？什么事情可能会发生？什么事情不可能发生？（教师放轻音乐，学生在小组内互相说一说。）

师：谁想将自己的想法说给大家听？

生1：天上的太阳只有一个，不可能有2个。

师：真聪明！还有谁想让大家分享你的想法？

生2：水里的鱼儿不可能在陆地上走。

生3：太阳一定是从东边升起，从西边落下，不可能从西边升起，从东边落下。

生4：我们在一天天长大，不可能再变成婴儿。

生5：闯红灯可能会发生交通事故。

生6：有了指南针，我们不可能迷路。

（给学生创造机会，让学生开动脑筋，捕捉生活中的实例，将所学的知识和生活实际紧密结合，使他们体会到生活中处处充满数学，数学无处不在。）

全课总结：

今天你学会了什么？（猜测）在生活中，有许多事情是一定会发生的，也有许多事情是可能发生的，还有些事情是不可能发生的。大家回去后，和爸妈做个游戏：抛硬币，看谁猜得准。

【活动评述】

本教学活动设计，主要特点是：

1. 选择学生感兴趣的内容，学生参与的积极性很高。

"抛硬币"的题材很贴近学生的生活实际，学生感兴趣。在活动中，每位学生积极投入到学习的探究过程，使学生在猜测中去探究，在探究中去思考，在思考中去发现、去验证猜测。

2. 充分展示了学生的个性。

这堂课学生动手活动的时间较多，如在"任意摸球猜一猜的活动"中学生很喜欢猜结果，有的学生摸了一次又一次，不肯罢手；在"放球进入盒中"这个分组活动中，学生很活跃，学生在小组中能够相互配合。这节课教师授课的时间较少，学生小组合作学习的时间较长，学生用语言表达想法的时间长，听教师讲的时间少。特别是在最后让学生说一说"日常生活中的事情哪些是可能会发生的，哪些是不可能会发生的，哪些是一定会发生的。"学生都争着说。每位学生都动起来了，都学得很轻松，每位学生都能体会到成功的喜悦。

（深圳市南山区桃源小学　徐晓萍）

在活动中探究学习
——《可能性的大小》教学活动设计

【设计内容】

这是小学《数学》实验教材(北师大版)三年级上册第八单元《可能性》第84页～85页《摸球游戏》的内容。它主要是使学生初步体验现实世界中存在着的不确定现象,并知道事件发生的可能性是有大小的。本设计通过"摸球比赛"等一系列的体验性活动贯穿全课。

【设计理念】

本课定位于数学实践活动课,根据基础教育课程改革的具体目标,结合本节课的主要内容和学生心理发展的特点,创设有趣的游戏情境,通过小组合作交流的形式,让学生亲自动手操作、自主探究、互动交流,体验知识的生成与发展,在实际操作中感受可能性的大小,然后上升到对概率的理解,从而初步认识到数学在生活中的广泛应用。

【活动目标】

本节课设计了多种不同层次的、有趣的活动和游戏,如摸球比赛、转盘游戏、设计摸奖方案等。通过创设这些具有启发性的问题情境,使学生在大量观察、猜测、试验与交流的数学活动过程中,经历知识的形成过程,逐步丰富对不确定现象及其可能性大小的体验。

【活动过程】

一、下雨的可能性大

低年级学生对周围的各种事物、现象有着很强的好奇心,我就紧紧抓住这种好奇心,选取了学生非常熟悉的自然现象的现实情境,引入本课的学习内容。

让学生观看一段动画,在风和日丽的春天,鸟儿飞来飞去,突然天阴了下来,鸟儿也飞走了,这一变化使学生产生了强烈的好奇心,这时教师立刻抛出问题:"天阴了,接下来可能会发生什么事情呢?"学生就会很自觉地联系他们已有的经验,回答这个问题。学生说"可能会下雨"、"可能会打雷、闪电"、"可能会刮风"、"可能一会儿天又晴了"、"还可能会下雪"……教师接着边说边演示:"同学刚才所说的事情都有可能发生,其中有些现象发生的可能性很大,如下雨,有些事情发生的可能性很小,如下雪。在我们身边还有哪些事情可能会发生?哪些事情根本不可能发生?哪些事情发生的可能性很大呢?"

(通过这一创设情境的导入,让学生联系自然界中的天气变化现象,使学生对"可能性"这一含义有了初步的感觉。然后带着问题来学习后面的知识。)

二、为什么摸出的白球可能性大

这一环节,是为了使学生在现实情境中体会统计对决策的影响,并从中提出可能性发生的大小,以小组合作学习的方式使学生从摸球比赛中验证解决。

1. 呈现一个装有两种颜色球的盒子,并提出问题:"摸出一个球,可能是什么颜色?""是不是每一个球都有被摸出的可能?"让学生通过猜一猜,能够列出简单试验所有可能发生的结果。

2. 学生小组活动,每个小组的袋中放入黄、白球的个数各不相同,学生按组依次摸球并作记录。比赛的规则:每组1袋球,共10只,有白球和黄球两种(每组白球和黄球的个数不一样,有1个白球、9个黄球的;有3个白球、7个黄球的;有5个白球、5个黄球的;有7个白球、3个黄球的;有9个白球、1个黄球的)。小组成员依次摸,共摸十次,比比哪组摸到白球的次数最多,摸得最快。

3. 他们怎么就赢了呢?请学生发表意见,通过交流,发现各组的结果不相同,原因是每组袋子里装的白球和黄球的个数不一样,最后在争论中把球倒出来看看。

4. 你们说该怎样调整呢?(由学生将每个组的球调整一下,使每个组的黄球1个、白球9个)我们现在再来比一比,合作的又快又好的小组为优胜组。

5. 汇报结果,教师统计。问:看着这张统计表,你知道了些什么呢?(在这个摸球的随机试验中,由于黄球与白球的数量不等,那么摸出黄球的可能性与白球的可能性是不一样的。白球的数量多,摸出白球的可能性就大。)

6. 然后再组织学生进行摸球游戏,由学生根据装入袋子里黄、白球的个数,猜测摸出哪种球的可能性大。

7. 请小组内讨论,使得摸到黄球的可能性比摸到白球的可能性大,有几种方案。

(学生亲身经历了收集、描述和分析数据的过程,已经开始有意识地从统计的角度思考问题,能根据统计得出的结果作出"合理"的判断。教师不断给学生引导和鼓励,给他们动手实践和独立思考留出足够的时间与空间,师生、生生互动的合作与交流,使学生逐步形成统计观念。)

三、玩转盘游戏

设计一个简单的转盘游戏,使学生在生活经验和试验的基础上,巩固前面所学的知识,加强同伴之间的交流。

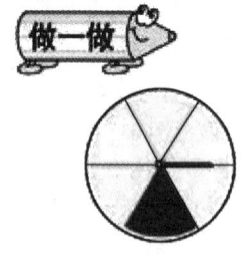
指针停在哪种颜色的可能性大?

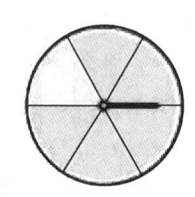
指针停在哪种颜色的可能性小?

1. 让学生说一说这个简单游戏中可能发生的结果有哪些,并让每一位学生预先猜测指针会停在哪种颜色的区域内。

2. 动手旋转指针,提醒学生记录每次试验的结果。让学生在亲自旋转指针的过程中体会到:当指针没有停下来以前,指针停在哪个区域内是不确定的。通过多次旋转后学生逐渐体会到指针停在两个区域内的次数不一样。

3. 在学生动手操作的基础上，教师引导学生开展讨论，交流自己的感受。

四、设计"摸奖游戏"方案

通过学习概率的知识来设计"摸奖游戏"的规则，这需要学生综合分析影响可能性大小的因素。所以设计这一环节"要过圣诞节了，老师要为班里的同学准备一个摸奖游戏，其中准备了10个白球、5个黄球、2个绿球，设有三个奖：一等奖、二等奖、三等奖；奖品有铅笔、铅笔盒、足球。你能帮老师设计一个摸球有奖游戏规则吗？"学生在看到题目后，经过讨论都能确定摸到绿球为一等奖，摸到黄球为二等奖，摸到白球为三等奖；但在奖品的分配上可能会出现分歧，这时教师应引导学生在奖品的分配上要考虑奖品的价钱，学生再次经过热烈的讨论，最后确定摸球有奖游戏规则。

（在这样的实际运用中学生的思维更加活跃，创造意识和策略意识有所增强，解决实际问题的能力也有所提高。）

五、说一说生活中的事情发生的可能性大小

遵循数学从生活中来、到生活中去的教育思想，说说在生活中各种事情发生的可能性大小。营造氛围，由组内发表个人看法到全班交流反馈，让学生充分发挥各自的想象力，激活创新点。

请学生联系生活，用"可能、很可能、不太可能、根本不可能、一定"这样的词汇来描述生活中的一件事情或一个现象。在日常生活中留心观察，把观察到的结果填在课后调查事件发生的可能性的汇报卡上。

小结：今天你学会了什么？你觉得自己表现怎样？

【活动评述】

1. 本节课目标明确，设计新颖，整个教学过程根据低年级学生的心理特点和教材实际，让学生在猜一猜、摸一摸、玩一玩、想一想、说一说等充满童趣的情境中玩数学、学数学，亲身体验知识的形成过程，学生兴趣盎然。改变学习方式，引导学生小组合作、探究学习是本课的一大亮点，充分体现了"教师不是中心，而是合作伙伴；教学不是灌输，而是急学生之所急"，"一切为了学生的发展"和"学生是学习和发展的主体"的新课程理念。

2. 本设计紧紧根据教学需要巧妙创设日常生活场景，再现日常生活，将学生数学学习活动与已有经验和所学的知识自然地融合在一起，积极体现新课程"数学从生活中来，回到生活中去"的理念，在此方面也独具匠心。

（北师大深圳市南山附属小学　徐秋宏）

贴近现实生活，提供探索空间

——《奖牌给哪个组》教学活动设计

【设计内容】

这是小学《数学》实验教材(北师大版)三年级下册第六单元《统计与概率》第71页～72页的内容——《奖牌给哪个组》。它是关于求平均数的知识。本设计主要通过飞镖比赛、预测气温等活动贯穿全课。

【设计理念】

平均数是反映一组数据的集中趋势的量数，是统计学中应用最普遍的概念，它既可以描述一组数据本身的总体情况，也可以作为不同组数据比较的一个指标，它具有直观、简明的特点，实用性很强。为了使学生体会计算平均数的意义与必要性，进一步获得利用统计图表解决一些实际问题的体验，发展学生的统计意识和应用意识，本课的设计注重联系学生生活实际，从学生熟悉的生活情境和感兴趣的事物出发，为他们提供观察、操作、实践、探索的机会，使他们从周围熟悉的事物中学习数学和理解数学，感受数学的作用，体会到数学就在身边。

【活动目标】

1. 结合解决问题的过程，了解平均数的意义，体会学习平均数的必要性。
2. 能读懂简单的统计图表，并能根据统计图表解决一些简单的实际问题。
3. 使学生学会与他人合作交流，获得积极的数学学习的情感。

【活动过程】

活动一 奖牌给哪个组

选择学生喜欢的飞镖游戏，借助统计图表示两组飞镖成绩，用直观的手段帮助学生更好地理解平均数的意义和必要性，为学生探索求平均数的方法提供直观的、操作性强的活动素材。

师：同学们，学校的"趣味运动会"刚结束，你们最喜欢玩什么项目呀？

学生：两人三足、踩气球、投掷、飞镖、投篮……

教师出示两个小组进行飞镖比赛的情况统计图（ 表示飞中1个）。

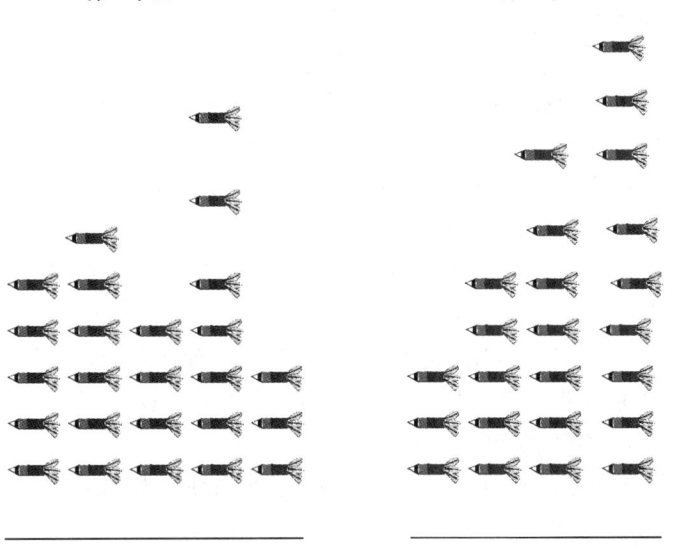

1. 理解平均数的意义和作用。

首先我让学生观察统计图,说一说看到了什么,或者知道了些什么,然后提问:比赛结束了,你觉得胜利的奖牌应该发给哪个组呢?说说你的理由。

学生通过讨论后汇报,有的说,第一组同学成绩好,应该给第一组。因为第一组中了25个镖,第二组只中了24个镖。有的认为,不能用中镖总数直接进行比较,这样不公平,因为两组的人数并不相等。还有的说,把第一组去掉一个人。有的认为中镖最多的在第二组,应该发给第二组。以上种种看法都遭到了反对,也有学生认为应该用各组平均每人飞中的镖数来比较会比较公平。

这时教师给予肯定:因为两组的人数不相等,就不能从中镖的总数上比较他们的成绩,用各组平均每人中的镖数来比较是合理的,同时揭示本课的新内容——求平均数。(板书:奖牌给哪个组——求平均数)

(教师有意设计了两张统计图,以此创设问题情境,并组织学生讨论、比较,自然地引出了"平均数"这一课题。这样,不仅将学生的情绪调节到了最佳状态,更重要的是通过事例让学生体会到了平均数的作用,以及与生活的联系。)

2. 探索"平均每人飞中多少镖"的方法。

在探索求平均数的方法之前,先让学生估一估每一组的平均数约是多少?用什么方法知道每组的平均数?

学生汇报时说出了三种方法:(1)从图上看第一组的赵是最多的,刘是最少的,张、王、李差不多,王比李多2个,从王那拿1个给李,赵比刘多4个,从赵那拿2个给刘,这样第一组平均飞中的镖是5个。(2)从第二组图上看徐最多,可以从他那拿3个给周,再从梁那移一个给高,这样第二组平均飞中的镖是6个。(3)我得到第二组平均飞中的镖也是6个,但是我移的方法不同,我是先从高那移2个给周,这样周、梁、高三人同样多,再从徐那移3支分给周、梁、高一人一支,这样4人可以同样多了。

我及时对学生的这些想法给予了鼓励,并且让学生给这种方法取一个形象生动的名字:把较多的部分移至较少的部分,一直到相等为止,我们把这种方法叫做"移多补少法"。(板书)

这时还有学生说,用计算的方法,先把第一组五人的中镖数合起来有25个,平均分成5份,每人中5个。算式:(5+6+4+7+3)÷5=5(个)。再把第二组四人的中镖数合起来有24个,平均分成4份,每人中6个。算式:(3+7+5+9)÷4=6(个)。

针对学生的这些方法,我顺势板书:"先汇总,再平均分"。(板书)

这时我再引导学生思考,用第一组的平均数5和这组五个同学飞中的镖数相比有什么特点?用第二组的平均数6和这组四个同学飞中的镖数相比又有什么特点?让学生观察得出:比最大的数小,比最小的数大,正好是中间的数,接近中间的数。

这时再给学生渗透:"平均数"不是一个真实的值,而是表示一组数平均分后同样多的数,同时提问:奖牌该给哪组呢?

师:求平均数的方法有很多,什么时候用"移多补少",什么时候用"先汇总,再平均分"?

学生各抒己见。

(这一层次主要是积极地为学生自主探究创造条件,让学生在动手、动口、动脑多种感官协同运作的过程中理解"平均数"的概念,感悟"求平均数"的多种灵活的方法,渗透"移多补少"的数学思想,以及"汇总均分"的方法。)

活动二 预测下周的气温

本环节用上周的平均气温来预测下周的气温,讨论游泳池平均水深与人的身高是否危险的问题,使学生感受平均数在现实生活中的应用,并通过交流,获得积极的情感体验。

出示调查表:

上周的气温情况

星期一	星期二	星期三	星期四	星期五	星期六	星期日	平均气温
26℃	25℃	26℃	27℃	28℃	28℃	29℃	

我让学生预测下周气温情况,并说明理由。

学生观察、估计、计算后汇报。有的学生认为,下个星期平均气温会高一些,28℃多吧,因为快立夏了,天气会越来越热。有的认为不一定。如今天下雨了,气温比前几天低很多,那平均气温会低一些。有的直接说,下星期气温与本周气温的差别不大。

我对学生合理的回答都给予了肯定,并强调:平均数的用处真大,我们可以根据平均数进行预测,这对我们的生活具有一定的指导作用。日常生活中处处有数学,只要我们多留意,我们的数学本领就会越来越棒。

(从生活中收集、整理数据,并求出平均数,使学生体会"平均数"反映的是某段时间内具有代表性的数据,在实际生活中、工作中人们可以运用它对未来的发展趋势进行预测。)

活动三　去游泳危险吗？

游泳池平均水深是 126 厘米，小丽身高 134 厘米。她在这个游泳池中学游泳会有危险吗？

学生的回答有 4 种：会；不会；可能会；可能不会。

既然大家的意见不统一，我就让他们开个小小辩论会，看看谁能说服谁，谁就是最后的胜利者。于是学生展开了讨论：

生 1：我认为不会。因为小丽身高 134 厘米，水平均深是 126 厘米，小丽比水面会高出 8 厘米。

生 2：我反对。水平均深 126 厘米，并不是所有深度都是 126 厘米，有的地方水深可能不到 126 厘米，有的地方水深超过了 126 厘米，甚至超过 134 厘米，所以我认为会有危险。

生 3：我反对，既然有的地方不到 126 厘米，小丽可以在浅水区学游泳，我也是这样学游泳的，很安全。

生 4：我认为在深水也不危险，只要带好救生圈就可以了

对学生的发言给予肯定，我们对待实际问题就应该根据实际情况分别对待。

（小小辩论会，深化了学生对"平均数"概念的理解，让学生体验了事件发生的可能性。）

【活动评述】

本课与传统的求平均数的教学有很大区别，课堂上充分体现出一种民主和谐、互相尊重、互相学习的氛围。教学时教师没有把计算平均数的方法作为重点，而是选取学生非常熟悉的现实生活中的情境，如"飞镖比赛"、"一周的气温"、"游泳池的深度"等，在充分尊重学生个性化思维的前提下，在热烈的讨论、辨析中，去理解"平均数"概念所蕴涵的丰富而深刻的统计与概率的背景，使学生真正体会到学习平均数的必要性，并让学生在实践应用中，去把握平均数的特征，理解平均数的意义，并能在新的情境中运用它去解决实际问题，从而获得必要的发展。

（深圳市南山区华侨城小学　董丽华）

引发矛盾 激活思维
——《奖牌给哪组(求平均数)》教学活动设计

【设计内容】

这是小学《数学》实验教材(北师大版)三年级上册第 71 页的内容——《奖牌给哪组》。它主要是让学生认识平均数在生活中的应用,学会求简单的平均数。这里设计的是认识平均数和如何求简单平均数的教学片断。

【设计理念】

通过情境设计,使学生认识到生活中有些问题必须引入"平均数"才能解决,从而感受到认识平均数的必要性。本节课设计力求在引发矛盾和解决矛盾的过程中,让学生的思维产生碰撞。通过小组合作学习,引入竞争机制,在学生的争论中去伪存真、去粗取精,逐步抽象出事物的本质,认识平均数的意义,掌握求简单平均数的方法,培养学生的合作意识及语言与思维的协调能力。

【活动目标】

1. 在活动中理解平均数的意义,感受平均数在生活中的应用及学习平均数的必要性,学会求简单平均数的方法。

2. 培养学生的操作能力、理解能力和抽象概括能力。

【活动准备】

教具:电脑课件、圆形磁铁。

学具:圆片。

【活动过程】

一、评选钓鱼比赛冠军,讨论奖牌该给谁

设计一场参赛人数不同的比赛,引发学生对冠军的争论,激起学生的思维矛盾,感受平均数的重要性。

教师讲故事:"森林里好热闹呀,原来一年一度的森林狂欢节又到了,每年的狂欢节森林里都有丰富多彩的节目和比赛,今年也不例外,首先让我们去看看集体项目'家庭钓鱼比赛'。经过激烈的竞争,有两个家庭进入最后的决赛,他们就是虎虎三兄弟和花花四姐妹。"

(同时教师将学生分成两个拉拉队"虎虎队"和"花花队")

教师公布钓鱼决赛成绩:

```
虎虎队                          花花队
  ○       ○       ○        ○       ○       ○       ○
  ○       ○       ○        ○       ○       ○       ○
  ○               ○        ○       ○               ○
  ○               ○        ○       ○               ○
  ○               ○                ○               ○
  ○               ○                ○
  ○
 大虎     二虎    三虎       大花     二花    三花    小花
 7条      2条     6条        3条     6条     2条     5条
```

师：请各拉拉队以小组为单位讨论一下，谁会获得这次钓鱼比赛的冠军呢？

两个拉拉队都希望自己支持的队伍获得比赛的冠军，于是在讨论后就出现了下面的争论场面。

我首先请一位花花队的同学来谈他们讨论的结果。

花花队学生：我觉得当然是花花四姐妹获得冠军，一看就知道了嘛！花花四姐妹一共钓了16条鱼，而虎虎三兄弟一共才钓了15条鱼，当然是花花四姐妹获得冠军！

师：你觉得应该根据钓鱼总数的多少来决定谁是冠军，是吗？学生点头。

虎虎队的同学一听马上急了，直喊：老师，不公平！不公平！

我忙请起一位虎虎队的同学让他谈谈自己的观点。

虎虎队学生：老师我们觉得不公平，花花四姐妹是4个人，我们虎虎三兄弟才3个人，她们比我们多了1个人，比总数当然比不过她们。

师：那你们觉得怎样才公平呢？

虎虎队学生：我觉得如果花花队去掉一个人，也是三个人，这样再比总数就公平了。

这时花花队的学生马上提出了反对意见：我们四姐妹是一个团体，一起来参加比赛，我们不同意去掉一个人。

师：虎虎队同学的提议虽然是一个办法，但花花队的同学不同意去掉一个参赛选手，那么还有没有更好的办法公平的评选出谁是钓鱼比赛的冠军呢？

虎虎队学生：我觉得应该看两个队平均每人钓了多少条鱼，花花四姐妹一共钓了16条鱼，平均分给4个人，每人就有4条，而我们虎虎三兄弟一共钓了15条鱼，平均分给3个人，每人就有5条鱼，所以我觉得虎虎队是冠军。

看到有学生想到了平均分的方法，我非常高兴，可这时花花队又提出了不同意见。

花花队学生：你们是三个人分，我们是四个人分，当然人越多每个人分得越少，这样也不公平！

还没等我说话，虎虎队的学生就站起来反驳到：你们是把花花四姐妹钓的鱼加到一起的，当然应该平均分给4个人，而我们是把虎虎三兄弟的鱼加到一起，当然应该平均分给3个人，这是公平的！

这时我不失时机地问花花队队员：你们同意他的观点吗？花花队的同学都信服地点了点头。

（矛盾引发的争论，激发了学生思维的兴奋点，使学生积极主动地投入到解决问题的活动中。在解决问题的过程中学生不仅认识了平均数在生活中的应用，而且还深刻感受到了学习平均数的必要性。）

二、摆圆片,独立探索求简单平均数的方法

虽然有些学生能够根据已有知识经验由平均分想到平均数,但大部分学生对平均数的理解只限于表面的、感性的认识,于是我设计了摆圆片求平均数这一活动。

师:既然大家都认为根据平均每人钓鱼的多少来决定谁是冠军更公平,现在就请同学们用圆片代替鱼,摆一摆虎虎三兄弟平均每人钓了多少条鱼?花花四姐妹平均每人钓了多少条鱼?

学生分组摆圆片。在汇报的时候学生中主要出现了两种求平均数的方法。

生1:我是这样摆的,我看谁钓得鱼多,就把多的送给少的,直到每个人的鱼都一样多。虎虎三兄弟平均每人钓了5条鱼,花花四姐妹平均每人钓了4条鱼。

师:谁是用这种方法来摆的?这种把多的移给少的的方法叫做"移多补少"。还有其他不同的摆法吗?

生2:我的方法是这样的,比如虎虎三兄弟吧,先把三个人钓的鱼合到一起,再平均分给三个人,平均每个人也是5条鱼。花花四姐妹平均每人钓了4条鱼。

师:这种方法叫做先合并再平均分,也是很不错的方法。哪些小朋友是用这种方法摆的?这种摆法你能用算式表示出来吗?

由于已经有了摆圆片的基础,学生很容易列出算式。于是我让两名学生到黑板上列式计算并讲解。

生:(7+2+6)=15(条),15÷3=5(条),虎虎三兄弟平均每人钓了5条鱼。

师:为什么这样列式?能说说你是怎样想的吗?

生:刚才摆圆片的时候,我是先把三个人钓的鱼合到一起,所以我先用7+2+6算出一共有15条鱼,因为要平均分给3个人,所以再用15÷3就得到平均每人钓了5条鱼。

生:我来算花花四姐妹平均每人钓了几条鱼。(3+6+2+5)=16(条),16÷4=4(条),花花四姐妹平均每人钓了4条鱼。

师:你为什么要用16除以4,而不是除以3呢?

生:因为16条鱼是花花四姐妹钓鱼的条数,要平均分给4个人,所以要除以4而不是3,这才是花花四姐妹平均每人钓鱼的条数。

师:这5条鱼是虎虎三兄弟钓鱼的平均数,这4条鱼就是花花四姐妹钓鱼的平均数。

(在摆圆片的过程中学生不仅更好地理解了平均数的意义,而且在摆的过程中还感悟到了求平均数的方法,使学生的认识实现了由感性到理性的飞跃。)

【活动评述】

求平均数是小学数学的一个重要知识点。以往的求平均数教学往往特别注重求平均数的方法和计算,而在本节课中教师把重点放到理解平均数的必要性上。

1. 通过创设家庭钓鱼比赛这一情境,激发学生学习兴趣,同时利用参赛人数不同,如何颁发奖牌这一有争议性的问题引发学生的思维矛盾,使学生认识到平均数在生活中的应用,感受到认识平均数的必要性。在引发矛盾和解决矛盾的过程中,产生思维碰撞,燃亮智慧的火花。

2. 通过摆圆片这一活动,进一步理解平均数的意义,并归纳出求平均数的方法,使学生的认识由感性上升到理性。

(深圳市南山实验学校　于道莉)

真实情境引入 激起探索愿望
——《求平均数》的教学设计

【设计内容】

这是小学《数学》实验教材(北师大版)三年级下册第六单元《统计与可能性》第71页的内容——《奖牌给哪组》。本节课教学内容主要是让学生了解、体会平均数的意义与作用,合作探索计算方法和解决生活中的实际问题。本设计是以对学生自己切身体验活动问题的解决与自主探索贯穿全课。

【设计理念】

本设计立足于教材,注重在现实情境下充分激发学生解决问题的热情,体验平均数的实际意义;注重在活动中学生合作、探索、交流、激发矛盾,从而进一步引导学生深入思考,使思维得到进一步发展;注重在生活实际中渗透、应用统计知识。

【活动目标】

1. 从活动的全员参与激发学生学习数学的需要与兴趣。
2. 了解平均数的意义,体会平均数的必要性。
3. 全面而又正确观察统计图的信息,解决问题方法的多样化。
4. 培养独立思考、合作交流和认真倾听的良好的学习习惯。

【活动准备】

教师准备:全班以小组为单位在相同的时间内投篮比赛并记录数据、课件。

学生准备:课前测量一分钟脉搏所跳次数。

【活动过程】

活动一 比赛结果,质疑激情

教材中提供了解决奖牌给哪组有趣而又现实的问题,而亲身的经历更能激发学生解决问题的热情。首先从学生竞赛的结果入手:

师:前两天的体育课上我们全班六个小组进行了投篮比赛,你们怎么不关心成绩,至今没有一个同学来向老师询问比赛结果呢?

全班学生不约而同:我们已经知道是第六组获胜,第二名是……

师:老师与你们一样知道第六组遥遥领先获得金牌,可银牌是哪个组却难以确定,也许就是你们组,想不想知道银牌是哪个组?今天就让我们来解决这个问题,找出获得银牌的组。

(从学生对老师提出第一个问题的回答来看,学生对自己比赛结果十分感兴趣,这是学生全员亲身参与的结果,让学生体会自己是问题的主人,是学习的主人。)

活动二 观察思考,探索交流

现代社会的公共媒体大量使用统计图表,读懂统计图表是现代公民必须具备的数学素养。不同的学生有不同的个性,思考同一问题所用的方法和所需的时间也不同。在此设计让学生先独立思考:

课件出示除第六组外其他两个比较出色的小组投球个数情况统计图,请每个同学担任裁判比较他们哪组获胜。(要求独立思考)

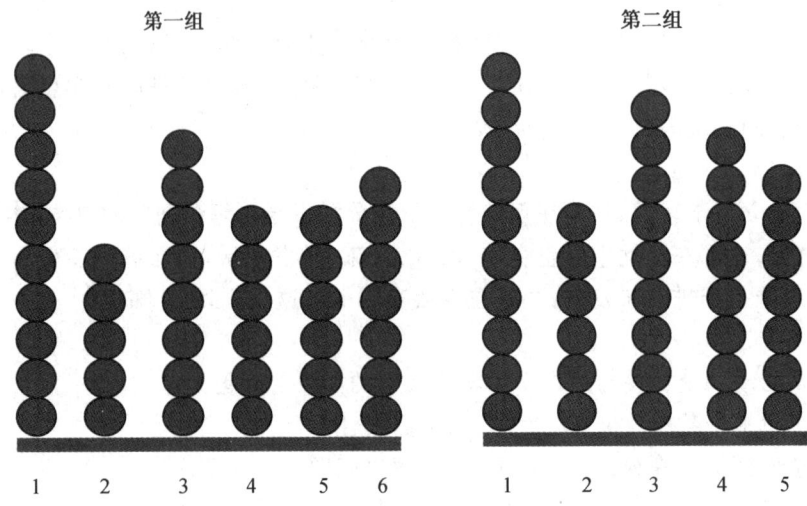

(学生聚精会神地看课件,不一会儿有的很快举手,有的则默默不语。)

(给每个学生足够的时间和空间让学生独立阅读统计图,独立思考,提取有价值的信息,以利于交流讨论。)

有一定的想法或结论后,再进行交流与讨论,他们才能勇于表现自己,乐于表现自己,积极参与课堂学习活动,共同分享彼此思考结果,同时共同交流彼此的情感与认识。

小组交流比较判断方法,教师参与小组交流活动。

(在此活动中搭建互相学习讨论、促进生生情感交融的平台,培养学生大胆表现与倾听比较的学习习惯。)

活动三 讨论操作,体验方法的多样化

针对学生的不同想法,让学生在相互比较、分析中,自主探索合理方法与讨论求平均数的方法。在此过程中,学生不仅理解了平均数的意义与算法,更重要的是培养了获

取有价值信息的能力,学会解决问题的方法。

师:刚才同学们在小组内交流时,都能积极参与并发表自己的不同想法。但我听到有这样一种想法,你们觉得这种想法是否公平公正。这种想法是因为第一组有六列,而第二组只有五列,很明显第一组投中的球多,所以第一组获胜。

生1:不对,不对。第一组有六个人,而第二组只有五个人。

生2:统计图中第一组有六列表示有六个人,第二组五列表示有五个人。

师:你的观察真仔细!在我们解决问题之前要仔细观察题目中所提供的信息,才能正确理解题意,合理解决问题。那么怎么比较才合理?

生3:求出第一组投篮的总数,再除以6;求出第二组投篮总数,再除以5。然后用两个商比较。

师:为什么除数不一样,除得的结果又是什么?(继续启发学生思考总数对应的数量不统一,体会与认识平均数)

生4:因为第一组是6个人,而第二组是5个人,所以除数不一样,除得的结果是平均每人投的球数。

师:真棒!用平均每人投的球数比较更公平公正合理,这叫平均数。

生5:老师,我可以把多投的球移几个给少投的,这样使小组内大家同样多,再进行比较。(学生运用课件操作演示)

师:你们真棒!能把以前学的知识灵活运用,实在让老师佩服!那我们就用小棒代替投入的球,用移动的方法找出平均数。

小组利用小棒合作操作,并记录移动过程,在小组内说一说移动的过程。

(让学生自己体会合理寻求有价值信息的重要性,鼓励学生用不同的方法解决问题;让学生通过实际操作获得对知识的深刻理解,充分体现了学生在教学中的主体地位。)

活动四 估计验证,应用新知

数学就在身边,学身边的数学,让学生了解平均数在生活中的应用,进一步明确平均数的意义与必要性。同时,通过估计让学生体会平均数的范围,把平均数进一步挖深拓宽。

师:我们了解、讨论、研究了平均数,你知道生活中还有哪些地方用到平均数吗?昨天我们每个同学都测了自己一分钟脉搏所跳次数,现在我们请第一小组报出自己所测结果(85、70、76、82)。你能估计他们组一分钟脉搏所跳的平均次数吗?

小组内统计每人所跳次数,先估计平均次数,再用自己喜欢的方法找出小组每人所跳次数平均数,与估计的平均次数对比验证,最后制成统计表。

姓名						平均次数
次数						

小组活动,展示结果。

（重视数学知识在生活中的应用，引导学生大胆猜测与估算，培养数感。）

活动五　深化新知，发展思维

利用有趣故事中的问题，深化平均数的实际意义。

师：你们听说过小马过河的故事吗？一匹身高为150厘米的小马帮妈妈驮一袋麦子过一条平均水深为100厘米的小河，你认为这匹小马会有危险吗？

学生思考、讨论后交流。

（在此再一次调动学生的兴趣，提出的有创造性的问题给予了学生思考的空间，使平均数概念得到进一步深化。）

【活动评述】

本篇设计贴近学生生活实际，根据学生年龄特征，让他们愉快、积极、主动地投入学习，较好地体现了新的课改理念。

1. 让学生解决生活中的实际问题——比赛结果、脉搏跳动的平均数。让学生感觉到自己是问题的主人，有解决问题的欲望。

2. 教学中尊重学生的自主选择，鼓励解决问题的多样化与思维的灵活性，在独立思考与相互交流中得以发展。

3. 小马过河的故事，更注重了知识的延伸与拓展，既调动了学生学习的兴趣，又把平均数的意义进一步深化。

（深圳市南山区留仙小学　　李　蓉）

玩中学　做中悟

——《奖牌给哪组（求平均数）》教学活动设计

【设计内容】

这是小学《数学》实验教材（北师大版）三年级下册第六单元《统计与可能性》第71页～72页的内容——《奖牌给哪组》。它主要是认识平均数，并学习求平均数的基本方法。这里主要就平均数概念的建立进行教学活动设计。

【设计理念】

数学概念形成的过程是一个由具体到抽象的活动过程，是一个不断数学化的过程。小学生学数学离不开现实生活经验。这些经验一方面来自于学生已有的生活经验，另一方面来自于学生在现实的数学情境中的操作、感知和体验。所以，让学生从"数学现实"出发，在教师的引导下自己动手、动脑"做数学"，用观察、模仿、实验、猜想等手段收集材料、获得体验，并作类比、分析、归纳逐渐达到数学化，是数学概念建立的重要途径。本设计遵循知觉变化原则，注重引导学生在多重感知的基础上实现数学概念的自主建构。

【活动目标】

1. 通过具体的操作实践，经历平均数概念的感知、抽象、概括的过程，获得对平均数意义的正确认识，加深对平均数意义的理解。
2. 感受数学与生活的密切联系，增强学生学好数学的自信心。

【活动准备】

立方体积木、量筒若干，统计表，多媒体演示课件。

【活动过程】

活动一　堆积木——感知平均数必要性

平均数概念的建立源于生活、工作的需要。所以，在课一开始教师创设了一个堆积木比赛的数学情境，通过操作、统计等活动一方面激发孩子的学习兴趣，另一方面密切平均数与数学统计的联系，为平均数的问题作个铺垫。

（学生四人或五人一组，分成若干小组。每小组分发包含红色、黄色、蓝色、棕色、黑色5种颜色但大小一致的立方体积木20块，并发放如下统计表一份。）

颜色 组别 数量	红色	黄色	蓝色	棕色	黑色	合计	名次
第一小组							
第二小组							
第三小组							
……							

师：桌子上摆了不少积木，今天我们来一次堆积木比赛。比赛的要求是：按不同的颜色分类将积木叠放成竖直条，并排成一行，完成后仔细填写好统计表。小组内同学分工协作，看哪个小组动作快。

学生按要求进行操作活动。

师：比赛成绩出来了，第一名是×××小组，第二名是×××小组，第三名……大家对这个比赛结果有什么异议？（执意引导学生对比赛的公平性进行争论）

生：我有意见，我们组人数少，但叠放的积木数与他们却一样多。

师：那你认为怎样才公平、公正？

生：我认为不能光看每个小组叠的总块数的多少，还应该看平均每个同学叠了多少，这样才公平。

师：用"平均每个同学叠了多少"来进行比较，这应该是一个很好的办法。大家赞同吗？

（从学生感兴趣的游戏比赛开始，使学生在玩的过程中产生质疑，提出数学问题。这样不但激发了学生的学习热情，密切了数学与生活的联系，同时也为学生感受平均数的产生提供了直接经验。）

活动二 堆积木——理解平均数的意义

比赛的最终目的是为了帮助学生在头脑中建立平均数意义表象，并使学生的生活经验逐渐数学化。所以本环节将继续引导学生进行操作，以感知、发现平均数的一些基本特征。

师：要求"平均每个同学叠了多少"，同学们会吗？试试看。

生：把每组叠放的总块数除以小组人数就行了。

师：这个办法不错，能不能用刚才叠放的积木把你想要得到的这个数直接叠放出来？试试看，想好了再动手。

学生议论、叠放。

师：谁能说说你们小组是怎样叠放的？

生：我们组先把所有叠放的积木放在一起，然后按人数一人一块依次往上叠，最后叠得每个同学都一样多，也就得到了平均每个同学叠了多少。

生：我们组更简便。我们把刚才叠放的积木观察了一下，觉得只要把叠得高一些的积木移到少的一叠积木上去，使每一叠都一样多就行了，这样又快，又省事。

师：真能干，比较一下两种不同的方法，各有什么特点？

生：第一种方法是先合在一起，然后再分；第二种方法是将多出的部分移到少的地方，简单地说就是移多补少。

师：在叠的过程中，你发现"平均每个同学叠了多少"这个数有什么特点？是不是实际每个同学叠的块数？

师：在数学上，我们把"平均每个同学叠了多少"这个数叫做平均数。

（在学习平均数之前，学生已经会了平均分，那么是不是学生知道"把每组叠放的总块数除以小组人数"就理解了平均数的意义呢？其实不然，学生有这样的认识只不过是等分除法思想的一种迁移。所以我们必须引导学生进一步操作观察，体会平均数的特点，明确"平均每个同学叠了多少"不是指实际每个学生叠的块数，而是指如果把5个学生叠的积木叠成一样高，这时每叠积木的块数是5个学生所叠的积木的平均块数。因此这一操作活动对于帮助学生正确地建立平均数的概念是不可或缺的。）

活动三 装水——应用平均数

在学生初步感受了平均数的意义的基础上，如何加深学生的理解，引导学生建立清晰的平均数表象，这是平均数意义教学重要的一个环节。所以，在本环节选择装水这一活动组织学生继续进行操作、观察，使学生对平均数的认识更趋理性化，并能根据活动的需要获得求平均数的具体方法。

每小组3只量筒，装水若干。

师：同学们仔细观察，这三只量筒里的水面一样高吗？各是多少？请大家把观察到的数据填写在手中的统计表中。

学生观察，记录下每只量筒水面的高度。

高度＼数量	1号	2号	3号		
水面高度					

师：说说看，怎样才能使每只量筒的水面一样高？水面高度大约是多少？

生：把多的往少的量筒里面倒，倒平后的水面比原来高的要矮，比原来矮的要高。

师：说得好，那我们倒倒看。每个小组先商量一下，怎样倒才倒得又快又平？再派一名选手出来比试比试，看哪个小组的方法巧。

学生比赛倒水。

师：×××小组，你们为什么倒得这么快？把你们的方法告诉大家。

生：我们组先估计了一下平均水面的高度，然后再将高出的部分倒入矮的量筒，这样重复倒几次水面就倒平了。

生：老师，我们组更快。讨论时我们先根据统计表中的数据计算了一下，得到水面的平均高度，比赛时我们按照计算得到的平均高度两次就将水倒平了。

生：我们组是先观察三个量筒水面高度相差多少，再计算出高出部分的平均数然后再倒，这样倒也又快又准。

师：妙极了，真是一个比一个巧！大家也想试试吗？

（"怎样倒得又快又平"成了本环节操作探究的核心问题。至此，把平均数计算自然地引入到操作活动中来。而当这一问题成为学生学习活动的内在需要时，智慧的火花就能不经意间在学生头脑中迸发。）

【案例述评】

学生数学知识、方法的获得是教师教会，还是让学生在数学活动中自悟自得？建构主义认为，学习是主体在现实的特定操作过程中，对自己的活动过程的性质作反省，抽象而产生的，因此学习数学是一个"做数学"的过程。本案例从关注学生如何学、如何提高学生的学习品质出发，着眼于学生具体经验的获得，让学生在游戏中发现、在操作中感悟，使学生将已有的认知经验与新概念建立联系，从而达到对新概念本质属性的理解和掌握。学习活动遵循知觉变化原则，注重引导学生从不同的观察和操作中感知数学概念，最终经过反思达到"数学化"，逐步抽象出平均数的意义、总结出求平均数的方法。这不仅符合学生的认知特点，而且有利于促进学生认知能力的发展。

（深圳市南山实验学校　曾卫明）

自主探究　感知数学
——《可能性大小》教学活动设计

【设计内容】

这是小学《数学》实验教材(北师大版)三年级下册第六单元《统计与概率》第75页～76页的内容——《猜一猜》。它是关于在生活中常见的可能性大小的知识,即事件发生的所有可能的结果及各种可能性大小的问题。本设计通过抛纸杯等一系列的活动来贯穿全课。

【设计理念】

在以信息技术为基础的社会里,数据日益成为一种重要的信息。让学生形成尊重事实的态度,学会用数据说话,逐渐了解事物的随机现象,能用科学的态度和方法处理问题,所有这些已成为当今数学教学中十分重要的内容。本课设计了一系列充满挑战和乐趣的活动,旨在培养学生对数学的积极情感体验,客观地认识世界。

【活动目标】

1. 在随机的猜一猜活动中,经历简单的数据统计过程,进一步学习收集、整理和描述数据的方法,并根据分析的结果做出判断与预测。

2. 体会事件发生可能性的含义,推测事件的发展趋势。

【活动准备】

先请学生回家备课。备课要求是:尽可能自己准备教具(转盘、纸杯以及摸球用的盒子和球等),把课本内容理顺清楚,提出学习问题。这样,学生有了自主的权利,有了与平时不同的学习形式,开心极了,很快地忙碌了起来。

第二天上课前,各种各样、大大小小的"杰作"早早地摆在学生的桌面上,学生都急于向同学介绍昨天自己实验的结果。学生大多很兴奋,极个别没有学具的学生显得有些难堪,怀着羡慕的心情参观着其他学生的劳动成果。

【活动过程】

上课时,以四人小组为单位,先在小组内展开试讲、理顺思路、小组评议,并进行具体分工,小组内,问题到人,合作(三人实验、一人记录)完成讲解。

活动一　转盘问题

问题是:转动转盘,指针指着哪种颜色的可能性大?

通过动手操作,使学生找到现代数学的一些滋生点,让每个学生接触、了解数学问题,最大限度地满足学生的数学需求,尽可能地激发学生的智慧潜能。

先请一个小组的代表带着自己的学具讲解,其他小组成员展示小组推选出的学具,补充说明。学生的动手能力很强,一个轴、一个指针、四个转盘,在学生的手中轻松转起来,结论得到很好的验证,使学生对事件发生的可能性有了更进一步的理解。在教师的启发下,学生对可能性的研究也从定性化到定量化发生着变化。整个过程中无论是讲的学生还是看的学生都非常认真。把自己精心准备的学习内容和学具,拿出来与同学分享是他们非常开心的事,大大激发了学生的学习兴趣。

有些学具制作得非常好用,有的就略显粗糙,他们互相比较着,互相学习着。

活动二 抛纸杯

进一步理解事件发生的可能性是有大小之分的,让学生明白对一些简单事件发生的可能性能做出较准确的描述是非常有必要的。

学生自由抛纸杯,解决什么样的可能性大些的问题

刚接触这个内容时,就有学生急着举手向大家发言:"我可以把杯子抛成这样(学生比着口朝上的样子)。"马上有人响应说:"我可以抛成这个样子(口朝下)。"当问到是不是每次都能那样时,他们明白了,多数都是倒在地上的,只是在多次抛掷中才会有一、两次可以抛成那么特别的样子。最后,请学生抛纸杯验证时,结果得到了证实。

在抛纸杯的过程中每当看到纸杯是竖起来(无论口朝上或朝下)的时候,学生都会不约而同地发出一片"哇"声。学生对此印象会很深刻。

活动三 摸球

游戏本身就是一种随机事件的实验,每一次游戏就是一次实验。对游戏规则公平性的研究,实际上是事件发生可能性的一种应用。

轮到摸球这道题了,五花八门的盒子,大大小小、各种材质的球摆在了他们的桌面上。当请一位学生代表上来演示时,他们组的学生口中会喊着"白球、白球"。这位学生真的摸出一个白球。怎么会这样呢?马上有学生发现:球的大小一样,材质不同时,结果会不一样。透明的盒子也不行,摸出的结论也是不准确。经过一番教具的调整,结论得出来了,各种球摸出的几率几乎跟推测的一样,学生的兴趣更高了。

(在今后无论是什么样的实验,相信我们的学生会考虑的因素会多一些,而且会较准确地把握实验条件。同时,也使他们明白:认真把握实验的严肃性,才能保证它的科学性。)

活动四 学习预测

这样的学习素材有助于培养学生的创新思维,发展创新能力。给学生充分的思考

时间,能使学生在这个过程中发展自己的思维。

在放有两白球、两黄球的盒子中,摸出两个球的实验中,能出现几种结果?哪种可能性最大?并思考为什么会出现这种现象?最后,用实验来检验自己的推测。

(随机现象是我们经常遇到的问题,让学生从小学会从随机现象中寻找规律,同时让学生理解规律在决策中的重要作用。)

在这一步步逐渐递进的过程中,难题不知不觉被攻破。

在这个问题解决后马上有学生想到另一个问题:如果盒子里是两个红球、两个黄球、两个白球,摸出的结果会怎样?请学生在猜测时,一定要先思考一下,摸出的结果有几种可能?同时猜测,哪种结果出现的可能性最大?最后,要用实验来验证。

(学生来了兴致,下课后,猜测还在不断地进行,并不断付诸行动,结论一个又一个地得到了验证。)

放学后还有学生,将课后的"你知道吗"编成了气象故事,录音后放给同学听。

(在这个故事中,接触到相当数量的气象方面的术语。可见,在这个数学学习的过程中,同时也掌握了多种相关知识。学生的热情高涨,能够积极投入。)

【活动评述】

本节课的内容与日常生活和社会有着密切的联系。内容不难,但要让学生在学完之后留下深刻的印象也不容易。若按部就班地讲,会有相当部分学生会随着教师或同学手中教具的变化随声附和,看似很热闹的课,总是会有部分学生不太主动参与,他们更像是在看一场表演,主动思考的可能性不大。若是那样,这一系列的活动不会给学生留下什么深刻的印象,将来的应用也未必能得心应手,学会很灵活地应用就更难了。让学生自己亲自动手收集、呈现数据与总结,得到结论,不仅很好地完成了教学任务,培养了学生的动手能力,也极大地提高了学生的学习兴趣。同时使这个学习活动过程充满挑战和乐趣,这样更有助于培养学生对数学的积极情感体验,也使学生的动手能力和应用能力得到加强,学生更愿意主动学习,实现了多维目标有效地整合。

(深圳市南山外国语学校 李林晶)

大胆猜想　实践验证
——《猜一猜(可能性大小)》的教学活动设计

【设计内容】

这是小学《数学》实验教材(北师大版)三年级下册第六单元《统计与可能性》第75页的内容——《猜一猜》,它主要是关于"可能性大小"的知识。本教学活动结合教材内容,让学生完整地经历一个新概念的产生过程,通过系列实验验证活动,领会可能性的大小及简单实验所有可能发生的结果。

【设计理念】

先猜想再验证是数学中的一种重要方法,本设计的要旨就是要使学生领会这一数学思想方法。为了让学生掌握这一科学方法,本设计通过创设具体的问题情景,让学生从生活经验出发,进行大胆的猜想,然后通过实践活动去验证,从而达到预期的目标。

【活动目标】

让学生通过猜想和具体实践活动,经历可能性的实验验证过程,知道事件发生的可能性是有大有小的,并且能列出所有可能发生的结果。

【活动准备】

可换面板的转盘(参照课本上的转盘图)、一次性纸杯、纸盒、黑白围棋子(代替摸球,比较容易操作)。

【活动过程】

一、猜测激趣,游戏验证

通过猜测,引起生活经验的回顾,再通过验证猜想,使学生体会到生活中许多事情是不确定的,而且其可能性会有大小。

让学生仔细观察讲台上的转盘,先提问转盘上的黄蓝两种颜色的面积的大小怎样,然后让学生猜一猜、说一说:如果转动转盘,指针停在哪种颜色的可能性大,并说出猜的理由。让学生转动转盘至少5次,进行验证,验证完后要评价学生观察、猜测的正确与否。变换转盘的面板,让学生继续猜一猜、说一说和操作验证(转盘面板可参考教材第75页)。

(让学生参与实际的操作,再加上有上学期判断可能性大小的知识,学生的积极性非常高,并很快地融入本节课的学习活动中。)

二、动手实验,总结明理

让学生动手体验这个简单实验可能发生的结果有三种,并且它们发生的可能性大小不一样,为下一步的自主猜想和实验作准备。

让学生拿出纸杯分组进行抛纸杯活动,活动前明确活动要求:抛纸杯要向空中自然抛出,每人重复做5次,并在记录表上填写每一种情况的次数,做完后小组汇总结果。

教师可以提问:同学们,经过刚才的抛纸杯活动,你们发现纸杯落地后有哪几种结果?哪一种结果的可能性比较大?

学生一般会回答有三种情况:杯口朝上、杯口朝下、杯口朝侧面。教师要进一步引导学生去发现绝大多数是杯口朝侧面的,而杯口朝上或杯口朝下的情况非常少,甚至没有,得出抛纸杯出现杯口朝侧面的可能性是比较大的,而出现杯口朝上或杯口朝下的可能性是比较小的。这个过程视时间而定,尽量让大部分的小组汇报(可让学生边说边拿纸杯演示,并展示记录表)。

教师继续追问学生:那从我们发现的现象中能说明一个什么问题呢?

引导学生回答:生活中事件的发生会有很多种情况;事件发生的结果可能性有大有小。

最后教师结合抛纸杯的具体情况总结:同学们说得对,生活中事件的发生会有多种结果,并且发生的结果有些可能性要大一些,有些可能性要小一些。

(列出所有事件可能发生的结果,并说出每种结果的可能性的大小,对于小学三年级的学生来说确实具有挑战性,但如果结合具体简单的实验过程去体验,问题就会容易一些,"抛纸杯"活动正好解决了这一问题。)

三、自主设计,探究验证

让学生先自主设计摸棋方案,凭经验猜想可能发生的情况,再到自主动手进行实验验证,把"猜想——验证"的活动自主权完全交给学生,体现"以生为本"。

拿出2个黑色围棋和2个白色围棋放进一个纸盒里面,让学生小组讨论设计一个摸棋子方案,并猜猜可能出现的结果,出现哪种结果的可能性大。

这里学生一般可以设计出一次摸一个的方案,得出结果只有两种,白的和黑的,并且出现白和黑可能性是一样的;设计出可以一次摸两个的方案,得出三种结果:一个黑棋和一个白棋、两个都是白棋、两个都是黑棋,并且出现黑棋和白棋的可能性要大一些;还有一次摸出三个甚至四个的方案,都可以让学生说一说。

教师结合摸棋子的方案,让学生统一验证每次摸出2个棋的情况,看看自己的猜想对不对。学生分组摸棋子,并做好记录,教师在学生摸棋的时候要强调至少摸20次,这样结果才会更准确。活动结束后让学生汇报摸的情况,这里也要让尽量多的小组汇报。

教师结合学生的汇报引导学生:虽然每个小组摸的次数不同,但它们的结果有什么相同点呢?让学生体会到虽然摸球次数不同,但是都只出现了三种情况:一个黑棋和一个白棋,两个黑棋,两个白棋,而且摸到一个黑棋和一个白棋的次数是最多的,也就是说摸到它的可能性是最大的,让学生体验到自己的验证与猜想是一致的。

(这个过程是本节课的一个高潮,学生的反应充满惊喜,让学生体验到了验证猜想活动是快乐的。)

此时教师应适时鼓励学生:同学们真的很棒!在我们生活中有很多问题,虽然不能确定它会怎样发生,但我们可以猜测它可能发生的几种结果,并且确定哪种结果发生的可能性会比较大,哪种结果发生的可能性会比较小,从而帮助我们解决生活中的一些问题。

（这个活动使学生自主经历了一个由猜想到验证的过程，并且在这一过程中进一步体验到了实验的必要性和学习的快乐。）

四、联系实际，引入生活

通过学生从自己的生活中所发现的问题，证实事件的发生有多种结果，并且每种结果的可能性会有大有小，让学生懂得利用这个知识去解决生活中的一些问题。

引导学生举例说说生活中的事件的发生会有多种结果，并且每种结果的可能性有大有小（如：天气变化、投篮球、买彩票等）。教师在这个过程中要注意引导、判断，鼓励学生多说，并且引导学生利用"可能性"的知识去解决生活中碰到的问题。

（这个环节联系实际，把学到的知识引入到生活中，既巩固了本节课所学的内容，又达到了学以致用的目的，可谓一箭双雕。）

【活动评述】

这是一个比较典型的培养学生自主学习、合作实验、进行创新思维活动的设计。其精妙之处主要体现在：

1. 其设计程序符合小学生的认知发展规律：从形象到抽象。

2. 能够放手让学生自主探究、自我发现，并让学生从这个过程中得到学习的快乐。

3. 重视调动学生的多种感官，通过小组合作，使学生的猜想得到验证，实现了多维目标的整合。

（深圳市南山区月亮湾小学　黄大耀）

让猜想插上理性思维的翅膀

——《猜一猜》教学活动设计

【设计内容】

这是小学《数学》实验教材(北师大版)三年级下册第六单元《统计与可能性》第75页至第76页的内容——《猜一猜》。它主要是关于可能性大小的知识。本设计受课本中"讨论"题的启发而增设了一个片断,目的是提高活动和猜想的难度,从而提高学生的思维能力。

【设计理念】

数学教育要求增强教学内容的活动性和趣味性,提高学生参与数学思考的兴趣,激励学生运用正确的思维方法猜想数学结论,或者运用数学知识和方法去验证猜想,去实践验证结果的对错。这也是本活动设计所遵循的基本理念之一,也是我们期望学生数学能力发展的方向之一。

【活动目标】

根据给定的条件猜测和推理出比较复杂的事件发生的可能性,并掌握通过数学理论或实践验证结果对错的方法 。

【活动准备】

每四人小组准备一个小纸箱,红、黄、白球各三个,纸张并绘制表格两个。

表1:

1	2	3

把各种情况填入上表。

表2:

1	2	3	4	5	6	7

这个表是用来填写延伸题的活动结果。

【活动过程】

我们前面学习的摸球(两种颜色)游戏都是一次摸一个球的情况,现在是一次摸两个球,并且在摸的过程中引发了学生的思维矛盾和思想火花,学生对这种富有挑战性的活动产生了很高的探索热情。在这里有很多令人振奋的、学生创造性思维的亮点,这也从一个侧面反映出学生对可能性的更深刻的理解。受课本中"讨论"教学内容的启发,我设计了下面三个活动,目的是强化学生的上述思维亮点,提高学生猜想的能力。

活动一 放两种颜色的球,摸出怎样的结果

1. 在纸箱中放入两个白球和两个黄球,小组同学每人摸五次,每次摸两个球,不要看着摸,把出现的情况记录在表1中,重复的情况只记录一次。

2. 记录摸的结果。例如,第一次摸的两个球是一个黄一个白就在1号格记作"黄白",如果第二次还是黄白就不要记录,直到出现第二种情况才填在2号格。

3. 活动开始,教师巡视各组的摸球情况和记录情况,学生在组长的组织下有序进行,但是有个别的小组记录不准确,重复记录表格不够用。

4. 综合各组的汇报情况,我们得到下面的结果。如表3:

1	2	3
黄黄	白白	白黄

5. 讨论:可不可能有第四种结果?如果有,那是什么结果?如果没有,那又是为什么?会验证吗?

6. 验证:学生很快就证明了第四种情况不存在。验证过程中有学生提出用搭配的方法,两两不重复搭配,聪明的学生想到因为每次摸两个球,并且只有两种色,用搭配的道理就可以验证,不可能发生第四种情况,如白球和黑球或黄球和红球,在理论上证明了只有三种情况。学生用搭配和推理的方法,我是没预想到的,我总以为学生会贪玩,一定会不停地去摸球以证明结果的对错,但是学生很聪明,他们运用了数学知识和方法证明猜想的结论。这让我很兴奋,所以决定实行更深层的教学活动,提高他们的数学思维能力。

(这个活动激活了学生的思维,使他们初步理解运用数学思想方法会减少摸球的工作量,并且照样可以证明可能发生的情况有哪些。)

活动二 放三种颜色的球,结果又怎样

如果我放入两个黄球、两个白球和两个红球,每次摸两个球,出现的结果又会怎么样呢?我是这样引导学生的:

1. 猜一猜,可以讨论和争论,把你猜的结果记录下来,并说说你是怎么猜的。

2. 猜测的结果不一致怎么办呢?我们还是用实践来证明吧。像刚才的摸球游戏一样,组长负责组织和记录。

3. 尝试:我发现有的小组摸了很多次都没完全得出结果,这时候有的学生就利用

推测和搭配的办法,猜测出了可能发生的结果。有个小组摸的结果如下。
表4:

1	2	3	4	5	6
黄白	白红	白白	黄黄		

后来摸了几次都是以上已发生的情况,有的学生觉得这样摸太难了就大胆预测剩下的结果:黄红、红红。我问为什么?这种情况存在吗?请你从这些球中拿出这些结果来。学生很快就拿出了这两种情况,证明了它们的存在性,我再问还有没有其他情况了?他们尝试了几种搭配的办法都是重复的,最后他们说没有了。

(这个活动的意义就在于让学生体会到有些复杂的活动靠实验去验证它的可能性是有一定困难的,因此就要靠数学方法去推理并发现规律得出结论,并且初步明白:只要存在就可能发生,这就是"概率"的基本含义。)

活动三 插上数学思维的翅膀,进行大胆的猜想

通过以上的两个活动,学生已经基本上掌握了猜想的方法和发生概率的规律性。于是我设计了第三个活动。规则是这样的:第二个活动的球量不变,但是每次摸三个球,会出现哪些结果呢?

我让学生首先不动手做而是猜一猜,根据学生已经有的知识去思考和猜测。学生们马上七嘴八舌地议论起来,学生通过各种办法和动作进行思考,有的很快就得出自己的结论,有的在用手比划进行思考,还有的在相互辩论反驳,结果是:四种、五种、六种、七种甚至说九种。究竟是几种呢?请大家摸一摸球检验猜测。

我发现学生在摸的时候,有的学生还想通过猜测的方法,达到少摸几次就可以得出结论的目的。但是结果还是不能完全出来,由于时间紧迫,我就把学生的结果先综合起来分析,把结果填在表格里,如下表:

1	2	3	4	5	6	7
白白黄	黄白红	黄黄白	红红黄	黄黄红		

问:上面已经有五种情况,证明了猜测四种不对,但是,是不是就这五种情况呢?答:不是。

他们看了一下前面得到的结果,马上有人说"还有白白红",有人马上补充说"还有红红白"。还有吗?学生思考一阵后,都说没有了,一共是七种情况。我鼓励学生用搭配和推理的办法理论上证明结论的对错。我把结果整理成下表:

1	2	3	4	5	6	7
白白黄	黄白红	黄黄白	红红黄	黄黄红	白白红	红红白

通过这一轮的学习,学生不仅在实践上认识了概率的含义,还学会了理性分析概率的存在即事件发生的可能性。这也是我们学习概率知识的意义所在,因为从数学上来说,出现的事件很多是不确定的,甚至几万次也难有一次发生,这时我们就要用到数学的方法和理论来证明和预测可能发生的现象。掌握这些数学方法和理论可以帮助我们猜想复杂的事件发生的可能性。

【活动评述】

学生对参与这样的活动非常积极,而且思维活跃,产生的方法比较多,较快地完成了相关的练习。通过这节课的活动,我们体会到学生对活动性强的课非常感兴趣,而且思路更开阔,设想更大胆,获得的知识也更牢固,在测验的时候碰到类似问题几乎全班都做对了。这些数学游戏给学生带来了快乐,作为教师来说多设计一些活动课也是对自己创造力的开发。这就是所谓的"活动产生乐趣,乐趣产生灵感,灵感产生创造,创造产生财富和幸福"。

(深圳市南山区塘朗小学　赵连洲)

实践与综合应用

"实践与综合应用"是一个全新的领域,也是新课标中内容体系的一个特色。作为生活与数学沟通的桥梁,它十分重视数学的现实背景,拉近了数学与自然的联系,很好地体现了以往所提出的数学教学与实际生活相结合的要求。在"实践与综合应用"这个领域,新课标把数与代数、空间与图形、统计与概率等内容以交织融合在一起的形式呈现,这是对传统数学课程结构的重要变革。这种变革使得数学课程更加贴近儿童认识事物、学习数学的规律,通过科学地组织学习材料,指导学生整体、综合地观察和探索客观世界,从而使学生在一定的生活背景下,能学会数学地思维,实现真正意义上的"做数学"。"实践与综合应用"是发展学生的应用意识,培养学生的创新精神和实践能力的沃土。从下面的案例,你可以看到不同知识的交织,不同学科的糅合;你可以看到现实、综合的问题如何挑战学生的智慧;你可以看到学生经历自主探索、合作交流的过程;你可以看到学生综合运用已有知识和经验的过程;你还可以感受到数学问题解决与学生生活经验的密切联系。借这些案例与课改同行交流我们的切身体会,恳请大家都来奉献自己的思想,共同探寻落实"实践与综合应用"领域教学目标的有效途径。

返璞归真　精彩无限

——《期末综合复习》教学活动设计

【设计内容】

这是小学《数学》实验教材（北师大版）一年级上册的期末综合复习课。这一内容并不是教材上现成的内容，而是根据该学期教材上所涉及的知识点而组编的。说的是在某月某日，淘气约几个小伙伴一起去小区花园玩，淘气要根据位置关系找到小伙伴的家，然后一起到了美丽的小区花园，在花园里，他们发现了好多好多的数学问题。教学的基本环节分为三大部分：第一部分是关于数感；第二部分是关于时间与空间、位置与顺序以及分类等；第三部分是解释与应用。

【设计理念】

教材是一种重要的课程资源，但不是唯一的资源。教材内容可以根据具体的教学情境作必要的取舍、处理和再加工。所以，在选材和构思时，我的脑海里有一个非常清晰的指导思想，那就是尽可能地在学生熟悉和喜欢的情境中，融入各个知识点，综合运用知识，发现和解决生活中的实际问题，让学生真真切切地体会到生活离不开数学。于是我便根据一年级学生的年龄特点和认知规律，设计了一个生动的故事情节来串联各个知识点，力求使复习课更有趣、有效。

【活动目标】

1. 综合复习和运用所学知识，在活动中培养学生的观察能力、表达能力、创造性思维能力和运用数学的能力，促进学生整体性发展。

2. 让学生进一步体会生活中处处有数学，培养学生学习数学的兴趣。

【活动准备】

多媒体课件，给学生准备"田园阁"的图片。

【活动过程】

活动一　谁会描述这些数

认识20以内的数，掌握数的大小、组成、顺序等，发展学生的数感，是本册的重点内容之一，如果单纯从读数、写数或几道练习题去复习，势必会走老路，让学生感到乏味。那么，以什么样的形式既可以落实知识目标，又能让学生全员参与，学得生动活泼呢？

我觉得"说数游戏"是一种较好的方式,而且,每天的日期中就有我们学过的数,于是,我就从当天的日期开始:

"哪位小朋友知道今天是几月几日?"学生回答是12月13日,我再提问:

"在这个日期中,我们用到了几个数?"(两个,12和13)"你能用一句话描述一下12这个数吗?"

有的学生说12是两位数;有的说12比5大;有的说12比10多2;有的说12比0大很多;有的说12比100少很多很多;有的说12是13的相邻数;有的说8加4等于12;还有的说1个十和2个一组成12。

接着我又让学生说一说日期中的13这个数,学生自由发言,从数的大小、顺序、组成、加减法等不同角度描述指定的数,既复习了数的认识,又充分培养了学生的数感。

在引入下一个情境之前,我又故意设置了一个小小的悬念:下面我要给大家放一段录像,录像里讲的是12月某一天发生的事情,是12月的哪一天呢?请你猜猜看。

学生有的猜:是5号吧?我说比5大。又有的猜:是10号吗?我说比10小。这样用步步逼近的方法猜出了是12月9号。

(以当天的日期引入课题,贴近生活实际。让学生从不同的角度去说一个数,可以进一步巩固学生对数的认识,发展学生的数感,并且说数和猜数两种游戏形式书上有过类似的练习,所以学生都能全员参与、运用自如而且兴趣浓厚。另外猜出的日期就是下面故事发生的日期,过渡巧妙、自然。)

活动二 小伙伴的家在哪

要找小伙伴的家,还得用到不少的数学知识呢!在这一环节我把"时间与空间"、"位置与顺序"等知识,融入"帮淘气找到小伙伴的家"的情境之中。学生可以根据已有的生活经验来解答,体会生活中的数学。

1. 教师顺着刚才的话题播放录像:淘气来到一个花园小区,找到"田园阁"的情景。同时响起画外音:这是一个晴朗的星期天的早晨,淘气和他几个住在"田园阁"的小伙伴约好,一块去小区花园玩,可他把电话本给弄丢了,淘气只好一家一家地上门去叫他们。小朋友,你能给淘气帮帮忙吗?

多媒体显示环境优美的"田园阁"的画面:

师：观察画面上的钟表,淘气是几点到"田园阁"的?看一看,"田园阁"漂亮吗?它有几层?数数看。楼下的1、2、3、4是什么意思,你明白吗?

2. 小组合作,按照提示的地址(小红住在1楼1号,小刚住在小红的上面,强强住在顶层的2号,亮亮住在403号,小明住3楼4号,丽丽住在小明的左边),帮淘气找到几个小伙伴的家,并用线连起来。(学生每个小组发一份图片)

3. 检查小组完成的情况,并让学生根据自己的生活经验解释这里的403是什么意思。(4楼3号)

4. 师：你能给每个小伙伴的家编一个门牌号吗?(如：小红住101)

(根据地址找家,编门牌号等,都是生活中常见的事情,充分体现生活中处处有数学、让学生学有价值的数学的指导思想。)

活动三　到小区花园玩一玩

找到了小伙伴,就来到小区花园,随着情节的发展、场景的变化,新的数学问题又呈现在学生面前。于是再融入"数数"、"位置与顺序"以及"分类"等有关知识,培养学生的观察能力和口头表达能力。

师：小伙伴们都找到了,现在淘气他们可以去小区花园玩了,我们也去参观参观,好吗?

多媒体显示：小区花园天蓝树绿、鸟语花香的美丽场景。如图所示：

师：看到这样美丽的画面,你想不想说点什么?你能不能选取其中的几样景物编一个简单的小故事呢?

有的学生说："田园阁"小区非常美丽,有一大片绿草地,有一条弯弯的小河,河里和岸边有一些小鸭、小鱼和大白鹅在玩耍,树上有6只小鸟在唱歌,天上还有2只小鸟在快乐地飞来飞去。

有的说：在草地上,有3只小兔在拔萝卜,拔呀拔,拔不动,它们看到独木桥上有一只小兔,就喊：快过来呀,快来帮我们拔萝卜!那只小兔就跑过来,4只小兔一起就把萝卜拔出来了。

还有的说:小区里有苹果树,有梨树,树上挂满了果实,一只小猫在大树下睡觉,可能它正在做着美梦呢。

我接着再提问:除了故事中讲的,你还看到画面中有些什么?有多少?你能把这些景物进行简单的分类吗?

学生数出不同事物的个数,并根据不同的标准进行分类,有的说:分3类,动物一类、植物一类、人一类。有的说:分3类,天上的一类、地上的一类、水里的一类。还有的分为两类,即有生命的一类、没有生命的一类。这充分体现了学生思维的广阔性。

我接着提问:你能不能用我们学过的上下、前后、左右这些词汇描述一下这些景物的位置关系呢?

生1:树在蓝天的下面,在草地的上面。

生2:苹果树在小河的左边,梨树在小河的右边。

生3:大萝卜在3只小兔的前面,小兔在大萝卜的后面。

(众多的知识点随着情景的变化与发展而巧妙地融合,大量的观察表述,可以充分培养学生的观察能力、表达能力以及思维的条理性。)

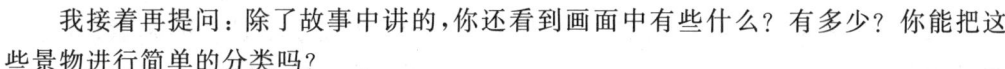

活动四 你发现了哪些数学问题

发现和解决生活中的数学问题,是培养学生数学意识的重要途径,为了更充分的利用情境,复习本学期学的加减法的意义及运算,我让学生通过观察,找一找画面中的数学问题。

师:"田园阁"小区不但环境优美,而且这优美的环境里还藏有不少的数学问题呢,你发现了吗?

学生按要求完成:

【写】:小组合作,根据画面的内容,你能不能写出一些加减法算式?写得越多越好。

【说】:小组汇报,解释所写算式的含义。

生1:我写的是2+1=3,意思是2棵苹果树加1棵梨树是3棵树。

生2:我写的是8-2=6,意思是原来有8只小鸟,飞走了2只,还剩下6只。

生3:我写的是0+3=3,意思是小区里原来没有树,后来种了3棵,现在有3棵树。

生4:我写的是2-1=1,意思是苹果树比梨树多1棵。

生5:我写的也是2-1=1,但我的意思是鹅比猫多1只。

生6:我写的是5+5+5+5=20,意思是地上有4株花,每一株都有5朵,一共有20朵。

师:你还有没有和别人不一样的算式?你能说说是什么意思吗?

(新教材没有应用题,但学生在对算式进行合理解释时,就是在对加减法的意义进行巩固和深化,而且鼓励学生想出不同的算式或给同一个算式作出不同的解释,有助于培养学生思维的深刻性和创造性。)

活动五　热爱我们美丽的家园

师：大家发现和解决了花园里这么多的数学问题，真是了不起。其实，我们居住的华侨城就是一个美丽的大花园，大家回去以后，也出去找一找，根据小区里花草树木的数量提出一些数学问题，看看你能不能解答出来，好不好？

生：好！

师：看一看，画面上现在几点了？（画面上显示出钟面）你怎么看出来的？快中午12点了，淘气他们也该回家吃午饭了，咱们也下课休息吧！

【活动评述】

本节课是一节综合练习课，课堂效果生动、有趣、高效。具体体现在：

1. 涉及的知识点众多，有数感的培养、时间与空间、位置与顺序、分类、加减法的意义及解释与运用等。这些知识点不是单调地呈现，而是随着情节的发展而巧妙地串联起来：如淘气是几点到"田园阁"的？小伙伴的家在哪儿（根据提示连线）？

2. 打破传统数学复习课的教学模式，淡化学科边界，注重课程整合，创设了一个生动活泼、学生喜闻乐见的情境，让学生置身于熟悉的情境之中，兴趣盎然地学习数学。

3. 课件设计精美，色彩艳丽，学生自始至终都是在欣赏美丽画面的同时，复习、运用数学知识，而且覆盖面广、综合性强，使复习课高效、实用、有趣。珍惜环境、保护环境、创造美丽环境的意识，也如绵绵春雨渗透其中，真正达到了"随风潜入夜，润物细无声"的效果。

（深圳市南山区华侨城小学　郭群翠）

在实践活动中培养学生的综合能力

——《有趣的图形、100以内加减法（复习）》教学活动设计

【设计内容】

这是小学《数学》实验教材（北师大版）一年级下册第68～69页的内容——《小小运动会》。它是在学生学习了"有趣的图形"和"加减法（二）"后安排的一节综合实践活动课。本课的设计以"小小运动会"的系列活动来贯穿全课。动物运动会的情境创造让学生在有趣的活动中主动学习，有利于培养学生的创造性思维和解决实际问题的能力。

【设计理念】

《小小运动会》属于实践活动的学习，因此不仅要注重学生获得的知识经验，而且更要注重学生的积极参与，与小组的合作学习，在活动中发展学生的观察力、动手操作能力和创造力。

【活动目标】

1. 学生能用学过的加减法解决实际问题，培养学生提出问题、解决问题的能力。

2. 通过让学生用学过的图形设计队形、奖杯，培养学生的动手操作能力和创造力。

【活动过程】

一、宣读邀请信，激发学习兴趣

情境引入：小朋友们你们看，这里有一封信，你们想知道是谁写来的吗？那就先请你们观察一下，信封上都有哪些我们学过的平面图形？如果你们能完整无误地说出来，我就告诉你们答案……原来是机灵狗呀！请一个小朋友上来帮我们读信。原来它是想邀请我们去参观动物运动会，想去吗？

（设计这个环节，不仅能创设轻松、和谐的课堂气氛，而且能激起学生的好奇心和学习兴趣。通过让学生找信封上的图形，暗示学生数学就在我们的生活中，要注意观察，做个有心人。）

二、观看仪仗队，为蝴蝶设计队形

在观看队列表演的过程中，能抽象出学过的图形，让学生从数学的角度感受图形的美。

1. 作为运动会主持人的机灵狗，宣布运动会开幕。第一项是检阅仪仗队。请小朋

友看大雁、蜻蜓、蜜蜂的队形,好看吗?它们的队伍是由哪些我们学过的图形组成的?我们小朋友排队的时候就要向它们学习有秩序,又整齐。

2. 又飞来了一群蝴蝶,看到它们的队形有什么感受?你能用学过的图形帮蝴蝶设计队形吗?请学生在作业本上完成。

3. 用实物投影仪展示学生设计的作品,说一说你为什么要这样设计,其他同学评一评他们设计得怎么样,好在哪里?

(这个活动创造了机会让学生给蝴蝶设计队形,不仅让学生学会欣赏美而且能创造美,体会数学与生活的密切联系。)

三、观看比赛,收集数学信息,提出并解决问题

考虑问题时,先独立思考,使每位学生都有思考的时间,再小组合作,又能互通有无,扩大学生的活动范围。

1. 课件演示教材第68页的画面,比赛开始了,看看都有哪些动物,它们都在进行什么比赛呢?小动物们的比赛多么激烈呀!小朋友你们都发现了哪些和数学有关的信息?

2. 根据这些信息你能提出哪些数学问题?知道怎么解决吗?

3. 先自己想想,你能提什么问题?你自己能解决吗?再把你想的和同桌说一说。每人至少想一个问题。讨论后学生汇报自己提的问题。(如果学生提出这里一共有多少运动员的问题,难度较大,教师带学生一起完成,并板书,为后面设计乘车方案做准备。)

4. 请学生来说说你的算式,请其他同学根据算式猜你提的是什么问题?

5. 男孩子提一个问题,请女孩子回答,再请女孩子提一个问题,请男孩子回答。

(能从信息中选择和数学有关的信息,并能从数学角度提出问题,采用自己独立思考、小组合作多种方式解决问题。这些好的习惯需要教师在教学活动中进行长期的训练。)

四、比赛结束,设计奖杯

利用图形的组合,可以创造出有趣、美丽的奖杯,这个活动培养了学生的动手能力和创新力。

比赛结束了,要给运动员颁发奖杯,可是机灵狗还没有设计好,你能帮它来设计吗?请用你准备的三角形、平行四边形、正六边形、等腰梯形,发挥你的想象,为运动员设计出你认为最漂亮的奖杯。设计好后,贴在书上第69页。学生完成,教师巡视,展示作品。评选出优秀作品。

(利用三角形、平行四边形、正六边形、等腰梯形的组合,学生创造出了很多有趣、美丽、有意义的图案。让人不得不佩服学生们的想象力和创造力。这个环节让学生充分的活动。)

五、设计乘车方案,送运动员回家

设计回家的乘车方案是一个开放性的问题,有利于培养学生联系实际情况,解决生活中的问题的能力。

现在该送我们的运动员回家了,小兔有18只、小狗有34只、袋鼠有9只、小猴有27只,可是只有2辆车,每辆车最多可以坐50人。够所有的运动员坐吗?先请学习组长带领组员讨论一下,说说你们是怎样想的,如果可以坐,怎么安排更好些。

（这个问题具有开放性,但是学生们通过在小组内的交流、讨论,得出结果。从最后的汇报来看,把这个问题还是解决得很好,描述得很清楚。）

【活动评述】

1. 这节课的设计非常符合一年级学生的年龄和心理特点,所以学生非常有兴趣,都能主动参与到活动中来,整个教学过程轻松愉快。

2. 培养了学生的创新思维能力。如为蝴蝶设计队形、为运动员设计奖杯都有利于培养学生的创造性思维,而且从学生设计的作品来看,确实也是非常有创意的。为运动员设计乘车方案这种开放性的问题有利于培养学生根据实际情况,解决生活中的问题的能力,达到了在实践活动中培养学生综合能力的目的。

（深圳市南山实验学校　张小颖）

体验购物生活 感受数学实质
——《今天我当家(100以内加减法、购物)》教学活动设计

【设计内容】

这是小学《数学》实验教材(北师大版)一年级下册第 80 页至第 81 页的内容——《今天我当家》。它是关于 100 以内加减法以及购物的综合实践活动。它主要讲的是让学生在包饺子的过程中体验当家的生活经历。这里设计的是"今天我当家"的活动片段,以购物活动贯穿教学过程,让学生体验到数学与生活的联系。

【设计理念】

综合实践课是具有经验性、实践性、开放性和生成性的课程,它注重学生对活动过程的亲历和体验,强调超越教材、课堂和学校的局限,在活动时空上向自然环境、生活领域和社会活动领域延伸,以密切学生与社会生活的联系。本节课旨在使学生通过实践活动,初步获得一些数学活动的经验,了解数学在日常生活中的简单应用。

【活动目标】

1. 借助购物这一生活情节能够让学生综合运用 100 以内的两位数加减法、连加、连减以及加减混合运算。
2. 注重培养学生在算法多样化中的创造性思维。
3. 能有效地进行小组或全班交流合作活动以及培养学生倾听的能力。
4. 培养学生热爱劳动、理性购物的生活品质。

【活动准备】

蔬菜图片、学具图片、草稿纸、模拟购物卷、录像。

【活动过程】

活动一 估算购买的食品需要多少钱

学生对购物有一定的生活经验,但是对购物前的调查和计划没有清晰、明确的认识。所以课前要求学生对包饺子的食品准备做了调查,调查家中已有的食品,还需要准备的食品,以及需要准备多少钱。

师:昨天朱老师请大家做了一个调查,现在谁愿意来汇报一下如果你家包饺子,还需要准备多少钱去买东西?

学生拿起自己的调查表,开始汇报:"还要准备44元。"

教师提醒:你家还要准备大约44元去买食品。

另一个学生赶紧汇报:"我家大约需要30元去买食品。"

师:调查得很好。为什么这些同学需要准备的钱数不一样呢?

学生很积极:可能他家需要的东西少,也有可能买的东西便宜,还有可能这家超市的东西贵,那家超市的便宜,他当然选便宜的超市了。

师:同学们说的都很有道理,购物的时候一定要根据你的实际需要去买。今天就要请同学们当一次家,让我们去购一次物吧。

播放沃尔玛超市的录像,学生看到熟悉的超市非常高兴。

(这个环节的建立非常重要,既是对学生已有经验的总结和提炼,又在交流过程中让学生感知经济、节省的生活观。)

教师出示超市的一些食品和价格。并趁势拿出20元钱:老师有20元钱,请你估一估能买哪些东西呢?

生1:可以买一袋萝卜5元、一袋白菜3元、一袋面粉10元和两包盐2元。

师:这么多的东西你是怎么算的呢?

生1:我是把5+3+2=10,再用10加10等于20。

生2:我还有一种方法,用20减,一个一个地减,最后等于0,所以我认为都花完了。

生3:我先把小的价钱加在一起,然后把大的价钱加一起,最后合起来。

师:有的同学估计的也在20元左右,但是计算出来是21元,那他怎么办呢?

生1:可以回家拿钱,也可以找小朋友借一点。

生2:还可以在口袋里找一找,也许会发现几个硬币。

(这个环节用数学知识来计划和解决生活中的问题。重要的是对购物的事前估计和事实发生出现的问题提出了解决方法,使学生形成初步的购物观念和感知数学与生活的联系。)

活动二 动手计算,再次感知数学与生活的联系

在学生建立好初步的购物观念之后,学生亲自动手操作和第二次感知数学与生活的联系,教师要注意到教室里的"供"和学生课前调查的"求"存在一定的矛盾。学生只能根据所需的钱数再一次计划购买模拟超市的食品,这个潜在的思维过程是:计划、实施、发现、调整。

师:通过刚才的计算,大家知道了20元钱有很多种花法。如果你当家,根据你调查所需要的钱数,再看看超市里供应的食品,想一想可以买哪些东西呢?

学生静静地想着,然后教师鼓励大家行动。

师:拿出你的购物单,先填好你准备花的钱数,开始购物。

学生开始集体活动,积极踊跃地选购食品和计算价钱。

师:请你介绍一下你购物的情况吧。

生1:我准备了50元钱,购买了5袋面粉,10+10+10+10+10=50元。

生 2：我有不同意见。为什么你只购买面粉，你不怕放在家里会坏吗？

生 1：我家里就只需要面粉，所以我只买了面粉。

师：根据你的调查，你家其他东西都准备齐了，可以只购买面粉。不过这个同学觉得你有可能造成浪费，你再想想，怎样买不浪费呢？

生 1：可以先少买一点。

师：在实际生活中，最后还剩多少钱一般使用电脑计算，可是今天同学们全都是自己算出来的，觉得自己棒不棒？

学生自发地为自己鼓掌。

（学生对盲目购物提出了质疑，说明学生已有了购物的基本经验——合理、科学。）

活动三　游戏拓展思维，体验购物的趣味性

学生在操作购物的过程中已体会到生活中购物的几个环节：计划、估算、实际计算、求剩余钱数。下面设计的开放性题，让学生感受到解决问题的多种策略。

师：看到小朋友们这么能干，老师也来当家去购物，但我只花了 24 元钱，猜一猜有可能买了哪些东西？记录在草稿纸上，看谁的方法多？

学生非常积极，纷纷上来展示自己的方案，教师一一请学生评价，并奖励购物券。

师：今天的活动快要结束了，看看购物券的情况怎样？每个小组算一算你们组获得多少钱的购物券，估一估可以买哪些东西？（购物券里写作 100 以内的钱数）

【活动评述】

本活动设计具有以下特点：

1. 设计新颖。学生在购物这个过程中体会到数学与生活密不可分的联系，同时能运用数学知识指导和计划生活，解决生活中遇到的难题。学会怎样花钱是当前教材里最缺乏的生活实际，也是传统教材回避的问题。其实能让一年级学生理解理财的重要性意义深远，既为学生将来的生活做铺垫，又为计算思维进一步打下基础。

2. 学生学得轻松活跃，课堂结构明确清晰，评价体系设计得有趣味性又和生活情节联系，在小组活动中使学生初步学会交流和合作，教学效果好。

（深圳市南山小学　朱山花）

让学生当家做主人
——《100 以内加减法(综合运用)》教学活动设计

【设计内容】

这是小学《数学》实验教材(北师大版)一年级下册第 80 页~81 页的内容——《今天我当家》。它是关于 100 以内加减法以及购物的综合实践活动。这里讲的是让学生在购物的过程中体验当家生活的一个片断。

【设计理念】

数学来源于生活,生活中处处有数学,人人学实用的数学。所以本课设计了一个让学生做小主人,为家里采购食物的情境,并用所学知识,来解决遇到的实际问题。有趣的情节,提高了学生学习的兴趣,而真实的数学问题,也为学生提供了用武之地。让数学和生活紧密联系起来了!

【活动目标】

1. 体会数学与日常生活的密切联系。
2. 学会运用 100 以内的加减法解决简单的实际问题。
3. 发展学生提出问题和解决问题的能力。

【活动过程】

活动一 介绍食物名称和价格

谈话导入:同学们,在周末,你们会做些什么事呢?

(由休闲聊天的方式进入学习,给学生营造和谐、宽松的学习氛围。)

学生回答,教师适当的评语,爱学习,也要放松,会做家务,体贴家人,这样才是一个懂事孝顺的好孩子。

出示画面(画中音):我是淘气。

我是笑笑。

今天是星期天,爸爸妈妈让我们来当家。我们去超市买菜吧。

笑笑:哇!超市里的东西真多,让我们看看有什么呢?

(由情境激发学生学习的兴趣,从而引导学生提出数学问题,并加以解决。)

智慧老人：谁愿意做营业员，来介绍这些食物？

请学生说说，食物的名称和价格。

（学生在介绍柜台的食物时，会发现不同的柜台里面的东西种类不同，有蔬菜、水果、肉类、调料品。由此，学生会对食物有分类意识，让学生边观察边发现、边感知边归纳，为后来的食物营养搭配做好铺垫。）

活动二　自由购买食物　注意营养搭配

活动一中介绍了食物的名称和价格。学生非常兴奋，跃跃欲试，想动手购买食物。先让学生自由购买，教师适当点评，提醒学生注意营养搭配，选好食物后，用所学知识计算花的钱。

这么多的食物你们想买吗？

让学生看着电脑说，买什么，花多少钱。

当学生说的全是蔬菜时，教师可以给出建议：喜欢吃蔬菜，但是我们还需要吃些肉类，因为我们的身体需要蛋白质，肉类里面就有丰富的蛋白质。

当学生说的都是肉食时，教师可以给出建议：我们也不能只吃肉类，还需要配点蔬菜，蔬菜里面有丰富的维生素，荤素搭配，营养才好。

每天吃完饭还要吃些水果，一天一个水果，医生远离我。

（这步设计是让学生随意购买，并说出花了多少钱，目的是复习100以内的加法。）

活动三　多种策略进行购物

学生自由购买食物后，教师提出问题，你能帮淘气和笑笑，搭配一份有营养的午餐吗？用20元，30元购买食物，那么在购买的时候，学生就要注意花的钱不能超出范围，有限制的购买，这里有一个估算的过程。最后，100元可以买什么？还剩多少？学生进行加减计算。

帮淘气和笑笑搭配一份有营养的午餐：

请每个小组中的女孩子帮助笑笑，看看20元能在食品区里买些什么？

请每个小组中的男孩子帮助淘气，看看30元能在食品区里买些什么？

最后，评比哪个小组买的东西营养搭配的好。

完成后让小组代表汇报，教师在黑板上板书用去多少元，剩下多少元。

先请帮笑笑买东西的人汇报。

再请帮淘气买东西的人汇报。

最后，请一个小组的学生，只说小组用了多少钱。让其他组的学生猜猜他们组可能买什么？

智慧老人：我有100元钱可以买什么？还剩多少？

（这里淘气、笑笑、智慧老人提出的3个问题都是开放性的，目的是培养学生多种策略解决问题。复习了100以内的两位数的加减法、连加、连减以及加减混合运算。）

【活动评述】

本节课中需要解决的问题看似很散，其实归纳起来只有一个问题，那就是怎么花钱。学生必须用所学的知识，100以内的加减法来解决这个问题。比如，30元钱可以买什么？20元钱可以买什么？我花了25元钱，猜猜我买了什么？不管是花多少钱，学生只要会其一就能触类旁通，举一反三！所以教师设计时主要是引导学生从已有的知识和经验出发，创设生动有趣的情境，引导学生探索与解决问题。

(深圳市南山实验学校鼎太小学部　贺　丹)

关注现实数学 渗透环保意识

——《2、3、4、5乘法口诀(复习)》教学活动设计

【设计内容】

这是小学《数学》实验教材(北师大版)二年级上册第二单元乘法口诀(一)第30页~31页的内容——《节日广场》,它主要是复习2、3、4、5的乘法口诀。本课设计了买卖花苗的情境,以动手算、动手贴等系列活动贯穿全课。

【设计理念】

数学学习内容应当是现实的、有意义的,是让学生从现实生活情境中经历问题情景——数学建模——解释与应用的过程,教材不是唯一的教学资源,提倡教师在教学中创造性地灵活运用教材,重新进行设计与整合,使之服从教学的需要。本课教学就是从现实情景出发,通过深圳现实生活里依然存在的某些不文明行为,抓住契机,通过买花苗对草地进行绿化,渗透环保意识的教育。让学生充分体会数学就在自己的身边,从而在情感、态度、价值观方面得到良好的体验。

【活动目标】

1. 通过从现实情景中对花苗进行买卖,复习2、3、4、5的乘法口诀,培养学生解决实际问题的能力。

2. 从现实出发,通过对不良现象的反思,培养学生的环保意识。

【活动准备】

1. 深圳各处景观的多媒体教具。

2. 每小组一份统计表。表1:

名称	每棵几元	买几棵	共要几元
美人蕉	2元		
勒杜鹃	3元		
鸡蛋花	4元		
苏铁	5元		

3. 每小组硬纸一份,卡纸剪成的长方形、正方形、圆形、三角形各若干。

【活动过程】

一、引入情景,关注环保

学生生活在深圳这个美丽的城市中,各自对其有不同的印象,由此引入本课的教学。

师:"各位小朋友,你们觉得深圳怎么样呢?"

学生回答。

师:"深圳的确很美,老师被你们说得心里痒痒的,让我们一起来看看深圳的美景吧。"

多媒体演示深圳各处的美景,关键突出其花草树木的绿化:民俗村旁、深南大道、滨海大道、生态公园。然后从刚才的美景中峰回路转,呈现出被人踏出的一片片裸露的草地,并且伴随着纸巾、瓶子等垃圾。问学生:"看了这一处,你有什么感受?"

(美丽的景色把学生的视线紧紧吸引在屏幕上,时不时听见有学生低声发出"哇,好漂亮,我去过"的惊叹。这一活动设计是为了从美过渡到不美,美景是为下面被踩踏草地的不美作铺垫,展示出日常生活中,有人乱踩草地、乱扔垃圾的不文明行为,激发学生的环保意识。)

二、通过买卖活动,进行实际应用

为了解学生对2、3、4、5乘法口诀的掌握程度,同时为本课的拓展学习作好铺垫,先设计这一比赛活动用以摸底。

屏幕呈现出几种植物图片及其价格:美人蕉 每棵2元,勒杜鹃 每棵3元,鸡蛋花 每棵4元,苏铁每棵5元。

师:"假如让你买一种植物,你会提出哪些关于乘法的数学问题?小组间比一比,一个小组提出问题,指定另一小组回答,完整正确地提出问题和正确解答问题的小组分别加一分。"如:

生(第三小组):"买3棵勒杜鹃要多少钱?第一小组解答。"

生(第一小组):"$3 \times 3 = 9$(元)。"

师:"好,一、三小组各加一分。"

(学生受好胜心的驱使,都喜欢竞技,针对这一心理特点,本活动环节设计了比一比、赛一赛,学生的学习热情被激发出来了,各小组都很好地提出或解答了问题,对5以内的乘法口诀很好地进行了复习与巩固。)

三、多种策略解决问题,拓展延伸

这一环节让学生用50元去买以上4种植物,并算出每种花各用多少钱?四种花共用多少钱?

师:"我们班的小朋友十分关心环保事业,他们为本次活动捐款50元,用这50元去买植物,你会买什么呢?小组合作讨论,完成统计表表1。"

生1:"我们小组买了8棵美人蕉,$2 \times 8 = 16$元;4棵勒杜鹃,$3 \times 4 = 12$元;3棵鸡蛋花,$3 \times 4 = 12$元;2棵苏铁,$2 \times 5 = 10$元;一共是$16 + 12 + 12 + 10 = 50$元,刚好用完50元。我们觉得美人蕉吸尘又便宜,还很漂亮,所以多买一点。"

师:"你们的想法合理极了。"

生2:"我们小组买了5棵美人蕉,$2 \times 5 = 10$元;4棵勒杜鹃,$3 \times 4 = 12$元;5棵鸡蛋花,$4 \times 5 = 20$元;2棵苏铁,$2 \times 5 = 10$元。共用了$10 + 12 + 20 + 10 = 52$元,差2元,我们小组同学再捐2元。"

师:"你们的这一想法好极了,不够再捐款,真是环保的小主人。"

生3:"我们小组买了9棵美人蕉,$2 \times 9 = 18$元;4棵勒杜鹃,$3 \times 4 = 12$元;2棵鸡蛋

花,2×4=8元;2棵苏铁,2×5=10元;一共是18+12+8+10=48元,剩下2元捐给希望工程。"

师:"棒极了,你们小组真有爱心。"

(这一活动在课堂上掀起了一个小小的高潮,学生在这一活动过程中,有的小组充分考虑到钱的限额,刚好算出合计50元;有的小组算出的结果比50元多;还有的比50元少。真没想到我们的学生有那么多的好主意。平时给他们讲过的要关注希望工程、关爱他人、节约等各方面的教育,全被他们在这一课中结合了起来。小小年纪,这一份爱心可喜可嘉。)

四、设计图案,让环保意识潜移默化

这个活动没有价钱的限制,让学生通过小组合作,用卡纸剪成的不同图形代表不同植物,在硬纸上贴出自己设计的美好蓝图,计算出总价钱,并用一句话写上自己的希望寄语,在黑板上展示出来。

(附:用 ▲ 表示美人蕉 用 ■ 表示勒杜鹃 用 ▮ 表示鸡蛋花 用 ● 表示苏铁)

图1

爱护花草,从小事做起
合计:2×12=24元 3×5=15元
　　　4×3=12元 3×3=9元
　　　24+15+12+9=60元

图2

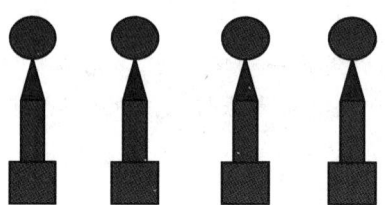

我们希望世界永远美丽
合计:2×4=8元 3×4=12元
　　　4×4=16元 4×5=20元
　　　8+12+16+20=56元

师:"你们的想法太好了。相信深圳有了你们这批环保的小卫士,天将会更蓝、地将会更绿、水将会更清,深圳因有你而更美丽。"

(从寄语看,另外还有"保护环境,人人有责"、"以后不能乱扔垃圾"等,学生的环保意识非常强烈,从设计的蓝图中,他们力图创造出美来,各自用图形进行了有规律的组合,对二年级的学生而言,这一点是难能可贵的。)

【活动评述】

1. 本课的教学从现实引入,以深圳为背景,创设了良好的现实学习情景,不拘泥于教材而又取教材之所需,很好地引发了学生的兴趣。

2. 教学中学生动口提问题、动脑想买花苗、动手设计绿化蓝图,体现了"hand on"的数学思想。同时,在环保教育方面,也取得了良好的效果,学生得到了良好的情感体验。

(深圳市南山区月亮湾小学 凌文燕)

引学生进入多彩的数学世界

——《辨认方向》的教学活动设计

【设计内容】

这是小学《数学》教材(北师大版)二年级上册第三单元《方向与位置》第58页～59页的内容——《辨认方向》。它主要是关于辨认东南西北这四个方向。这节课在学生已有的生活经验的基础上,设计了一个"游中国——深圳——学校"的系列活动,并让学生参与设计南山商业文化中心区,为学生创造一个丰富多彩的数学世界。

【设计理念】

瑞士儿童心理学家皮亚杰指出,让学生在活动中学习,这是儿童教育最重要的原则。这节课尝试整合各学科的知识,把数学学科与其他学科结合起来,让枯燥乏味的数学知识与其他学科、社会生活有机地融合在一起,有利于在活动中培养孩子的综合实践能力。

【活动目标】

1. 在活动中培养学生辨认方向的意识及实践探究能力,发展学生空间观念。
2. 通过了解地图和进行方案设计,培养学生的综合实践能力。

【活动准备】

1. 了解有关北斗七星、指南针的一些知识。
2. 了解南山商业文化中心区的规划及调查市民的意见。
3. 到运动场观察记录四周的一些建筑。

【活动过程】

活动一 我们来探究——掌握辨认方向的方法

学生喜欢听故事,从故事中引出探究问题,让学生掌握辨认方向的方法。

1. 设置问题,激发兴趣。

听故事:有一天,笑笑自己去森林里玩耍,走啊走啊,就迷失了方向,该怎么办呢?(分小组讨论、交流辨别东南西北四个方向的方法。)

生1:如果是白天,可以通过看太阳来辨别方向,太阳从东边升起,西边降落。

生2:如果是晚上,可以通过看北斗星来确定方向。

生3：可以用指南针来辨别。

生4：可以看树木的生长情况。

2. 探究交流：出示两个课前布置的探究性问题让学生交流。

（1）北斗七星形状是怎样？一年四季是怎样变化的？请学生代表演示自己查阅的资料和图片，并做简单介绍。

（2）指南针为什么总是指南？学生演示讲解有关指南针的知识。

活动二 我会辨认——辨认教室里和操场上的方向

学生知道了一些辨认方向的方法后，就让学生辨认身边的方向。课前10分钟先让学生到操场上进行观察、辨认、记录，获取感性资料，再让学生在教室辨认方向和说一说自己周围每一个方向的同学。从最熟悉的操场入手，到教室，到自己周围的同学，让学生深深地感受到数学就在我们的身边。再设计一个有趣的送花活动，将学生的情绪推向高潮。

1. 在操场上辨认方向。

（1）认一认：课前10分钟让学生到操场辨认东南西北方向并做好记录。

（2）说一说：（出示学校操场平面图），问题1：你是怎样辨认操场东西南北方向的？问题2：操场的东西南北方向各有些什么建筑？

2. 在教室里辨认方向。互相说一说你的东南西北方向各有哪些学生。

3. 送花游戏：由值日班干部，分别把2朵鲜花送给今天表现最出色的学生。得到花的学生要说出送花学生所走路线的方向。（所有的学生都在一片寂静中思考和等待。）

4. 放松活动：全班起立，学生听口令转动。（向南转、向北转等。）

活动三 我当小导游——介绍祖国、家乡、深圳和学校

开展认识祖国和家乡，让学生当导游活动，对祖国、家乡和学校的方位有了大概的了解，培养他们对祖国的热爱，又学以致用，熟悉地图上的东南西北方向。

1. 漫游全国：出示中国地图，介绍祖国和你的家乡。

（1）找一找你的家乡在哪里？东南西北各有哪些省份？小组互相交流介绍。

（2）首都北京在哪里？认一认。

（3）中国的西南、西北、东北等地区包括哪些省市？你了解到了什么？

2. 乐游深圳：出示深圳景点图，找一找深圳的旅游景点，介绍一下著名景点所在的位置和主要特色。

3. 介绍学校：看学校附近线路图，说一说去公园、书店、沃尔玛商场往什么方向走？怎样走？住在各个小区的学生怎样走到学校呢？

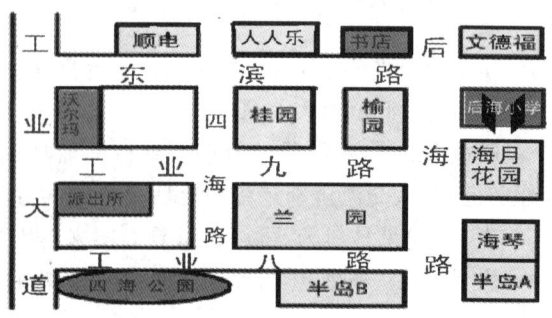

活动四　我是小小设计家——社会实践,规划设计南山商业文化中心区

学生的教育离不开三个方面:学校、家庭和社会。让学生从小适当参与一些社会活动,培养学生的社会意识和主人公的精神,同时也可以培养他们的创新能力。

1. 南山区规划建商业文化中心区,怎样规划比较好呢?请学生将调查到的结果和自己的想法说一说。(建娱乐中心、学校、商场、住宅区、金融中心、信息中心等。)

2. 请学生参与规划,分小组讨论设计方案图,说说各建筑位置和设计理由。

3. 展示评比。

设计过程学生轻声细语,配上抒情的钢琴曲,整个场面活而不乱、井然有序,既严肃认真,又兴趣高昂。学生的想法很独特,设计的方案图也很有新意。学生的潜力被逐渐挖掘出来了!

活动五　课后发展

1. 画一张你家到学校的方向路线图,并对别人说一说怎样走。
2. 写数学日记:我的收获。

【活动评述】

这节课的设计有两个亮点:其一是综合,其二是实践。

方向本是一个单纯的数学的概念,教师却让它衍生出许多数学以外的知识,将学生的思维和视野带到了课堂之外、学科之外:太阳、北斗星、指南针、年轮、操场、体转、地图、家乡旅游、设计、画图、数学日记,这些都是学生身边的数学、生活中的数学,是一个丰富多彩的数学世界。

让学生在实践中感悟和运用概念,是数学概念教学的重要途径,而且只有运用才能深刻理解概念。本节课围绕方向设计了一个个实践活动,学生在实践中调动各方面的感官,积极主动地展示着自己的知识能力和创造能力。

活动是贯穿本节课的主线,活动的设计多而不杂,紧扣主题。学生逐步在活动中,感受方向、理解方向、运用方向。课堂活跃,学生情绪高涨,参与面广,教学效果显著,学生学得主动、学得愉快、学得扎实。

(深圳市南山区后海小学　尧雪贞)

让生活走进数学课堂
——《乘法口诀、购物、方向与路线(复习)》教学活动设计

【设计内容】

这是小学《数学》实验教材(北师大版)二年级上册第96页～97页的总复习课。它主要是对乘法口诀、购物、方向与路线的知识进行综合复习。本课设计充分利用周围环境这一资源,以"去动物园"的活动贯穿整个教学过程,这里设计的是本节教学中"购物"、"设计旅游路线"的两个教学片断。

【设计理念】

新课标非常强调数学与现实生活的联系,要求"数学教学必须从学生熟悉的生活情境出发,使他们有更多的机会从周围熟悉的事物中学习数学和理解数学。"因此,在本节课中力求创设一个学生们熟悉的"去动物园"的情境,把四则运算、方向与路线等数学知识融入到这一完整的情境中,在生活与数学之间架起一座桥梁,让生活走进数学课堂。

【活动目标】

1. 结合去动物园的生活实际,进一步理解四则运算、方向与路线等数学知识,培养学生灵活运用知识解决实际问题的能力。

2. 使学生在解决实际问题活动中学会与人交流、合作,同时得到良好的情感体验。

【活动准备】

课件,动物园地图,学生四人一组,分成若干组。

【活动过程】

一、去动物园玩好吗？——创设情境

本节课是一节学期末的总复习课,学生对于四则运算、方向与路线等数学知识本身已经没有新鲜感,为了避免枯燥乏味,根据学生的生活经验,设计了"去动物园"的数学活动,将数学知识有效地融入到整个活动中,从而激发学生的学习热情。课一开始,教师与学生进行了这样的谈话："同学们,这节数学课,老师带你们去动物园玩好不好？"听说要去大家喜欢的动物园,学生顿时兴奋起来,教师趁势提出："去动物园之前,我们应该做哪些准备呢？"学生思维活跃,根据平时的生活经验说出了,要准备相机、雨伞、太阳帽、大巴车、食物,还有的学生提出为了保护环境卫生,不乱丢垃圾,要准备垃圾袋。

(创设"去动物园"的情境,使学生感到亲切,自然,而且能吸引学生全身心地投入到

学习之中。）

二、买些什么呢？——巩固四则运算

为"去动物园"做准备，购买食品，是学生非常熟悉的事了，而超市又是蕴涵丰富教学资源的宝库，因此，设计了下面的"去超市购物"的教学活动，帮助学生进一步理解和巩固四则运算。

"同学们，我们去超市看看，为明天准备一顿午餐吧。"看到画面上琳琅满目的商品，学生发出一声声的惊叹。"谁愿意做售货员，给大家介绍一下商品的价格？"教师话音刚落，就有学生抢先跑到前面煞有介事地做起了介绍，俨然一个"小老板"："大家好，欢迎光临！我们超市的商品物美价廉，罐头：每罐7元；方便面：每碗3元；饼干：每袋4元；鱼片：每袋6元；面包：每个2元；巧克力：每盒9元；饮料：每瓶5元，大家快来买吧！一会就没有了。"他那急着要顾客去买的表情和动作惹得大家哈哈大笑。"这么多的商品，老师买些什么做午餐呢？请大家帮我设计一个方案，再求出一共要花多少钱？"帮教师做事是学生最高兴的了，马上行动起来，一会儿就出现了几种方案：① 7＋3＋4＋6＋2＋9＋5＝31(元) ② 6×2＋4＋5＝21(元) ③ 2＋5＝7(元) ④ 7＋3＝10(元)……为了让学生考虑到方案在实际生活中的合理性，教师提醒："你觉得老师会采用哪种方案？"此时学生们的思维打开了，甲说："第一种方案不好，老师不会用，买那么多的东西，老师吃不了，拿着还很重。"乙补充说："还要31元呢，太贵了。"好样的，还知道为老师省钱呢！丙说："我认为第三种方案可以，便宜！只要7元钱，而且品种比较全，有吃的面包，还有喝的饮料。"又有人说："不行，太少了，营养不够。"马上有人反驳到："一顿没吃好，没关系。"此时，学生已经完全把自己融入到超市购物的情境中了，教室里充满了轻松愉快的气氛。在接下来的每组用50元钱来设计本组的购买方案时，学生就能自觉地从经济、营养、品种等几方面多角度来思考方案的合理性和可行性了，数学与生活真正地联系起来了。

（此环节的设计很好地体现了学生在生活经验的基础上的主动学习，密切了数学与生活的联系。学生在解决实际问题的活动中，不仅感受到了生活中处处有数学、处处可以学数学，而且对数学产生更大的探索欲望。）

三、谁来做导游？——复习"方向与路线"

生活经验告诉我们，游览动物园要有游览路线，设计游览路线正好可以帮助学生复习"方向与路线"的有关数学知识，因此在下面的环节中做了这样的设计。

"来到了动物园门口，导游叔叔给我们带来了一张动物园的地图，谁来做导游？"教师问题一提出就引来学生争先恐后的回答，"我来！我来！"教室里响成一片。"请你设计一条游览路线，我们来比一比谁的设计最优秀，谁就是我们的小导游。"为了能当上小导游，每个人都很认真地思考着……学生已达到了最佳的学习状态。最后伴随着美妙的音乐，学生欣赏着各种动物的图片，在愉快的体验中结束了教学活动。

（"谁来做导游"符合二年级学生好玩、好奇、好胜的特点，"请你来设计一条游览路线"这一开放性问题的提出，充分体现了教师对学生的尊重和信任，学生是活动的主人，而教师只是活动的组织者、合作者，较好地实现了教师角色的转变。）

【活动评述】

　　传统教学最大的弊端,就是过分注重数学知识的严密性,在内容的选择上,往往忽视学生的主体性,忽视教学与学生生活的联系,因此,显得比较枯燥,缺乏生动,让学生感到数学离我们的生活太远了。

　　1. 本节课教师善于捕捉生活现象,采集生活的数学实例,设计了"去动物园"的生活情境,把学生放到熟悉的生活空间,使学生感受到数学与现实生活的密切联系,体会到生活中处处有数学、生活中处处需要数学。

　　2. 激发了学生的学习兴趣和求知欲望。整节课教师努力为学生创设一种民主和谐的课堂氛围,使学生整节课都在这宽松愉悦的氛围中积极参与,主动探索。

(深圳市南山区育才三小　隋淑芝)

开心乐园 自选自配
——《搭配中的学问》教学活动设计

【设计内容】

这是小学《数学》实验教材(北师大版)三年级上册第26～27页的内容——《搭配中的学问》。这一内容的教学主要是让学生多联系生活实际,参与一些实践性活动,以此来训练学生有序思考的能力。本设计主要通过"肯德基配餐"等一系列趣味性游戏活动贯穿全课。

【设计理念】

我本着"以学生发展为本"的教学理念,着眼于学生的可持续发展,注重教学目标的多元化,在价值目标取向上,不局限于学生获得一般的知识技能,更重要的是让学生在数学学习过程中增强应用意识、获得数学的基本思想、了解数学的价值、体验解决问题的过程。

【活动目标】

1. 借助有趣的情境,激发学生学习数学的兴趣,在搭配活动中得到有序思维的训练。
2. 通过教学活动,体会到数学与生活的密切联系。

【活动准备】

肯德基食物图片、儿童玩具、课件、实物展台等。

【活动过程】

一、趣导——导入激趣

俗话说:"良好的开端是成功的一半",而兴趣是学习入门的向导,是激发学生求知欲、吸引学生乐学的内在动力。这节课的导入部分,我创设了去肯德基就餐这一情境,以此来激发兴趣,活跃思维,调动学生主动参与的意识。

师:同学们,今天有这么多老师和我们一起上课,你们高兴吗?还有更高兴的事呢!老师要带你们到一家快餐店去参观,这家店你们都很熟悉,猜一猜是什么地方?(课件出示肯德基快餐店)

师:你们喜欢这里吗?那能不能告诉老师为什么喜欢?

(这样导入设计以求得生动、形象、自然,融科学性、趣味性于一体的效果,使学生迅速进入学习情境,为学习新知识做好心理准备。)

二、趣学——学有兴趣

在儿童的学习活动中,兴趣起着定向和动力功能的双重作用。为了使学生有积极的情感体验,新授部分中,我为学生创设了三次动手配餐的操作活动,这些操作能以动促思,使学生在探索中,经历新知识的产生、形成过程。

1. 早餐配餐。

课件出示:早餐配餐情况

师:肯德基的叔叔、阿姨为我们准备了哪几种早餐食品?

师:按照早餐的配餐要求,能有几种不同的搭配方法呢?

学生说,教师贴图:

劲脆鸡腿堡+牛奶　　香辣鸡腿堡+牛奶

2. 中餐配餐。

师:我们再看中餐的配餐情况。(课件出示)

师:中餐的食品有所变化,看有哪几种?

生:有劲脆鸡腿堡、香辣鸡腿堡、可乐、柠檬。

师:配餐方法和早餐一样,一共有几种不同的搭配方法?自己用学具摆一摆。

学生自己动手操作并汇报:

劲脆鸡腿堡+柠檬　　柠檬+香辣鸡腿堡

可乐+香辣鸡腿堡　　劲脆鸡腿堡+可乐

师:同学们想出了四种不同的搭配方法,但这些方法看起来似乎有些凌乱,怎样搭配才能更有顺序呢?小组讨论一下。

生:先选择一种汉堡分别配两种不同的饮料,或者先选择一种饮料再分别配上两种不同的汉堡。

师:你能不能到前面来摆一下?

学生摆:　劲脆鸡腿堡+柠檬　　劲脆鸡腿堡+可乐
　　　　　香辣鸡腿堡+柠檬　　香辣鸡腿堡+可乐

教师小结:你们总结出了一种很好的配餐方法,先选择一个汉堡,用它来配不同的饮品,再选择另一个汉堡,用它再来配不同的饮品。这样搭配起来很有顺序,这样有序的搭配方法,可以使结果不重复、不遗漏。

3. 晚餐配餐

师:下面我们就用这种有序的搭配方法来为晚餐配餐。(课件出示)

师:晚餐的食品更丰富了。配餐要求和早餐、中餐一样。自己用学具摆一摆,看有几种不同的搭配方法?把答案说给小组成员听。谁到前面来做?

学生摆:　田园脆鸡堡+橙汁　　田园脆鸡堡+可乐　　田园脆鸡堡+柠檬

香辣鸡腿堡＋橙汁　　香辣鸡腿堡＋可乐　　香辣鸡腿堡＋柠檬

（能充分展示每位学生的才能，突出学生的主体地位，更有利于激发学生对新知识的兴趣，同时学生在参与实践活动中，抽象思维得到了发展，从而体验到成功的喜悦。）

三、趣练——练有乐趣

在练习活动中，我设计了"有几种不同的走法"、"我为芭比穿衣服"、"我为芭比配餐具"等几项学生自选的开放性游戏活动，使学生在生动、活泼的实际应用中去熟练掌握所学知识，以此来激发学生人人想参与、人人想表现自己的学习主动性和积极性，求得课堂教学生动有趣，轻松愉快。

师：（课件出示）这是育才一小，这是肯德基店，从育才一小到肯德基店途经招商大厦。育才一小到招商大厦有两条路 A、B；从招商大厦到肯德基店有三条路即 C、D、E。那么，从育才一小经过招商大厦到肯德基店，有几种不同的走法呢？小组讨论一下。

学生汇报：AC　　AD　　AE　　BC　　BD　　BE

师：我们几经周折来到了肯德基，到了那里，没想到那里有更有趣的游戏等着我们参加呢！

出示游戏项目有：我为芭比穿衣服　　我为同学配间点

　　　　　　　　我为芭比配餐具　　我为同学排座位

　　　　　　　　我为芭比配服饰

师：大家可以自由选择喜欢的一项游戏来参加，游戏后把答案写在游戏卡上。

游戏开始！（配乐）

各组汇报游戏结果。（略）

（愉快的游戏活动，让学生尽情享受成功的喜悦，从中体会到我们的生活中处处有数学，体现搭配在现实生活中的意义，逐步养成一种有序的思维方式。）

【活动评述】

1. 联系学生的生活实际，创设问题情境，激发学生学习数学的兴趣。教师在教材提供素材的基础上，从学生的生活实际出发，播放了一组肯德基就餐的情境，向学生提出问题：你们喜欢这里吗？为什么喜欢？以此来诱发学生参与的欲望，调动学生参与的热情。

2. 自主、探索、合作的学习方式，最大限度地提高了学生主动参与学习的程度。在解决"共有几种不同的搭配方法"这一问题的过程中，教师按照"教——扶——放"这一程序，为学生设计了"早餐配餐——中餐配餐——晚餐配餐"这样一种由浅入深的自主探究、合作交流的机会，学生在操作中真正成为了学习的主人，而教师则是学生活动的组织者、引导者与合作者。

（深圳市南山区育才一小　王海玲）

在活动中学习 在活动中发展
——《简单乘除法计算(复习)》的教学活动设计

【设计内容】

这是小学《数学》实验教材(北师大版)三年级上册第52～53页的内容——《交通与数学》。它是关于在学生学习了简单的乘除法、周长的计算和搭配方法后的实践运用。本设计通过"游青青世界"这一活动贯穿全课,引导学生运用数学知识和方法解决实际生活中的一些简单问题,感受数学在交通中的应用,获得初步的数学实践活动经验。

【设计理念】

培养创新精神是素质教育的核心内容之一。开展数学实践活动,目的是为了将数学与现实生活实际联系起来,让学生在实践活动中学数学、在现实生活中学数学,从而丰富学生的数学知识、激发学生学习数学的兴趣、培养创新意识和实践能力,真正提高学生素质。

【活动目标】

1. 通过活动对前面所学的时间、路程、速度等概念进行复习,使学生学会用数学的眼光观察事物,找出事物间的联系。

2. 引导学生从现实生活中发现并提出简单的与数学有关的问题,培养其应用数学的意识。

3. 结合实践,对学生进行交通安全的教育,体验生活中处处有数学,增强学习数学和应用数学的信心。

【活动准备】

多媒体课件。

【活动过程】

活动一 准备秋游

为了引导学生进入"游青青世界"的情境,我给学生欣赏秋景,使学生产生强烈的秋游的愿望,让学生主动、积极地参与到去秋游的情境中。

同学们,你们知道现在是什么季节吗?

(课件出示秋天的景色)我们准备到"青青世界"去秋游,我们可以怎么去"青青世界"呢?(坐车、走路、骑自行车)

(课件出示)"青青世界"离学校有6000米,我们走路每分钟大概走50米,骑自行车大概每分钟100米、坐汽车大概每分钟500米,请同学们想一想、算一算,坐车、骑车、走路各需要多长时间呢?

通过计算,你发现了什么?你是怎样计算的?(①走路要120分钟 6000÷50＝120分钟②算出骑车要60分钟,6000÷100＝60分钟③乘汽车要12分钟,因为500×12＝6000米④ 我发现乘汽车最快,只要12分钟,走路最慢,要2个小时。)

(创设去"青青世界"的情境,把学生吸引到活动中来,让学生真正投入到要去"青青世界"了,而且是自己参与制定活动方案,充分发挥学生的自主性。)

活动二 揭示课题,了解生活中的交通常识

学生通过计算,认识到各种交通工具的快慢,在这个环节就让学生自主选择交通工具。教材中的课后小知识是认识一些常见的交通标志,我把这部分内容安排到他们坐车的路上,真实地再现现实情境。

走路、骑自行车、坐公共汽车都是我们生活中的交通问题,刚才我们也看见了交通与数学有着十分紧密的联系。(出示课题:交通与数学)

师:通过刚才的计算,你认为选择那种方式最好?

生:我们最好坐汽车去,这样省时间。

师:同学们想一想,"青青世界"8点30分开门,我们要几点从学校出发呢?

生:我们最好8点10分出发。

师:现在我们就坐汽车出发吧!请同学们坐好,现在叶老师就是你们的导游,我们来唱个歌吧!(课件播放"排队过马路"歌,学生边拍手边齐唱)

师:路上还有一些标志,你认识吗?(出示标志)

师:生活中还有很多的交通标志,同学们课后还可以用自己的眼睛去发现。

(此环节设计模拟现实情境,让学生确定出发的合适时间,了解生活中经常看到的交通标志,使他们加深了认识并感受到生活中处处有数学。)

活动三 游园活动

学生到了"青青世界",就进入了这次活动的中心环节。在这个环节中,我给学生出示游览图,让学生以小组合作的形式开展活动,学生在制定游园计划时可运用简单的乘除法、周长的计算和搭配方法。学生在学中玩、玩中学。

1. 看图。(课件出示"青青世界"游览图)

2. 师:美丽的"青青世界"到了。这里是"青青世界"的地图,请同学们仔细观察,说说你从图上看到了什么?(引导学生观察景点和路程)

这幅图里还藏着数学问题呢,你能把它们找出来吗?

3. 你想去哪里玩?

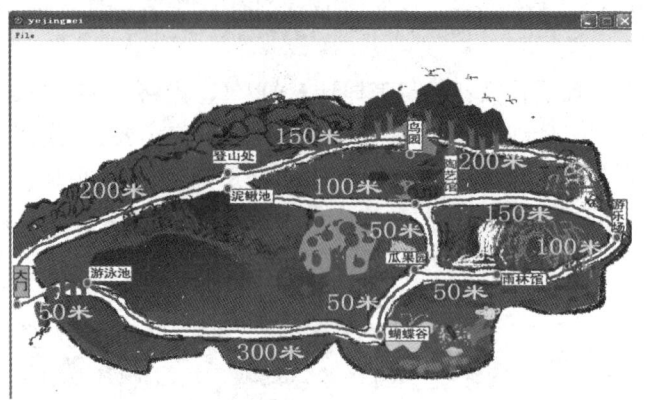

那同学们就在小组长的带领下分组游玩吧,分组游玩时要遵守规定。屏幕出示:每个小组活动的时间是 60 分钟,每个景点可以停留 10 分钟,我们走路大概每分钟走 50 米。请各小组商量商量,你们组打算怎样玩?

让学生各抒己见自然引入合作交流。

小组代表汇报。

(游戏线路不要求一致,但总的时间要规定,让学生觉得在游戏活动中,既有"民主"又有"规则"。通过小组合作、交流汇报,促进了师生互动、生生互动,使学生学会交流,学会倾听,学会尊重他人,学会取长补短。同时,感受到数学是有用的知识,生活中处处有数学。)

4. 游戏。

(1) 登山游戏。

(课件出示)我们先来一个爬山比赛:这四个小朋友准备爬山,同学们看一看你愿意当谁呢?(回答)为什么?

(2) 捉迷藏游戏。

我们来玩捉迷藏游戏吧。

笑笑："我去游乐场要走5分钟,猜猜我藏在哪?"

(3) 快速集合游戏。

请大家做好准备,我们从游乐场出发,集合的地点是大门。你会选那条路呢?为什么?

(游园活动这个环节根据儿童爱玩的特点,让他们自己设计活动路线,并把数学寓于游戏中,较好地体现了学生为学习主体,教师为组织者、合作者的地位。)

活动四 总结本课,拓展知识

在游园活动中应用数学知识,我又让学生把知识引申到现实生活,让学生在生活中多观察、多发现,做个生活中的有心人。

1. 引导学生总结:今天你有什么收获?
2. 生活中还有哪些交通问题跟数学有关系?

(拓展知识,让学生体验生活中处处有数学、时时有数学。)

【活动评述】

新课标提出,应加强数学与学生生活经验的联系。从学生熟知、感兴趣的生活事例出发,以生活实践为依托,将生活经验数学化,促进学生的主动参与,焕发出数学课堂的活力。北师大版第三册就提供了这样一个实践活动的素材。教师根据这些素材安排了一次秋游活动。

此次活动选题恰当、构思精巧,既调动了师生研究活动的积极性,又激发了全班学生的共鸣。整个活动结构紧凑,教师引导得当,学生全员参与、自主探究、小组合作、交流分享,都较好地体现了新课程理念,体现了教师的主导和学生的主体作用。这样的设计不仅给学生的探索活动提供了自由选择的机会,也增添了活动的趣味性和挑战性,活动不仅重视了研究过程,而且更使学生体验到数学的价值,情感得到升华,活动效果显著。

(深圳市南山区前海小学　叶静梅)

体验生活中的数学

——《乘法知识、面积计算（复习）》的教学活动设计

【活动内容】

这是小学《数学》实验教材（北师大版）三年级下册第六单元《统计与可能性》第77页的内容——《体育中的数学》。它主要是引导学生利用面积的计算和乘法的知识解决有关的实际问题。本设计以学生估算、计算、设计等活动贯穿整个教学过程。

【设计理念】

新的课程理念提倡让学生学习生活中的数学，在数学活动中尝试解决生活中的实际问题，并进一步提出让学生在数学活动中多角度思考问题，能探索知识与知识之间的联系，能用多种方法、多种策略解决问题。本节课就围绕这一目标设计了一系列的活动。

【活动目标】

1. 让学生在实际的场景中感受与体育有关的数学。
2. 会用数学知识解决生活中的面积、周长问题。
3. 体验计算过程中的算法多样化。

【活动过程】

一、游戏中的数学知识

通过简单的师生互动游戏放松学生的情绪，通过在游戏中发现规律，引入：体育中有很多数学知识，今天咱们就一起去探索！

其实游戏很简单：教师指右的方向，学生举左手；教师指左方向，学生举右手；教师双手平放学生拍两下巴掌。虽然这是简单的游戏，学生的反应还是有快有慢。此时教师不失时机的提问：你为什么举得又快又对呢？学生抢着回答：当然有规律了！教师又问：你能说说发现的规律吗？学生这时能不能回答得很清楚很准确其实并不重要，因为这时教师已经把学生带入了一种"运动中有学问，学问无处不在"的氛围中。接下来再进行的活动就很自然了——与体育、运动有关。

二、估计篮球板的面积

这部分内容教材里没有呈现，教材直接出示排方阵的问题，但解决排方阵的问题要用到长方形、正方形面积的知识，所以我设计了下面的活动。

随着课件的演示，学校的篮球场出现在学生的眼前，学生对学校的操场当然是最熟悉不过的了，这引起了他们极大的兴趣！

教师要求学生用数学的眼光去观察图形，提出数学问题并加以解决。

学生提出问题：篮球板是什么形状，它的面积是多少？学生对身边的实际图形不太熟悉，但不会太难解决，难解决的是面积的估计。所以这里要放手让学生去估算，必要时教师要加以指引。

师：篮球板的面积是多少？学生有很多种回答：2平方米、3平方米、1平方米……尽管学生对这些实物比较熟悉，但是对它们面积的估计还是不到位，在这里教师要能及时地捕捉到学生思维的动态，及时引导学生思维的"航向"。

师：你为什么那么肯定？你是根据什么进行猜测的？能不能用自己熟悉的面积来比较一下呢？

教师指明方向之后学生可以在此基础上自由发挥。这时有的学生把篮球板的面积和教室的地板砖面积联系起来了，进行了较合理的估算。教师再出示篮球板长和宽准确的数据，学生口算就可以得到结果，让每个人和自己的估算结果相对照，以助学生下一次的估计。

师：谁能估算一下篮球板里面小方框的面积大约是多少？

生：外面的面积可能是里面的八九倍。

师：说说你是怎样估算的？

生：刚刚看了图片，对两个图形的面积大小有点印象。

（在估算篮球场的长和宽时一个学生把篮球场的长和电教室的长相比较而猜测出篮球场的长。这说明在教学过程中教师如果能及时对学生加以指引，学生思想的火花能不经意地绽放。）

三、不规则图形的面积计算

在教学过程中为了能让学生把所学的知识与创造性的运用联系起来，在下面的活动中有一个计算不规则图形面积的设计。

学校的快乐体育园有一块不规则的图形还没有绿化，现在要进行绿化。教师由此引入活动：要学生帮忙计算出图形的面积，以激发学生解决问题的欲望。

1平方厘米

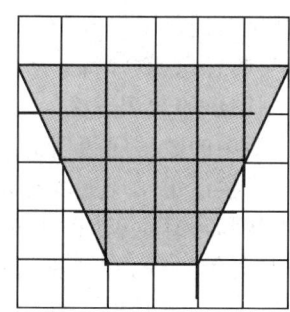

学生经过独立思考、小组讨论后运用集体的智慧探索出了下面的两种方法：

生1：先把整个的方格标上数字，一共有12个方格，余下的4个三角形把它们两个两个的拼在一起就形成了4个方格，这样方格数就一共有16个。

师：真聪明！而且语言也很简洁！那你怎么知道要把4个三角形两两拼在一起呢？

生1：我们在学习面积的时候就碰到过这样的情况，我有经验！

师：真不错！把平时的学习经验和知识积累运用上来就是我们解决问题时常用的策略！

生2：这是一个不规则的图形，数方格很麻烦。把它变成一个规则的图形后再算它的面积就比较方便。这个图形中间是一个长方形，它的左右两边各有一个三角形，而且大小相等。把左边的这个三角形移到右边去这样也拼成了一个长方形。原先的不规则图形就变成了一个正方形，它的面积就是16平方厘米！

在学生算出了不规则的图形后，学生还需要冷静下来进行必要的计算，接下来设计了一个综合应用面积知识与乘法知识的环节。学校的舞台想要设计一种防滑的地板，要求算一算哪一种地板砖会最合算(已知学校舞台的长和宽，长方形地板砖的长和宽、价钱，正方形地板砖的边长、价钱)。

1. 学生把给出来的信息分类。
2. 确定解决问题的策略。
3. 学生在练习纸上写出完整的解答过程，再全班进行展示。

（让每一个学生都有独立思考的空间，把所学的知识应用到实际问题中去，达到运用数学知识解决实际问题的目标。）

四、排方阵

在这个环节中教师主要从学生已有的排队经验出发，与长方形、正方形相关的知识联系起来，引出"方阵"、"长方形队形"的知识。

1. 学生代表上来排一个方阵，说一说排成方队所需要的人数有什么特点。
2. 咱们班排成最大的方阵怎么排？
3. 咱们班要排成长方形队形怎么排？让学生来当班级的小小设计师，在小组合作互助、交流讨论的氛围中，从自己班实际人数出发设计出多种排队方式。
4. 学生说说自己喜欢的排队方式。

（这里学生在不经意间就把几何图形知识与代数的计算结合起来了，这也是整个设计过程的点睛之笔。）

【活动评述】

本节课对教材内容重新进行了组合与创造，为了能让学生更好的体验数学来源于生活、生活中处处有数学的思想，教师特意从学生熟悉的学校的体育设施及队列等问题入手，让学生在综合应用图形的知识解决问题的学习活动中感受身边的数学，为学生应用数学知识解决现实生活中的数学问题创造了机会。在教学过程中，注意启发学生举一反三、触类旁通，从现实生活中发现更多的数学问题。

在本节课的教学中教师还有意识地去培养学生的估算意识，以及收集、处理信息的能力，注意让学生展现其思维过程，在解决问题的过程中更重视解决问题策略的多样化，充分发挥了学生的主体地位，让学生在积极思考与合作交流中得到良好的情感体验。

（深圳市南山区松坪学校小学部　张少红）

激活思维　引导探究

——《余数的奥妙》教学活动设计

【设计内容】

这是小学《数学》实验教材(北师大版)四年级下册第七单元《解决问题》中的第一课时第70页至第71页的内容——《红绿灯》。它主要是通过探究红绿灯的变化规律,使学生经历发现规律,用多样化的方法表示规律,提出问题,及用优化的思想解决问题等思维过程。本设计主要是以模拟春游活动的形式贯穿整个教学过程,根据学生经历过的生活经验,使其在探究中发现数学现象,感悟数学规律。

【设计理念】

本节课是一种以研究和探究为取向的学习活动,学生所学习的信息来源于春游(游世界之窗)活动中,其中以红绿灯的变化规律为探究的重点,充分根据学生的生活经历,放手让学生用自己喜欢的方式(图形语言、文字语言、数字语言)表达红绿灯的变化规律。为使学生在较高水平上思考,在解决问题的过程中,本设计力图通过比较让学生对优化思想有所体验。

【活动目标】

1. 使学生能从简单的生活事例中发现规律、能用多样的方式表达规律、能熟练运用除法的知识解决所提出的问题。

2. 让学生充分体会数学与生活的密切联系及数字表达变化规律的优点。

3. 在学习活动中,重视培养学生的自主探究和合作交流的意识,养成用数学的眼光观察生活的良好习惯。

【活动准备】

课前要学生观察红绿灯的变化情况,课件,学生自备水彩笔及白纸。

【活动过程】

活动一　红绿灯的学问——找规律寻求解决问题的方法

这个教学片段的设计主要是想通过模拟春游的情景,将春游中遇到的数学问题提炼出来,让学生运用所学的知识解决问题。

师:全班同学十分高兴地坐着校车向世界之窗出发了,来到路口遇见了红绿灯,你知道红绿灯亮有什么规律吗？

教师将学生表达的规律用文字板书在黑板上，方便让学生观察。

师：你们都说的很对，请同学观察一下，同样表达的是红绿灯亮的规律，为何有不同的变化顺序呢？

让学生充分谈出自己的想法。

师：如果规定第一次是红灯亮，你能把红绿灯的变化规律用自己喜欢的方式表达出来吗？

先独立表示，再将自己的表示方法在小组交流，然后以小组汇报的形式把不同的表示方法板书在黑板上。

（学生可能出现了如下几种不同的情况：用图形表示、用文字或字母表示、用数字表示、文字和图形结合表示、数字和图形结合、用颜色表示等多种不同的表示方法，以充分发挥学生的想象力，体现不同的人在数学上得到不同的发展。）

师：请同学们观察这些不同的表达方法，它们有什么共同点？用上面哪种方法来表示红绿灯的变化规律比较简单呢？

这个环节是让学生体会用数字表示规律的优越性，为本单元后面学习数字编码做好铺垫。

师：如果交通灯第一次是红灯亮，你知道第 10 次亮的是什么颜色的灯吗？先独立想想，再与小组同学说说你的想法。

这是为了将生活问题数学化，以突出本节课的学习重点。

请小组学生将解决问题的方法展示在黑板上，学生可能出现用乘法计算、用除法计算、用画图表示、用数字排列表示等不同情况。

师：你们的方法都很好，请大家比较一下，如果是第 100 次或第 1000 次，你用哪个方法做比较简单？

这是为了提炼出用优化的方法（除法）解决问题。

活动二　队形的奥妙——运用余数的知识解决生活中有规律的问题

那我们就来运用简单的方法解决更多的春游问题，来到世界之窗门前，我们四(4)班同学是这样排队的：（出示图片）女 女 男 男 女 男 男……第 17 个同学是男生还是女生？

这是一个一般性的练习题，使学生能运用所学的知识解决问题。

学生可能出现：

1. 看队形，每 4 个同学为一组，用 $17÷4=4……1$，每组第一个同学是女生，所以是女生。

2. 可以把 2 个同学看为一组，这样就是 $2×8+1=17$，这个 1 就是女生。

此时，教师鼓励学生对不同计算方法进行质疑，使其进一步理解解题思路，会用优化的方法解决问题。

（很多时候，教师敏感捕捉教学中有价值的信息，通过富有智慧的教学策略重构教学,课堂定能产生新的亮点,学生的思维能力才能得到更好的发展。此处教师对于学生的不同解答方法要加以鼓励,学生自己说明解题思路。)

活动三 有趣的音乐喷泉——用除法解决灵活的生活问题

师:你们知道世界之窗的音乐喷泉吗?每隔30秒喷水20秒。从开始算起,第140秒喷泉是否在喷水?请大家独立完成,最先完成的同学把解答方法写在黑板上。

一般学生可能这样解答:$140 \div (20+30) = 2 \cdots\cdots 40$,所以是喷水。

有学生可能对这个结果有不同的意见,教师可以在这个时候,组织学生进行讨论或者组织一场辩论会。

对上面的回答可能出现是不喷水的结果,可能会有三种不同理由:(1)题目说,是每隔30秒喷水20秒,就是从不喷水算起。(2)按照我们的生活经验,一般情况是开始喷水才是开始的真正意思。(3)题目有问题,两种说法都可以,题目应该有明确的说明,什么情况是开始的。

对于学生出现不同意见,教师引导学生通过辩论达成共识。

(教学过程的预设必须根据教学的实际情况生成新的教学契机,学生的主观能动性和创造力才能得到充分的发挥,课堂才能充满生机与活力,教师在此应用心去体会。)

【活动评述】

本节课素材选用贴近学生的生活实际,运用灵活多样的组织形式和学习方式,通过科学的提问来激活学生的思维,给学生留下了充分的探索空间,较好地展现了教学活动的过程性、活动性、探索性和生成性,具体表现在:

1. 红绿灯的规律是由学生自主探究的,出现了多样的表示方式,在比较中得出优化方法,在探索中提炼出数学思想(用除法计算,看余数解决问题)。

2. 在后面两个片段的教学中,教师能够根据学生的差异思维,灵活驾驭课堂,让课堂变成了学生质疑与辩论的舞台,使学生在这个过程中,主动参与、思维活跃、能问善辩,促进了学生创新意识与实践能力的发展。

(北师大深圳市南山附属小学 姚友珍)

源于生活,回归生活

——《生活中的编码问题》教学活动设计

【设计内容】

这是小学《数学》实验教材(北师大版)四年级下册第70页至第77页的内容——《生活中的编码问题》。它主要是让学生通过观察生活,综合运用在本单元中学习的"红绿灯"、"编号码"、"车牌号码"、"邮政编码"、"身份证号码"等知识,解决实际问题,从而体会"符号化思想"在实际生活中的具体体现,提高综合应用数学的能力。

【设计理念】

研究性学习是近几年来我国教育理论和实践领域提出的一个崭新的研究课题。如何为学生的研究性学习创设条件呢?在本设计中教师通过重新整合教材,让学生分小组进行自主探究,为学生的学习搭建一个广阔的舞台,旨在加强生活数学与课堂数学学习的联系,使学生在完成具有研究性的任务中丰富学习的体验,完成知识构建,提高综合应用数学的能力。

【活动目标】

1. 能够根据身边的现有资源和条件,综合运用知识解决生活中的数学编码问题,体会到数学与生活的密切联系,体验到数字编码的方便与快捷。

2. 掌握研究问题的一般步骤,掌握解决问题的一些基本策略,体验策略的多样性。

3. 注重情感教育,让学生把课堂中所学习的"符号化思想"还原于实际生活,培养服务社会的意识。

【活动准备】

教师:多媒体课件,多媒体教室。

学生:文曲星、旅游手册、电话本等学习用具。

【活动过程】

教师综合了本单元中"红绿灯"、"车牌编码"、"邮政编码"、"身份证号码"、"电话号码"等的知识,创设情景:小明的姑姑给小明家寄来了一封邮政速递 EMS。在邮递员投递邮件的过程中,涉及到了很多有关数字编码的问题(Flash 动画出示情景)。

活动一　红绿灯的学问——创设情景，引导学生进入良好的学习状态

教师用 Flash 动画展示一辆邮政投递车停在十字路口的情景。老师描述本节课的学习情景：小明的姑姑给小明家寄来了一封邮政速递 EMS。在邮递员投递邮件的过程中，出现了许多跟数学有关的问题，需要同学们的帮助，现在邮政投递车已经到了十字路口。

教师引导学生认真观察情景图，让学生说一说发现了什么。学生发言非常踊跃。

生1：我发现这个路口除了红绿灯以外，还有显示红绿灯亮多久的电子表。

生2：红灯亮30秒，然后亮黄灯，然后绿灯亮60秒。

生3：邮递车刚好遇到了红灯，它至少要停留30秒。

教师及时抓住教学中出现的"意外"，把学生回答中的"至少要停留30秒"作为教学的契机，结合实际情景让学生理解数学知识，学生的回答也自然会更合理、更准确。比如吴诗蓓这样回答：因为红灯结束后还有黄灯，要等行人都过完了才能开车。

这时教师可以适当地进行交通安全教育：同学们除了自己过马路要小心，还有提醒爸爸、妈妈驾车的时候要遵守交通规则，注意安全。

（这是一个大家都非常熟悉的情景，可以让学生有话可说，根据自己的经验理解生活中的数学问题，同时可以很快使学生进入学习的最佳状态。）

活动二　在 EMS 快递中学习编码知识——体会"符号化思想"在生活中的运用

邮政投递车停在小明的家门口，邮递员手里拿着 EMS 快递，手指遮住了快件上收件人及寄件人的部分地址。

师：认真观察画面，你能提出哪些数学问题？

经过思考，学生会提出：小明的家在哪里？小明的姑姑是从哪里给小明寄来了邮

件?

　　教师让各小组带着这两个问题进行讨论,利用小组同学手中现有的资料找到这些问题的答案。要求学生在汇报时说一说解决问题的过程或者理由。

　　(各小组认真讨论如何解决问题,利用文曲星、旅游手册、电话本、互联网等资源查找资料。)

　　有的小组汇报:我们小组认为小明家在深圳市南山区后海片区,因为"51"代表"深圳"、"80"代表"南山"、"54"代表"后海"。

　　有的小组汇报:我们发现车牌"粤B"代表的是深圳市。

　　有的小组汇报:我们小组通过上深圳邮政的网页查找到,"11"是辽宁省,"00"是沈阳市,"36"是中山路片区的邮政编码,所以小明的姑姑是住在沈阳市中山路。

　　有的说:我知道北京的邮政编码是100000,我猜110036应该是北京市附近的地方,于是我就在旅游手册中,在北京市附近找到了沈阳市。

　　有的在文曲星中很快就找到了画面中的两个邮政编码,知道了他们住在哪里。

　　"同学们都真了不起,发现了很多知识。邮递员叔叔对同学们的回答很满意,于是把邮件转交给了爸爸。"

　　(课件出示)签收快件的画面,其中出现了收件人的身份证号码。

　　师:根据这个身份证号码,你知道了什么?

　　(教师大胆地放手,给学生的探索留出了比较大的空间。学生的学习目标比较明确,能够利用身边的学习资源、收集信息、处理信息、得出结论,独立思考和合作学习贯穿了整个学习过程。事实证明我们要充分地相信学生。)

　　小明的妈妈让小明给姑姑打电话,告诉姑姑邮件已经收到了。请问小明拨电话号码的过程正确吗?(课件出示拨电话的过程)

　　学生立刻七嘴八舌地发表意见:不正确。因为这是长途电话,小明没有拨区号。

　　师:你能够帮助小明找到电话区号吗?

　　学生一阵忙碌,教室稍微有些吵闹。翻资料的声音,键盘的声音,交流的声音响成一片,有的学生甚至跑到另外一张桌子去询问。大概2分钟后,学生逐渐地举起了小手,安静了下来。接着汇报各自通过文曲星、旅游手册、互联网等工具找到了沈阳市的电话区号是024。

　　紧接着教师和学生一起总结了查找电话区号的常用方法。

　　(有时候吵闹的课堂并不是坏事,教师不能老是要求学生安静地听讲,而是应该让学生主动地投入到学习中,让学生的身体和思维一起动起来。)

活动三　我为生活献智慧——培养编码的运用意识

　　师:同学们,今天我们学习了有关编码知识,现在请你说一说生活中哪些地方还使用了数字编码知识?你以后想用编码知识解决生活中的什么问题?

　　学生积极发言:物品包装上的条形码,小区门铃里的房号编码,超市里的商品编码,车库的停车位号码……

　　(数学来源于生活,又高于生活。基础教育阶段的数学还要还原于生活,让数学与社会紧密联系在一起,让学生用数学的眼光观察世界、用数学的思维思考问题,将来用自己的数学知识服务社会。)

【活动评述】

本单元的教学设计主要有如下几个特点：

1. 教学内容涉及的时空比较广泛,但紧紧围绕了"数字编码"这个主题。

2. 真正体现了教师是教学的组织者,教师把学习活动的主动权最大限度地留给了学生。

3. 学生的学习目标比较明确,能够有针对性地进行思考和探索,体验了学习的过程、体验了学习数学的乐趣。

4. 培养了学生的信息素养、培养了学生灵活解决问题的能力。

通过本节课的学习,学生对"符号化思想"在实际生活中的体现有了一个比较完整的认识。学生在学习中了解了解决问题的一般步骤,初步培养了学生利用网络等资源的意识和能力,提高了学生的数学素养和学习能力。

(北师大深圳市南山附属小学　郭国林)

王后雄教师教育系列教材

教育考试的理论与方法	王后雄 主编	35元
化学教育测量与评价	王后雄 主编	45元

西方心理学名著译丛

拓扑心理学原理	[德]库尔德·勒温	32元
系统心理学：绪论	[美]爱德华·铁钦纳	30元
社会心理学导论	[美]威廉·麦独孤	36元
思维与语言	[俄]列夫·维果茨基	30元
人类的学习	[美]爱德华·桑代克	30元
基础与应用心理学	[德]雨果·闵斯特伯格	36元
格式塔心理学原理	[美]库尔特·考夫卡	75元
动物和人的目的性行为	[美]爱德华·托尔曼	44元
西方心理学史大纲	唐钺	42元

心理学视野中的文学丛书

围城内外——西方经典爱情小说的进化心理学透视	熊哲宏	32元
我爱故我在——西方文学大师的爱情与爱情心理学	熊哲宏	32元

21世纪教学活动设计案例精选丛书（禹明 主编）

初中语文教学活动设计案例精选	23元
初中数学教学活动设计案例精选	30元
初中科学教学活动设计案例精选	27元
初中历史与社会教学活动设计案例精选	30元
初中英语教学活动设计案例精选	26元
初中思想品德教学活动设计案例精选	20元
中小学音乐教学活动设计案例精选	27元
中小学体育（体育与健康）教学活动设计案例精选	25元
中小学美术教学活动设计案例精选	34元
中小学综合实践活动教学活动设计案例精选	27元
小学语文教学活动设计案例精选	29元
小学数学教学活动设计案例精选	33元
小学科学教学活动设计案例精选	32元
小学英语教学活动设计案例精选	25元
小学品德与生活（社会）教学活动设计案例精选	24元
幼儿教育教学活动设计案例精选	39元

全国高校网络与新媒体专业规划教材

文化产业概论	尹章池	38元
网络文化教程	李文明	39元
网络与新媒体评论	杨娟	38元
数字媒体导论	尹章池	39元
网络新媒体实务	张合斌	39元
网页设计与制作	惠悲荷	39元
突发新闻报道	李军	39元
视听新媒体节目制作	周建青	45元

21世纪教育技术学精品教材（张景中 主编）

教育技术学导论（第二版）	李芒 金林 编著	33元
远程教育原理与技术	王继新 张屹 编著	41元
教学系统设计理论与实践	杨九民 梁林梅 编著	29元
信息技术教学论	雷体南 叶良明 主编	29元
网络教育资源设计与开发	刘清堂 主编	30元
学与教的理论与方式	刘雍潜	32元
信息技术与课程整合（第二版）	赵呈领 杨琳 刘清堂	39元
教育技术研究方法	张屹 黄磊	38元
教育技术项目实践	潘克明	32元

21世纪信息传播实验系列教材（徐福荫 黄慕雄 主编）

多媒体软件设计与开发	32元
电视照明·电视音乐音响	26元
播音主持	26元
广告策划与创意	26元

21世纪教师教育系列教材·专业养成系列（赵国栋主编）

微课与慕课设计初级教程	40元
微课与慕课设计高级教程	48元
微课、翻转课堂和慕课设计实操教程	150元
网络调查研究方法概论（第二版）	49元